PLANEJAMENTO PATRIMONIAL SUCESSÓRIO

O *TRUST* SOB A ÓTICA DA VALIDADE NO DIREITO CIVIL

BRUNO ARAUJO FRANÇA

Francisco José Cahali
Prefácio

Renata Mei Hsu Guimarães
Apresentação

PLANEJAMENTO PATRIMONIAL SUCESSÓRIO

O *TRUST* SOB A ÓTICA DA VALIDADE NO DIREITO CIVIL

Belo Horizonte

2025

© 2025 Editora Fórum Ltda.

É proibida a reprodução total ou parcial desta obra, por qualquer meio eletrônico, inclusive por processos xerográficos, sem autorização expressa do Editor.

Conselho Editorial

Adilson Abreu Dallari
Alécia Paolucci Nogueira Bicalho
Alexandre Coutinho Pagliarini
André Ramos Tavares
Carlos Ayres Britto
Carlos Mário da Silva Velloso
Cármen Lúcia Antunes Rocha
Cesar Augusto Guimarães Pereira
Clovis Beznos
Cristiana Fortini
Dinorá Adelaide Musetti Grotti
Diogo de Figueiredo Moreira Neto (in memoriam)
Egon Bockmann Moreira
Emerson Gabardo
Fabrício Motta
Fernando Rossi
Flávio Henrique Unes Pereira
Floriano de Azevedo Marques Neto
Gustavo Justino de Oliveira
Inês Virgínia Prado Soares
Jorge Ulisses Jacoby Fernandes
Juarez Freitas
Luciano Ferraz
Lúcio Delfino
Marcia Carla Pereira Ribeiro
Márcio Cammarosano
Marcos Ehrhardt Jr.
Maria Sylvia Zanella Di Pietro
Ney José de Freitas
Oswaldo Othon de Pontes Saraiva Filho
Paulo Modesto
Romeu Felipe Bacellar Filho
Sérgio Guerra
Walber de Moura Agra

FÓRUM
CONHECIMENTO JURÍDICO

Luís Cláudio Rodrigues Ferreira
Presidente e Editor

Coordenação editorial: Leonardo Eustáquio Siqueira Araújo / Thaynara Faleiro Malta
Revisão: Vanessa Leão
Capa e projeto gráfico: Walter Santos
Diagramação: Derval Braga

Rua Paulo Ribeiro Bastos, 211 – Jardim Atlântico – CEP 31710-430
Belo Horizonte – Minas Gerais – Tel.: (31) 99412.0131
www.editoraforum.com.br – editoraforum@editoraforum.com.br

Técnica. Empenho. Zelo. Esses foram alguns dos cuidados aplicados na edição desta obra. No entanto, podem ocorrer erros de impressão, digitação ou mesmo restar alguma dúvida conceitual. Caso se constate algo assim, solicitamos a gentileza de nos comunicar através do *e-mail* editorial@editoraforum.com.br para que possamos esclarecer, no que couber. A sua contribuição é muito importante para mantermos a excelência editorial. A Editora Fórum agradece a sua contribuição.

Dados Internacionais de Catalogação na Publicação (CIP) de acordo com ISBD

F837p

França, Bruno Araujo

Planejamento patrimonial sucessório: o trust sob a ótica da validade no direito civil / Bruno Araujo França. Belo Horizonte: Fórum, 2025.

186p. 14,5x21,5cm

ISBN impresso 978-65-5518-889-9
ISBN digital 978-65-5518-888-2

1. Trust. 2. Planejamento sucessório. 3. Validade. 4. Sucessões. 5. Família. 6. Direito civil. I. Título.

CDD 342.085
CDU 347

Ficha catalográfica elaborada por Lissandra Ruas Lima – CRB/6 – 2851

Informação bibliográfica deste livro, conforme a NBR 6023:2018 da Associação Brasileira de Normas Técnicas (ABNT):

FRANÇA, Bruno Araujo. *Planejamento patrimonial sucessório*: o trust sob a ótica da validade no direito civil. Belo Horizonte: Fórum, 2025. 186p. ISBN 978-65-5518-889-9.

Aos meus avós, Osvaldo, Railda, José Luiz e Maria Zulmira.

AGRADECIMENTOS

Agradeço a todos que participaram e contribuíram para a realização deste livro. Este trabalho, que reflete tanto as considerações da minha dissertação de Mestrado, defendida pela Pontifícia Universidade Católica de São Paulo, quanto a experiência prática adquirida ao longo de uma década de dedicação ao tema, só foi possível graças ao apoio e à colaboração de vocês.

Em especial, agradeço à Mirelle Bittencourt Lotufo França, minha esposa, pelo seu incondicional apoio, motivação, carinho e, principalmente, pela paciência e acolhimento em todos os momentos. Sua presença constante e encorajamento foram fundamentais para conclusão deste livro.

Aos meus pais, Luciano e Rubia, fontes inesgotáveis de inspiração e suporte ao longo de toda a minha vida, pilares que sustentaram o meu caminho. Vocês me ensinaram o valor do trabalho árduo, da perseverança e da integridade.

À minha irmã, Ana, amiga fiel desde o primeiro dia de minha vida, por seu constante apoio e incentivo. Obrigado por sempre estar ao meu lado, compartilhando alegrias e desafios.

Agradeço à D. Estrella Lotufo por toda a ajuda, aconselhamento e sabedoria. Sua orientação, prática e emocional, foi vital para a superação dos obstáculos encontrados ao longo do caminho.

Ao Professor Dr. Francisco José Cahali, pelos valiosos ensinamentos e significativa orientação, que foram fundamentais para o desenvolvimento deste trabalho. Sua expertise e suas críticas construtivas ajudaram a moldar este livro, elevando o seu nível de qualidade e profundidade.

À Dra. Renata Mei Hsu Guimarães e à Dra. Alessandra Rugai Bastos, pela partilha do inquestionável e inesgotável conhecimento sobre o tema, inclusive, por me proporcionar a efetiva vivência do Direito de Família e Sucessões.

Aos Professores Fábio Ulhoa Coelho, Maria Helena Diniz, Gabriel Seijo Leal de Figueiredo, Cláudio Finkelstein, Deborah Regina Lambach F. Costa e Adriano Ferriani, por toda a contribuição, ensinamentos e disponibilidade ao longo desta jornada. Suas lições inspiradoras e suas valiosas sugestões enriqueceram significativamente este trabalho.

Agradeço, ainda, aos Drs. Arnaldo Almeida Dotoli Júnior e Marília Mello de Lima pela experiência compartilhada acerca dos conceitos discutidos neste livro.

Por fim, agradeço aos demais familiares, amigos e colegas (da Pontifícia Universidade Católica de São Paulo e do escritório Guimarães Bastos Advogados), cujo apoio e encorajamento foram essenciais para a conclusão deste livro. Cada palavra de incentivo, cada gesto de apoio e cada momento de paciência foram vitais para que eu pudesse seguir em frente. A cada um de vocês, meu profundo reconhecimento e gratidão.

LISTA DE ABREVIATURAS E SIGLAS

ABNT – Associação Brasileira de Normas Técnicas
art. – artigo
CC/1916 – Código Civil de 1916
CC/2002 – Código Civil de 2002
CDB – Certificados de depósito bancário
CF/1988 – Constituição Federal de 1988
CPC/2015 – Código de Processo Civil de 2015
coord. – coordenador/coordenadores
ed. – edição
e.g. – exempli gratia (por exemplo)
EUA – Estados Unidos da América
IBGE – Instituto Brasileiro de Geografia e Estatística
LC – Letra de câmbio
LCA – Letras de crédito do agronegócio
LCI – Letras de crédito imobiliário
LINDB – Lei de Introdução às Normas do Direito Brasileiro
nº – número
ONG – Organização Não Governamental
org. – organizador/organizadores
p. – página
PIB – Produto Interno Bruto
PL – Projeto de Lei
RBDC – Revista Brasileira de Direito Civil
SEBRAE – Serviço de Apoio às Micro e Pequenas Empresas
STF – Supremo Tribunal Federal
STJ – Superior Tribunal de Justiça
v. – volume

SUMÁRIO

PREFÁCIO
Prof. Dr. Francisco José Cahali 13

APRESENTAÇÃO
Renata Mei Hsu Guimarães 17

CAPÍTULO 1 19
INTRODUÇÃO 19

CAPÍTULO 2
O PLANEJAMENTO PATRIMONIAL SUCESSÓRIO 23
2.1 Planejamento patrimonial sucessório 23
2.2 Patrimônio, sucessão e família 31
2.2.1 Patrimônio 31
2.2.2 Sucessão e família 36
2.3 Autonomia e autodeterminação patrimonial para a realização do planejamento patrimonial sucessório 44
2.4 O planejamento patrimonial sucessório: relevância e objetivos 46

CAPÍTULO 3
O *TRUST* COMO INSTRUMENTO DE PLANEJAMENTO PATRIMONIAL SUCESSÓRIO 55
3.1 A origem histórica do *trust* 55
3.2 O conceito do *trust* 62
3.3 As partes no *trust* 65
3.3.1 O *settlor* 65
3.3.2 O *trustee* 70
3.3.3 Os beneficiários (*beneficiaries*) 76
3.3.4 O *protector* 78
3.4 A estrutura objetiva do *trust* 79
3.5 A segregação dos direitos sobre a propriedade (formação de um patrimônio especial) 81
3.6 As classificações do *trust* (*simple trust, special, trust, express trusts, discritionary trust, implied trust*) 82

3.6.1	A definição clássica	82
3.6.2	A definição contemporânea	86
3.6.3	O *trust* expresso (*express trust*)	87
3.6.4	As 'três certezas' essenciais para a criação de um *trust* privado expresso	89
3.6.5	A instituição do *trust* e seus objetivos	92
3.7	Convenção de Haia sobre a lei aplicável aos *trusts*	93
3.8	A dificuldade de recepção do instituto no direito brasileiro	97

CAPÍTULO 4
OS REQUISITOS DE VALIDADE DO *TRUST* ESTRANGEIRO COMO INSTRUMENTO DE PLANEJAMENTO PATRIMONIAL SUCESSÓRIO SOB A ÓTICA DO DIREITO CIVIL BRASILEIRO ... 103

4.1	Elementos de conexão para análise da validade do *trust* sob a ótica da lei civil brasileira	104
4.1.1	O *status* (estado) familiar do instituidor do *trust*	108
4.2	A validade do *trust* como instrumento de planejamento sucessório sob a ótica do direito civil brasileiro	110
4.2.1	A vedação ao pacto de *succendendo* (contrato sucessório)	113
4.2.2	A doação indireta	120
4.2.3	A capacidade das partes no *trust*	124
4.2.4	A porção legítima dos bens do *settlor*	134
4.2.4.1	A proteção legitimária *post mortem*	136
4.2.4.2	A proteção legitimária *inter vivos*	148
4.2.4.3	A experiência estrangeira acerca das disposições no *trust* e a violação da legítima	152
4.2.5	*Trust* como veículo de atribuição patrimonial no testamento e no inventário	157
4.2.6	Autonomia privada e utilização do *trust* como instrumento do planejamento patrimonial	162

CAPÍTULO 5
CONCLUSÃO ... 167

REFERÊNCIAS ... 173
Referências normativas ... 186

PREFÁCIO

Já me referi, em outras oportunidades, aos desafios, dedicação e comprometimentos que a docência nos traz, consumindo tempo e espaço imensuráveis, como bem sabem os pesquisadores e educadores. Mas a recompensa é encantadora, recheada de acentuadas alegrias.

E nada mais saboroso e marcante na vida acadêmica do que nos deixar surpreender com jovens talentos, como proporcionado por Bruno Araujo França, em todo o seu percurso na PUC-SP.

Levando na bagagem a sua experiência profissional, aprofundou suas pesquisas para alcançar o auge de sua trajetória acadêmica, com a apresentação de substancioso trabalho sobre "A validade do *trust* como instrumento de planejamento patrimonial sucessório sob a ótica do Direito Civil".

Tivemos o privilégio de acompanhar seus estudos na qualidade de Orientador, e como poucas, sua produção foi desenvolvida com mínimas intervenções na orientação, já demonstrando, neste percurso, a seriedade e responsabilidade de pesquisador comprometido.

Ao lado da escolha de tema, desafiador e palpitante, o trabalho apresenta a necessária densidade de pesquisa, com a profundidade transitada no Direito brasileiro e estrangeiro, pertinente a bem destrinchar o objeto da pesquisa.

Bem estruturadas as suas ideias, utilizando sofisticada linguagem e raciocínio, com a sabedoria acumulada de sua vivência profissional, Bruno expõe as características e proveitos de planejamento patrimonial sucessório.

Na sequência, também aproveitando de seu conhecimento prático, enfrenta o intrincado, e pouco estudado, instituto *trust*, com sua origem, conceito, protagonistas, estruturação, classificação, definições e objetivos, utilizados, como não poderia deixar de ser, os alicerces sedimentados no Direito estrangeiro.

Daí o seu desafio: incorporar no Sistema Jurídico brasileiro o *trust* como instrumento eficiente para o arranjo patrimonial.

E com maestria, Bruno traz o resultado: confirma o Autor a possível e proveitosa utilização do *trust* na organização sucessória.

Assim, desenvolve características, requisitos de validade, elementos de conexão com o Sistema estrangeiro, restrições à luz do Direito brasileiro, observada a proteção da legítima, apresentada a identificação e o detalhamento das partes envolvidas (instituidor/gestor/beneficiários/herdeiros), concluindo também pela adequação do *trust* como possível veículo de atribuição patrimonial no testamento.

Acertada a escolha do objeto da pesquisa, pelo ineditismo com esta profundidade, Bruno Araujo França submeteu-se, em 27 de novembro de 2023, à Banca formada pelos abalizados e exigentes Prof. Dr. Gabriel Seijo Leal de Figueiredo e Prof. Dr. Fábio Ulhoa Coelho, com a obtenção de título de Mestre em Direito pela Pontifícia Universidade Católica de São Paulo (PUC-SP). Nesta oportunidade, defendidas suas posições com segurança e brilhantismo, após a criteriosa avaliação e reconhecimento das qualidades acadêmicas da pesquisa e do pesquisador, houve a aprovação com distinção, já apontada a recomendação para publicação.

Utilizada linguagem fluente, madura, clara e agradável, agora seu proveitoso escrito vem às estantes, em livro de inegável interesse à comunidade jurídica brasileira e estrangeira, em especial àqueles dedicados a encontrar opções para planejamento sucessório utilizando do *trust* como instrumento. Aliás, independentemente da passagem por herança, também aos dedicados a conhecer o *trust*, como investimento ou acomodação de ativos, as reflexões são instigantes e de muita valia.

Sem dúvida alguma, o livro "Planejamento patrimonial sucessório: o *trust* sob a ótica da validade no Direito Civil" é uma obra de notável envergadura, com o sabor especial de difusão de ideia sedutora sobre o instituto, possível de ser incorporada pelos profissionais da área de organização da futura herança.

Mais do que recomendar sua leitura, para que as reflexões expostas possam enriquecer o debate a todos que venham a se debruçar sobre a matéria, sem dúvida, o livro deve ser colocado em local de destaque, como fonte obrigatória de consulta por quem pretende conhecer e se aprofundar neste tema, tanto por tendência academia quanto pela perspectiva prática.

Enfim, com imensa alegria, ficam nossos efusivos cumprimentos a Bruno Araujo França, anotada a nossa admiração pessoal e profissional, na certeza de que o sucesso desta etapa fortalece o seu caminho já tão bem trilhado e inaugura promissora trajetória acadêmica.

Prof. Dr. Francisco José Cahali
Mestre (1995) e Doutor (2001) em Direito Civil pela PUC-SP, onde se graduou (1985) e atualmente leciona na Graduação e no Programa de Pós-Graduação. Coordenador do Núcleo de Direito Civil do Programa de Pós-Graduação em Direito da PUC-SP. Professor convidado da Universidade de Salamanca (USAL), para período de investigação como pós-doutorado em Arbitragem. Membro fundador do Instituto Brasileiro de Direito de Família (IBDFAM), e coordenador do Conselho Consultivo da Diretoria Nacional desta Entidade. Membro da Comissão de Direito Civil da OAB-SP; do Conselho de Ética do Conselho Nacional das Instituições de Mediação e Arbitragem (CONIMA), do Conselho Editorial Nacional da *Revista de Arbitragem e Mediação* publicada pela Editora RT, e do Conselho Editorial da *Revista do Instituto dos Advogados de São Paulo* (IASP). Membro do Conselho Consultivo do Departamento de Pesquisas Judiciárias (DPJ), junto ao Conselho Nacional de Justiça (CNJ) no biênio 2009-2011. Integra a Lista de Árbitros de diversas Instituições Arbitrais, como CAM-CCBC, CMA da FIESP/CIESP, CAESP, CAM da BOVESPA, CAMINAS, CBMAE/CACB, SPARBITRAL/CAE, CBMA, ARBITAC, CARB dentre outras e CEBRAMAR (Instituição da qual é Diretor de Arbitragem). Diretor da Câmara de Mediação e Arbitragem do IASP - Instituto dos Advogados de São Paulo. Autor de vários artigos e livros.

APRESENTAÇÃO

Tenho o privilégio de trabalhar com Bruno há mais de uma década. Com atuação ética, equilibrada e consistente, ele construiu seu conhecimento jurídico dedicadamente ao longo dos anos, litigando em complexas demandas judiciais nas Varas da Família e das Sucessões. E desse sólido cabedal vem a valiosa experiência para desenvolver o planejamento familiar e sucessório dos clientes que atende.

Assim é que Bruno compartilha generosamente com seus pares, entre os quais me incluo, os conhecimentos jurídicos que acumulou, sempre com um olhar atento e cuidadoso relativamente às situações profissionais que se apresentam.

Não é sem razão sua dedicação ao magistério superior, na qualidade de Professor na cátedra de direito civil, sendo certo que o livro que ora se apresenta, fruto de profundos estudos, é sua dissertação de mestrado, recebida com destaque pela banca examinadora.

O tema escolhido – *trust* enquanto instrumento de planejamento sucessório sob a ótica do direito civil brasileiro – é pouco explorado e conhecido pelos autores brasileiros, mais escassa ainda a jurisprudência pátria acerca desse tema. Eis que corajoso este livro, pois aborda delicadas questões acerca da compatibilização das disposições do *trust* com as normas de direito civil vigentes em nosso país.

Tratado de maneira rasa pela recente Lei nº 14.754, de 12 de dezembro de 2023, primeiro diploma legal que o refere diretamente, o *trust* é merecedor de lei federal própria, que contemple com adequação esse eficiente instrumento jurídico de planejamento sucessório, observadas as suas especificidades e nossos limites legais.

Tradicional instrumento jurídico do direito anglo saxão, no Brasil o *trust* ainda causa estranheza e desconfiança por parte de clientes e operadores do direito, fruto da falta de conhecimento acerca desse instituto, daí também a significativa contribuição desta obra, que, com profundidade, analisa o *trust* sob variados aspectos. É preciso afastar o preconceito relativamente a esse instituto e conjugá-lo, quando pertinente, com os demais instrumentos jurídicos na construção do planejamento sucessório.

De forma crescente nos últimos anos, os clientes passaram a deter patrimônio globalizado, imóveis em outros países, sociedades sediadas no exterior, investimentos em veículos externos (fundos ou mesmos *offshores*), fundações (de direito privado) e assim por diante, bem como herdeiros residentes em outras jurisdições, ou famílias mudando seu domicílio para outros países, por diversas razões, inclusive fiscais. Portanto, também crescente a necessidade de buscar instrumentos jurídicos que melhor enderecem a sucessão relativamente ao patrimônio situado no exterior e/ou permanência de clientes e herdeiros em outros países. A esse propósito, o *trust* se amolda convenientemente a determinadas situações de gestão de bens e rendas e entregas patrimoniais sob determinadas circunstâncias, em vida ou após o falecimento.

Assim é que atuar em planejamento sucessório importa domínio dos instrumentos jurídicos disponíveis, vivência dos conflitos de família em ações judiciais, empatia e capacidade de articular esses elementos para consecução dos fins sucessórios do cliente, com segurança jurídica. E, nesse contexto, Bruno é um advogado completo.

Na realidade, a melhor apresentação do autor e do livro é a leitura desta obra.

Renata Mei Hsu Guimarães

Fundadora do escritório Guimarães Bastos Advogados. Atua como advogada de Direito de Família e Sucessões há mais de 35 anos. Foi a primeira profissional no Brasil a se dedicar ao planejamento sucessório. Membro da *The Society of Trust and Estate Practitioners* (STEP). É ranqueada no *Chambers & Partners - High Net Worth* desde a criação da categoria, sendo amplamente reconhecida pela excelência na assessoria jurídica a clientes de alto patrimônio.

CAPÍTULO 1

INTRODUÇÃO

O planejamento familiar e patrimonial sucessório é tema que ganhou destaque no Brasil nos últimos anos.

Embora seja possível afirmar que a maior parte da população brasileira, por inúmeros fatores, pouco se vale dos tradicionais meios de disposição patrimonial – inclusive para fins sucessórios – previstos na legislação nacional, é certo que há uma busca crescente por determinados grupos familiares dessas medidas.

Não obstante a legislação brasileira preveja diversos instrumentos capazes de proporcionar uma sucessão patrimonial ordenada, há uma inequívoca limitação – formal e material – quanto à possibilidade de disposição patrimonial, que, muitas vezes, não condiz com as expectativas atuais relacionadas à sucessão patrimonial (a exemplo da preservação e gestão do patrimônio para sucessores, manutenção dos negócios pelas gerações que sucederem, celeridade na transmissão patrimonial por ocasião do falecimento e, até mesmo, livre escolha dos próprios sucessores).

É nesse contexto que o âmbito de atuação pessoal – exercício da autonomia privada – quanto à destinação patrimonial demanda cada vez mais flexibilidade, essencialmente no que toca ao direito das sucessões, desígnio final do patrimônio.

Somada às limitações formais e materiais das costumeiras formas de disposição patrimonial sucessória, há uma crise sistêmica da jurisdição estatal que acarreta notória descrença nos processos relacionados à sucessão. Este ceticismo está ligado a diversos fatores, a exemplo das disputas pessoais e patrimoniais que eclodem entre os sucessores antes e após o falecimento; a morosidade que lardeia a concretização da tutela jurisdicional e a pouca técnica na solução de algumas situações complexas.

É nesse contexto que instrumentos sofisticados de planejamento patrimonial sucessório já amplamente utilizados no exterior – a exemplo do *trust* – popularizaram-se no Brasil, essencialmente como forma de adequar os anseios familiares-patrimoniais hoje subsistentes.

A esse propósito, o *trust* é importante ferramenta que tem o condão de acomodar as principais apreensões sucessórias: atribuir o patrimônio de maneira estratégica, preservar os bens, manter os negócios, otimizar a gestão patrimonial e reduzir custos de transmissão ("carga tributária").

A despeito da crença de que o *trust* seja utilizado visando fins antijurídicos (ocultar patrimônio de eventuais credores ou interessados, sonegar tributos, fraudar o regime de bens e direitos sucessórios de determinados herdeiros), seu uso se dá, majoritariamente, em função do seu alto grau de flexibilidade, o que possibilita o alcance de desígnios sucessórios maiores. Eis que, por meio do *trust*, é possível segregar um núcleo patrimonial específico, estabelecer os contornos da gestão a ser realizada acerca desses bens, as condições, termos e encargos para a fruição e/ou atribuição do próprio patrimônio, bem como de seus frutos e rendimentos. Nesse contexto é que se observa a principal vantagem do uso do *trust* estrangeiro como instrumento de planejamento patrimonial sucessório, pois são infindáveis as formas e os motivos pelos quais é possível instituí-lo. É diante desse sem-número de utilidades que se dá a crescente utilização do *trust* por brasileiros.

No entanto, são vários os formatos e disposições do *trust* que podem, em princípio, não se compatibilizar com a norma civil vigente no Brasil (inclusive, aquelas limitadoras da liberdade de disposição patrimonial). Nesse cenário, além de oportuno e atual, é imprescindível o estudo do tema, com o intuito de contribuir para amadurecer o debate e elucidar dúvidas presentes e futuras. O objetivo do estudo é propor um maior alinhamento do *trust* estrangeiro constituído como instrumento de planejamento patrimonial sucessório com as normas cogentes no direito civil brasileiro.

Para aferir a higidez do *trust* como instrumento do planejamento sucessório sob a ótica do direito civil brasileiro, é necessária uma incursão multidimensional, inclusive no espaço e no tempo, acerca do indivíduo e de seu patrimônio. Afinal, essas características têm o condão de influenciar diretamente a validade e eficácia das disposições contidas no *trust* segundo os critérios normativos do CC/2002.

Mais do que assentar uma resposta favorável ou desfavorável ao questionamento objeto deste estudo, mostra-se crucial contribuir para eliminar os efeitos danosos da insegurança jurídica que ainda abre espaços para oportunismos e violações normativas indesejadas.

CAPÍTULO 2

O PLANEJAMENTO PATRIMONIAL SUCESSÓRIO

Para verificação da higidez de um *trust* instituído como instrumento do planejamento patrimonial sucessório sob a ótica do direito civil brasileiro, faz-se necessário perquirir, inicialmente, o conceito de *planejamento patrimonial sucessório* (denominado massivamente como: "planejamento sucessório"), inclusive diante do contexto atual de patrimônio, família e sucessão, ponderando seu relevo, objetivos e as maneiras pelas quais é realizado, inclusive diante das limitações formais e materiais dos costumeiros instrumentos de disposição patrimonial.

2.1 Planejamento patrimonial sucessório

A existência de toda pessoa natural se extingue com a morte. É desse fato jurídico que se pressupõe a sucessão,[1] o que a transforma em um fenômeno inevitável. Dela decorre a continuidade das gerações,[2] pois seu conceito perfaz a ideia da permanência,[3] eis que os direitos devem subsistir a despeito do perecimento do seu titular.[4]

---

[1] PONTES DE MIRANDA, Francisco Cavalcanti. *Tratado de direito privado*. 3. ed. São Paulo: RT, 1984. t. 55, p. 56. Conforme se depreende da doutrina portuguesa: a morte suscita múltiplos.

[2] NONATO, Orosimbo. *Estudos sobre sucessão testamentária*. Rio de Janeiro: Forense, 1957. v. 1, p. 18.

[3] A herança já esteve associada à ideia de continuidade do culto doméstico (de ordem religiosa), eis que o culto não poderia se extinguir com o falecimento do *pater familiae*. A esse propósito ver: COULANGES, Fustel de. *A cidade antiga*. (Trad. Jean Melville). São Paulo: Martin Claret, 2007.

[4] "A ideia de sucessão, que está toda na permanência de uma relação de direito que perdura e subsiste a despeito da mudança dos respectivos titulares". (ALMEIDA, Francisco de

O termo sucessão, em seu sentido genérico, de "ir no lugar de outrem", na linguagem jurídica assume também um valor mais geral, não estritamente ligado à morte de uma pessoa, mas indicando o ingresso de um sujeito em posições jurídicas de outro, sem alterar sua identidade.[5]

Toda a normativa posta acerca do direito das sucessões,[6] portanto, tem como desígnio garantir a continuidade patrimonial, seja aos sucessores legalmente considerados (atualmente, ascendentes, descendentes e cônjuge/companheiro,[7] conforme art. 1.845 do CC/2002), seja àqueles a quem o titular do patrimônio almejou beneficiar (em vida ou após o seu falecimento), seja ainda para observar e garantir o cumprimento de obrigações.[8] Trata-se da propagação da esfera patrimonial de um indivíduo que será sucedido.

Essa proposição de linear continuidade da esfera patrimonial nem sempre ocorre de forma pacífica e harmoniosa. Isso porque, são inúmeros os questionamentos que podem advir com o falecimento de uma pessoa (por exemplo, acerca da propriedade dos bens, dos quinhões dos herdeiros, da própria condição de herdeiro, da meação de cônjuges/companheiros, da própria condição de cônjuge/companheiro, dos direitos de eventuais credores, do monte partível, das disposições patrimoniais realizadas, em vida e para além dela).

Nesse contexto, o tema sucessão patrimonial pode trazer rupturas, eclodir disputas (em grande parte, familiares) e ocasionar infindáveis ações judiciais.[9] Esses conflitos alcançam relevância ainda maior ao se considerar o atual contexto de crise e morosidade na jurisdição

---

Paula Lacerda. *Sucessões*: exposição doutrinária desta parte do direito civil. Rio de Janeiro: Livraria Cruz, 1915. p. 9).

[5] Há na doutrina portuguesa o entendimento de que sucessão "é caracterizada pelo ingresso de um sujeito na posição que outro ocupara, e não pela passagem de situações jurídicas de um para outro". (ASCENÇÃO, José de Oliveira. *Direito civil das sucessões*. 5. ed. Coimbra: Coimbra, 2000. p. 35-36).

[6] "Enquanto ramo do Direito, é certo que o Direito das Sucessões corresponde ao conjunto de normas jurídicas que regulam a instituição "sucessão", entendida como sucessão por morte". (PINHEIRO, Jorge Duarte. *O direito das sucessões contemporâneo*. 5. ed. Coimbra: Gestlegal, 2022. p. 15).

[7] BRASIL. Código Civil (2002). "Art. 1.845. São herdeiros necessários os descendentes, os ascendentes e o cônjuge". O companheiro, embora não conste no rol do art. 1.845 do Código Civil, passou a figurar entre os herdeiros necessários após a equiparação havida no âmbito do julgamento do Recurso Extraordinário nº 878.694/MG Tema 809 pelo STF. Nesse sentido: SIMÃO, José Fernando. Do direito das sucessões. *In*: SCHREIBER, Anderson *et al*. *Código Civil comentado*: doutrina e jurisprudência. 4. ed. Rio de Janeiro: Forense, 2022. p. 1.648.

[8] DELGADO, Mário Luiz. Fraudes no planejamento sucessório. *In*: TEIXEIRA, Daniele Chaves (Coord.). *Arquitetura do planejamento sucessório*. Belo Horizonte: Fórum, 2020.

[9] DELGADO, Mário Luiz. Fraudes no planejamento sucessório. *In*: TEIXEIRA, Daniele Chaves (Coord.). *Arquitetura do planejamento sucessório*. Belo Horizonte: Fórum, 2020. p. 326.

estatal[10] – especialmente, no âmbito do direito de família e do direito das sucessões nos quais há inúmeros processos tramitando perante o Poder Judiciário.[11]

Não fosse isso, o modelo de disposição sucessória brasileiro está em descompasso com as transformações sociais, familiares e econômicas havidas. A lei civil vigente, embora promulgada no início deste século, reflete um modelo normativo majoritariamente concebido no século anterior. São leis que foram arquitetadas em período e contexto diametralmente distinto da realidade contemporânea. Os modelos familiares existentes hoje eram inimagináveis no contexto do século passado.[12] Conquanto não se possa ignorar os avanços havidos no âmbito do direito de família – destacando-se que os operadores do direito tiveram papel essencial no reconhecimento jurídico das novas relações familiares erigidas – é certo que essas evoluções não foram acompanhadas das necessárias reformas no âmbito do direito das sucessões (essencialmente no que diz respeito à possibilidade de disposição patrimonial sucessória, formal e material). Afinal, o processo legislativo é complexo e moroso e as relações sociais são modificadas em ritmo dinâmico e distinto do processo regulatório. Diante disso, há várias normas cogentes absolutamente dissociadas dos anseios sucessórios atuais.

As lições de Pamplona Corte-Real acerca da experiência portuguesa, não obstante tecidas há mais de três décadas, mostram-se verdadeiramente atuais, uma vez que o direito das sucessões "tem vegetado à sombra de pressupostos historicistas", mostrando-se absolutamente "desencontrado" e "vem caindo na consagração de soluções tantas vezes formais e afastadas da realidade vivida que deveria enquadrar". Para o autor, o direito das sucessões "parou há muito no tempo" de forma "imponente ante a densa axiologia que o enlaça".[13]

---

[10] FRANÇA, Bruno Araujo. A cláusula compromissória como encargo nos contratos de doação e testamentos. *Revista de Arbitragem e Mediação*, v. 75, ano 19, p. 85-111, São Paulo: RT, out./dez. 2022.

[11] O Conselho Nacional de Justiça divulga anualmente um relatório analítico denominado "Justiça em Números", dentre os dados divulgados nesse relatório está a "Taxa de Congestionamento", indicador que mensura a efetividade dos tribunais nacionais (resolução de "processos estocados" *vs* "novos processos"). Para processos de inventário, até 31 de outubro de 2023, o CNJ indica uma taxa de congestionamento superior a 82%. (Cf.: Justiça em números. *CNJ*, [S.D.]. Disponível em: https://www.cnj.jus.br/pesquisas-judiciarias/justica-em-numeros/. Acesso em 27 dez. 2023).

[12] TEIXEIRA, Daniele Chaves. *Planejamento sucessório*: pressupostos e limites. Belo Horizonte: Fórum, 2017.

[13] CORTE-REAL, Pamplona. *Da imputação de liberalidades na sucessão legitimária*. Lisboa: Centro de Estudos Fiscais, 1989. p. 12.

A insuficiência do modelo sucessório vigente não só o descredibiliza, como acirra infindáveis disputas familiares e litígios que tramitam no Poder Judiciário.[14] Diante desse descompasso, as relações sociais efetivamente se realizam a despeito da inexistência de leis que lhes deem guarida. Decorre daí a relevância do planejamento patrimonial sucessório, erigindo como um conjunto de esforços destinados a acolher os anseios patrimoniais hoje subsistentes e, da mesma forma, prevenir ou minimizar as futuras disputas judiciais.

Os operadores do direito assumem, então, o papel de protagonistas diante de uma estrutura deficiente e de um sistema normativo que não acolhe as atuais aspirações sucessórias.

Não obstante o tema tenha ganhado notoriedade nos últimos anos no Brasil, essa prática há muito já é realizada, inclusive, de forma refinada. Em 1931, por exemplo, Alberto Santos Dumont já elaborava suas disposições de última vontade com o intuito de prevenir litígios entre seus herdeiros.[15] Igualmente, em 1979, Orlando Gomes publicou parecer acerca de um testamento que previa robustas disposições para entrega do controle acionário de um grupo empresarial com mais de 30 empresas a uma herdeira específica. Não fosse essa previsão, o testamento por ele analisado continha disposições para evitar questionamentos pelos demais herdeiros não agraciados com o recebimento das ações da companhia (inclusive, cláusula cominatória, cuja consequência era a perda da porção disponível a eles atribuída no testamento). Segundo o autor, o testamento teria sido elaborado no empenho e propósito de manter a continuidade do grupo econômico liderado pelo testador. E, para alcançar seu intento, o testador escolheu um dos filhos para desempenhar o comando efetivo das empresas do

---

[14] A despeito da via arbitral ser autorizada para disputas patrimoniais sucessórias (direitos disponíveis). Nesse sentido: "Essencialmente no âmbito do direito de família e sucessões, área atinente aos contratos de doação e testamentos, são inúmeros os conflitos que assoberbam o Judiciário e que eventualmente poderiam ser direcionados ao procedimento arbitral, cujo aparelhamento tem se mostrado mais célere e estruturado. A deficiente estrutura do Judiciário, somada ao volume excessivo de ações, compromete sobremaneira a prestação jurisdicional, em franco prejuízo não só ao jurisdicionado, mas a toda a sociedade, diante dos custos e do tempo que são direcionados à resolução dos conflitos judicializados. Diante desse contexto, sugerimos pensar na arbitragem como alternativa adequada para resolução de conflitos patrimoniais decorrentes do direito de família e do direito das sucessões". (FRANÇA, Bruno Araujo. A cláusula compromissória como encargo nos contratos de doação e testamentos. *Revista de Arbitragem e Mediação*, v. 75, ano 19, p. 85-111, São Paulo: RT, out./dez. 2022).

[15] MATEUS, Ari. Em Sorocaba o testamento público de Santos Dumont. *Revista de História*, [S. l.], v. 28, n. 57, p. 201-207, 1964. Disponível em: https://www.revistas.usp.br/revhistoria/article/view/122670. Acesso em 19 jun. 2023.

grupo, sistematizando disposições testamentárias que lhe asseguravam a direção empresarial unificada por ele tida como condição *sine qua non* para evitar o esfacelamento da coligação.[16] Vê-se, portanto, que o testamento é um dos principais instrumentos do planejamento patrimonial sucessório.

No entanto, para Renata Mei Hsu Guimarães, advogada pioneira na matéria, planejar a sucessão é mais do que elaborar um testamento. É um trabalho multifacetado, de amplo escopo – envolve, inclusive, dedicação multidisciplinar – que compreende a conjugação jurídica de dois vetores analíticos: o aspecto familiar e o aspecto patrimonial.[17]

O aspecto familiar compreende (i) o estudo das características intrínsecas da família cujo planejamento se almeja realizar, (ii) o histórico (abrangendo a origem, as transformações e sua atual formação), (iii) os propósitos, (iv) os valores, (v) a formação e constituição familiar (quem são os membros, de que forma eles se relacionam, se mantêm relacionamentos afetivos, união estável, casamentos, possuem descendentes) os princípios (voltados à conservação da unidade familiar, à manutenção dos negócios, à proteção de familiares vulneráveis, à filantropia) e (vi) as características dos demais integrantes da família (incluindo não só aspectos de ordem subjetiva psicológica, mas também de ordem objetiva, como a formação, a atuação profissional, os interesses e a predisposição para negócios).[18]

Já o aspecto patrimonial abarca a análise da natureza jurídica dos bens e direitos detidos, tanto no país de domicílio quanto no exterior, a compreensão da origem, formação, características e destinação do patrimônio envolvido.[19] Na vertente patrimonial, portanto, perquire-se se há, por exemplo, bens imóveis, participações societárias, ativos financeiros e outros possíveis bens móveis (automóveis, obras de arte, embarcações, aeronaves etc.).

A esse propósito, considerando um patrimônio composto por bens imóveis (patrimônio imobiliário), deve-se analisar: (i) a origem

---

[16] GOMES, Orlando. *Novas questões de direito civil*. São Paulo: Saraiva, 1979. p. 359.
[17] GUIMARÃES, Renata Mei Hsu. A vivência do planejamento sucessório. *In*: TEIXEIRA, Daniele Chaves. *Arquitetura do planejamento sucessório*. Belo Horizonte: Fórum, 2021. t. II, p. 633.
[18] GUIMARÃES, Renata Mei Hsu. A vivência do planejamento sucessório. *In*: TEIXEIRA, Daniele Chaves. *Arquitetura do planejamento sucessório*. Belo Horizonte: Fórum, 2021. t. II, p. 632.
[19] GUIMARÃES, Renata Mei Hsu. A vivência do planejamento sucessório. *In*: TEIXEIRA, Daniele Chaves. *Arquitetura do planejamento sucessório*. Belo Horizonte: Fórum, 2021. t. II, p. 632.

aquisitiva e a titularidade desses imóveis, apurando se eles foram adquiridos exclusivamente pelo seu titular, se estão devidamente registrados, se são provenientes de herança e/ou doação (bens particulares), se há direito de meação (mancomunhão com eventual cônjuge ou companheiro), se há condomínio com outros familiares ou terceiros, se são detidos por meio de pessoa jurídica interposta; (ii) a destinação atribuída a cada um dos bens imóveis, avaliando se servem para fins residenciais ou para locação, se são imóveis de lazer ou bens rurais, se há potencial econômico, se geram aluguéis ou atividade produtiva e assim por diante; e (iii) os custos envolvidos nesse acervo imobiliário, verificando-se quais são as despesas de manutenção de cada um deles, os tributos decorrentes desta propriedade e como se dá esse custeio, dentre outros fatores.

Igualmente, ao se verificar a existência de participações societárias no acervo patrimonial, deve-se avaliar, dentre outras questões: (i) o tipo societário das sociedades cuja participação é detida,[20] averiguando se elas são sociedades meramente patrimoniais ou operacionais, se empresárias (em regra, limitadas ou anônimas; de capital aberto ou fechado) ou simples, (ii) a divisão de ações ordinárias e preferenciais,

---

[20] As participações podem ser detidas em diferentes tipos de pessoas jurídicas, mas, usualmente, o são em sociedades empresárias. Para recordar, há diferentes tipos de pessoas jurídicas: "[a] pessoa jurídica de direito privado particular pode revestir três formas diferentes, quais sejam, a fundação, a associação e a sociedade. A fundação se diferencia das duas outras formas porque não é resultante da união de esforços pessoais para a realização de fins comuns, mas da afetação de um patrimônio a determinadas finalidades, reputadas relevantes pelo instituidor. Em outros termos, não se encontra na fundação o traço comum às associações e sociedades, que é a agregação de pessoas com mesmos objetivos para, mediante a conjugação de suas ações, alcançarem-nos com menor dificuldade. [...] Entre a associação e a sociedade, a diferença se encontra na natureza dos objetivos que inspiraram a união dos esforços pessoais de seus integrantes. No primeiro caso, tais objetivos não são econômicos, mas filantrópicos, culturais, sociais, políticos ou de qualquer outro gênero. No caso das sociedades, os objetivos que aproximam os sócios são econômicos, isso é, quem compõe uma sociedade com outra pessoa está pretendendo a ganhar dinheiro com isso". (COELHO, Fábio Ulhoa. *Curso de direito comercial*. 19. ed. São Paulo: Saraiva, 2015. v. 2, p. 31-32; p. 25). E mais, dentre os tipos de sociedades, há duas espécies: as simples e as empresárias. Nesse sentido, "[a] sociedade simples explora atividades econômicas sem empresarialidade (um escritório dedicado à prestação de serviços de arquitetura, por exemplo) e a sua disciplina jurídica se aplica subsidiariamente à das sociedades empresárias contratuais e às cooperativas. A sociedade empresária, por sua vez, é a que explora empresa, ou seja, desenvolve atividade econômica de produção ou circulação de bens ou serviços, normalmente sob a forma de sociedade limitada ou anônima". (COELHO, Fábio Ulhoa. *Curso de direito comercial*. 19. ed. São Paulo: Saraiva, 2015. v. 2, p. 31-32; p. 25). Conforme o art. 983 do Código Civil, as sociedades empresárias se constituem segundo os tipos societários previstos nos arts. 1.039 a 1.092 do mesmo diploma legal: sociedade em nome coletivo, sociedade em comandita simples, sociedade limitada, sociedade anônima e sociedade em comandita por ações.

se a família é titular do bloco de controle, (iii) os instrumentos sociais e parassociais existentes (acordo de sócios, acordo de acionistas, acordo de voto), quais são as disposições contidas nos atos constitutivos para situações de crise familiar (e.g., divórcio, dissolução de união estável, interdição e falecimento).

Ainda, analisa-se a existência ou não de ativos financeiros e, havendo, apura-se quais são os ativos (se são certificados de depósito bancário (CDB), letras de crédito imobiliário (LCI) e do Agronegócio (LCA) letra de câmbio (LC), debêntures ou ações, dentre outros) e como eles são detidos (diretamente ou indiretamente pelo titular; e.g., mediante fundos de investimento), se são ativos de liquidez imediata ou diferida no tempo.

No vetor patrimonial, perquire-se, ainda, eventual patrimônio detido no exterior. Se esse patrimônio existir, é necessário avaliar qual a jurisdição envolvida, como ocorre a aplicação de normas referentes à capacidade civil, o regime de bens e a sucessão hereditária, sem prejuízo de analisar a legislação tributária do país no qual o patrimônio está sediado. Averigua-se, portanto, os pressupostos de inúmeros direitos e deveres que podem, até mesmo, limitar o poder de disposição patrimonial.

Após a compreensão completa e pormenorizada desses dois vetores (familiar e patrimonial), identificam-se as providências jurídicas necessárias – e possíveis – para atingir os desígnios pretendidos pelo titular do patrimônio, isto é, a vontade do titular do patrimônio.

Conforme discorre Alessandra Rugai Bastos, essas providências vão muito "além das obviedades que emergem dos institutos jurídicos isoladamente considerados" e devem ser implementadas de forma estratégica.[21]

O planejamento, portanto, exige uma análise e compreensão profunda do aspecto familiar – do ponto de vista objetivo e subjetivo –, passando-se, então, ao exame e compreensão do aspecto patrimonial e, por fim, realiza-se a reunião analítica desses vetores para identificar e, posteriormente, implementar medidas jurídicas adequadas para organizar a sucessão patrimonial.

Ainda que não seja possível pré-estabelecer um padrão para conduzir o planejamento patrimonial sucessório, é possível mencionar algumas premissas basilares que auxiliam a conjecturá-lo: (1º) estabelecer

---

[21] BASTOS, Alessandra Rugai. O planejamento sucessório e os vínculos contratuais. *In*: TEIXEIRA, Daniele Chaves (Coord.). *Arquitetura do planejamento sucessório*. Belo Horizonte: Fórum, 2021. t. II, p. 633.

objetivos (claros e definidos) acerca das pretensões patrimoniais e familiares a serem alcançadas; (2º) traçar os caminhos jurídicos que levarão aos objetivos anteriormente definidos de maneira válida e eficiente; (3º) analisar os riscos envolvidos, o enquadramento legal das medidas a serem adotadas (inclusive no plano multidisciplinar e transnacional); (4º) estabelecer os instrumentos jurídicos a serem elaborados (ou eventualmente revistos) para viabilizar a consecução dos objetivos traçados e pretendidos; (5º) verificar se o titular do planejamento realizado tem clareza e está confortável com as providências a serem adotadas.[22]

O planejamento patrimonial sucessório é um trabalho complexo que, inclusive, demanda uma atuação interdisciplinar. É desenvolvido nas mais diversas esferas do direito,[23] englobando não só as tradicionais áreas do direito civil – direito de família, sucessões, contratos, obrigações e empresarial –, mas, também, no âmbito do direito tributário (eficiência tributária e adequação às regras fiscais), do direito internacional privado (acomodando-se às regras de direito material em cada jurisdição em que há patrimônio, portanto, avaliando como a sua transmissão possa gravitar nesses países), do direito processual civil (analisando a sustentação jurídica instrumental das medidas adotadas e a tramitação célere, se questionadas no Poder Judiciário ou procedimento arbitral).[24]

Há, portanto, uma soma de providências correlacionadas com as necessidades e os desígnios do titular do patrimônio, o grau de complexidade desta esfera patrimonial e as peculiaridades da família.[25]

Assim, "o planejamento sucessório é e sempre será, ao final do dia, um conjunto de providências para o enfrentamento de situações desafiadoras, cada qual à sua maneira".[26]

---

[22] GUIMARÃES, Renata Mei Hsu. A vivência do planejamento sucessório. *In*: TEIXEIRA, Daniele Chaves. *Arquitetura do planejamento sucessório*. Belo Horizonte: Fórum, 2021. t. II, p. 633.

[23] TEIXEIRA, Daniele Chaves. *Planejamento sucessório*: pressupostos e limites. Belo Horizonte: Fórum, 2017.

[24] FRANÇA, Bruno Araujo. A cláusula compromissória como encargo nos contratos de doação e testamentos. *Revista de Arbitragem e Mediação*, v. 75, ano 19, p. 85-111, São Paulo: RT, out./dez. 2022

[25] TEIXEIRA, Daniele Chaves. *Planejamento sucessório*: pressupostos e limites. Belo Horizonte: Fórum, 2017.

[26] GUIMARÃES, Renata Mei Hsu. A vivência do planejamento sucessório. *In*: TEIXEIRA, Daniele Chaves. *Arquitetura do planejamento sucessório*. Belo Horizonte: Fórum, 2021. t. II, p. 633.

2.2 Patrimônio, sucessão e família

Como visto, o planejamento patrimonial sucessório engloba dois eixos fundamentais: o patrimônio e a sucessão. Assim, embora o aspecto familiar possa – e muitas vezes deva – ser perquirido em sua realização, ele não é elemento obrigatório.[27]

Embora as compressões cotidianas de patrimônio, sucessão e família sejam satisfatórias para a instrução comum, é preciso ir além quando se trata do estudo do planejamento patrimonial sucessório.

2.2.1 Patrimônio

O patrimônio pode ser definido como a "totalidade das relações econômicas de uma pessoa considerada com unidade jurídica. É a projeção da personalidade jurídica da pessoa sobre os bens. Enquanto a pessoa vive, o patrimônio se lhe acha tão intimamente ligado".[28]

Embora a doutrina clássica abordasse as noções de patrimônio de forma indissociável aos direitos da personalidade ("como uma aptidão comum de ter direitos e contrair obrigações ("L'idée du Patrimoine se déduit directement de celle de la Personnalité")[29] – referida concepção, diante de uma alongada evolução histórico-social, perdeu espaço para a compreensão da universalidade de direitos com conteúdo patrimonial auferível cuja destinação cabe ao respectivo titular.[30]

---

[27] É o caso de uma pessoa que não é casada, não tem ascendentes vivos, não tem descendentes, mas deseja organizar a sucessão, direcionando seu patrimônio para terceiros ou até mesmo para fins filantrópicos.

[28] BEVILÁQUA, Clóvis. *Direito das sucessões*. 4. ed. São Paulo: Freitas Bastos, 1945. p. 20.

[29] "Le patrimoine étant, dans sa plus haute expression, la personnalité même de l'homme, considérée dans ses rapports avec les objets extérieurs sur lesquels il peut ou pourra avoir des droits à exercer, comprend, non seulement in actu les biens déjà acquis, mais encore in potentià les biens à acquérir. C'est ce qu'exprime très bien le mot allemand Vermogen, qui signifie tout à la fois, pouvoir et patrimoine. Le patrimoine d'une personne est sa puissance juridique, considérée d'une manière absolue, et dégagée de toutes limites de temps et d'espace". (AUBRY, Charles; RAU, Charles. *Cours de droit civil français*. 5. ed. revista por Étienne Bartin. Paris: Marchal et Billard, 1917. p. 343).

[30] "À pessoa corresponde algo como sombra sôbre os bens da vida, ainda que nada cubra essa sombra: é a sua esfera jurídica, como continente, na qual se hão de alojar os bens e talvez ainda não se aloje nenhum bem, exceto o que é ligado à personalidade mesma e não entra na definição de patrimônio. Patrimônio é o que seria essa sombra, menos o que não é patrimonial (vida, saúde, liberdade etc.). Os meus direitos como pai não entram no meu patrimônio. Os direitos de A, como mulher de B, não entram no seu patrimônio. É verdade que a ofensa à liberdade precisa ser indenizada; a liberdade não é, porém, direito patrimonial. Da exigência prática da vida é que resulta ter-se de dar sucedâneo patrimonial à liberdade. O valor econômico exerce êsse papel de integralização das esferas jurídicas, ainda quando o dano não seja, em si, patrimonial". (PONTES DE MIRANDA, Francisco Cavalcanti. *Tratado de direito privado*. 3. ed. São Paulo: RT, 1984. t. 5, p. 439).

A esse propósito, o patrimônio abrange o arcabouço dos direitos reais e obrigacionais de determinada pessoa, excluindo-se dessa ótica, por consequência, os direitos que não possam ser economicamente apreciados.[31] Dentre os elementos do patrimônio estão: a unidade do conjunto de direitos (reais, pessoais e intelectuais), a natureza pecuniária e sua vinculação a um determinado titular.[32]

Há na doutrina o entendimento de que o patrimônio possa ser ativo (conjunto de bens e direitos), passivo (conjunto de obrigações) ou o primeiro menos o segundo (expressando uma posição positiva ou negativa), podendo ser líquido (consubstanciado por um acervo de bens e créditos, deduzidos os débitos) ou bruto (conjunto de relações jurídicas sem esta dedução).[33]

Para San Tiago Dantas, trata-se do conjunto das relações jurídicas, compreendidas tanto as relações ativas quanto as passivas (deveres e obrigações), conjuntamente créditos, propriedades, os direitos sobre os quais uma determinada pessoa possa ser titular, além das dívidas, ônus reais e créditos que sobre ele pesam.[34] Francisco Cavalcanti Pontes de Miranda entende, contudo, que o patrimônio é somente ativo e, se há passivo, o ativo deve ser atingível por ele.[35] Carlos Alberto Mota Pinto, por seu turno, avalia que, para a ciência jurídica, essa conceituação deve se restringir ao patrimônio bruto (que é o relevante para efeitos de responsabilidade civil). A conceituação de patrimônio líquido, nas palavras do autor, seria uma questão meramente econômica.[36]

Nesse ponto, Mairan Gonçalves Maia Júnior sublinha que, praticamente, todo civilista oferece um conceito próprio para definir patrimônio, o qual varia conforme a aceitação de aspectos subjetivos ou objetivos. Para ilustrar, cita, dentre outros, Hans Albrecth Fischer – que insere os débitos, obrigações e ônus como componentes do patrimônio –, e Enzo Roppo – que define patrimônio como complexo de relações jurídicas ativas e passivas, materiais e imateriais.[37]

---

[31] PONTES DE MIRANDA, Francisco Cavalcanti. *Tratado de direito privado*. 3. ed. São Paulo: RT, 1984. t. 5, p. 443.
[32] AMARAL, Francisco. *Direito civil – introdução*. 9. ed. São Paulo: Saraiva, 2018. p. 456.
[33] GAGLIANO, Pablo Stolze; PAMPLONA FILHO, Rodolfo Mario Veiga. *Novo curso de direito civil*: parte geral. São Paulo: Saraiva, 2022. v. 1, p. 121.
[34] DANTAS, San Tiago. *Direito de família e das sucessões*. Rio de Janeiro: Forense, 1991. p. 445.
[35] PONTES DE MIRANDA, Francisco Cavalcanti. *Tratado de direito privado*. 3. ed. São Paulo: RT, 1984. t. 5, p. 443.
[36] MOTA PINTO, Carlos Alberto. *Teoria geral do direito civil*. 3. ed. Coimbra: Coimbra, 1999. p. 344.
[37] MAIA JÚNIOR, Mairan Gonçalves. *Sucessão legítima*: as regras da sucessão legítima, as estruturas familiares contemporâneas e a vontade. São Paulo: RT, 2018. p. 250.

Não obstante as diferentes definições, a acuidade do patrimônio se revela em duas principais exterioridades: (i) pela transmissão da universalidade quando do falecimento – que é a base do direito das sucessões;[38] e (ii) pela garantia e evolução da teoria da responsabilidade – *i.e.*, responsabilização de devedores perante credores.[39]

Em relação à garantia, a doutrina romanística ensina que, diante da evolução da responsabilização pelo incumprimento obrigacional, houve o afastamento de um modelo no qual o devedor respondia pessoalmente perante credores (*i.e.*, "com o seu próprio corpo"), para a responsabilização com os bens do devedor (*i.e.*, responsabilização patrimonial).[40]

Há duas correntes doutrinárias acerca da compreensão da universalidade do patrimônio. A primeira entende que o patrimônio corresponderia a uma universalidade de fato, portanto, reduzir-se-ia a um conjunto de bens individualizados. A segunda argumenta que o patrimônio é uma universalidade de direito ("Le patrimoine est l'ensemble des biens d'une personne, envisagé comme formant une universalité de droit"),[41] portanto, não é integrado por bens, mas pelo agrupamento das relações jurídicas (como o direito de propriedade sobre um determinado bem).[42]

Não obstante esses posicionamentos, adota-se a ideia de que o patrimônio traduz uma universalidade de direito – e não uma universalidade

---

[38] "O patrimônio é em Direito das Successões idéa mais estreita que no dominio da Economia Politica, e mais ampla que o conceito de patrimônio no sentido rigorosamente juridico da palavra (3). Por um lado não comprehende tudo o que no indivíduo é valorisavel, pois as aptidões, o merecimento, a reputação e outras qualidades individuaes são intransmissiveis, morrem com quem as possue (4); não se extende por outro lado a todos os direitos, embora appreciáveis em dinheiro, porque destes mesmos alguns extinguem-se com a morte (5). Não é o conjuncto de todos os bens deixados como bens, como valor pecuniário (6); não é tão pouco a expressão do poder juridico do individuo". (ALMEIDA, Francisco de Paula Lacerda. *Successões*: exposição doutrinária desta parte do direito civil. Rio de Janeiro: Livraria Cruz, 1915. p. 30-31).

[39] "O direito moderno, ao contrário do direito romano, em que era princípio dominante a pessoalidade e a fixidez da obrigação, abandonou o primado do elemento pessoal em favor do patrimonial". (MORAES FILHO, Evaristo de. *Sucessão nas obrigações e a teoria da empresa*. Rio de Janeiro: Forense, 1960. p. 49).

[40] Segundo José Carlos Moreira Alves, "com a Lei Poetelia Papiria (326 a.C.), o devedor deixa de responder pelo débito com seu próprio corpo, passando a fazê-lo com seu patrimônio". (ALVES, José Carlos Moreira. *Direito romano*. 18. ed. Rio de Janeiro: Forense, 2018. p. 190). No mesmo sentido, Clóvis Bevilágua: "Roma, ao tempo dos decemviros, o credor podia amarrar o devedor insolvente, metê-lo a ferros e até vende-lo ou matá-lo". (BEVILÁQUA, Clóvis. *Teoria geral do direito civil*. 3. ed. São Paulo: Red Livros, 2001. p. 38).

[41] AUBRY, Charles; RAU, Charles. *Cours de droit civil français*. 5. ed. revista por Étienne Bartin. Paris: Marchal et Billard, 1917. p. 343.

[42] MARCONDES, Sylvio. *Problemas de direito mercantil*. São Paulo: Max Limonad, 1970. p. 80.

de fato – inclusive, pois o CC/2002 positiva expressamente o conceito da universalidade de direito (art. 91).[43] Nesse sentido, por exemplo, o proprietário de determinado patrimônio, ao instituir um *trust*, confere os direitos os quais ostenta relacionados a bens específicos.

Segundo Roberto de Ruggiero, a universalidade de direito considera um complexo de relações jurídicas e não de relações e de coisas corpóreas, isto é, não leva em conta os vários bens, móveis ou imóveis, sobre os quais as relações são constituídas, mas considera as próprias relações a que se referem os bens, isto é, os direitos de que são constituídos.[44]

No mesmo sentido, Francisco Amaral entende que as prestações e os bens não integram a universalidade, mas apenas os respectivos direitos sobre eles. Por isso, os atos de disposição somente se referem a direitos, o que leva à conclusão de que o patrimônio é formado apenas pelos direitos.[45] Com base nessas definições, afirma-se que, atualmente, a destinação (objetivo) do patrimônio é concebida como um de seus elementos, portanto, reconhece-se a possibilidade de sua destinação/segregação a um determinado fim econômico específico.[46]

É justamente desse conceito que exsurge a ideia de separar o patrimônio para destinação específica (isto é, afetação patrimonial a um fim que o justifique).

Constitui o patrimônio por afetação ou especial, a vinculação patrimonial a determinada finalidade, segundo determinada disposição legal, para um fim específico. Deriva daí a ideia de múltiplos patrimônios.[47]

O patrimônio especial tem grande relevância na atividade econômica, pois alia duas vantagens específicas: limitar os riscos e flexibilizar a gestão dos bens que o integram. Com base nessa finalidade, vale esclarecer a existência das teorias do patrimônio único (teoria subjetiva) e da existência de múltiplos patrimônios (teoria objetiva).

Acentua Francisco Cavalcanti Pontes de Miranda que todo patrimônio é unido pelo titular, ou por titulares em comum, mas únicos,

---

[43] BRASIL. Código Civil (2002). "Art. 91. Constitui universalidade de direito o complexo de relações jurídicas, de uma pessoa, dotadas de valor econômico".

[44] RUGGIERO, Roberto de. *Instituições de direito civil – direito de família*: direitos reais e posse. (Trad. Paolo Capitanio). Campinas: Bookseller, 1999. v. 2, p. 62.

[45] AMARAL, Francisco. *Direito civil – introdução*. 9. ed. São Paulo: Saraiva, 2018. p. 456.

[46] TEPEDINO, Gustavo; OLIVA, Milena D. *Fundamentos de direito civil*: teoria geral do direito civil. São Paulo: Grupo GEN, 2023. v. 1, p. 227.

[47] MAIA JÚNIOR, Mairan Gonçalves. *Sucessão legítima*: as regras da sucessão legítima, as estruturas familiares contemporâneas e a vontade. São Paulo: RT, 2018. p. 250.

o que não significa que a cada pessoa só corresponda um patrimônio. Haveria, assim, o patrimônio geral e os patrimônios separados ou especiais. Portanto, o patrimônio teria seu fim fixado pela manifestação de vontade ou pela lei.[48]

Em sentido adverso, Andreas Von Tuhr entende que "só excepcionalmente, e por disposição de lei, um grupo de direitos, em certa medida, pode ter existência separada do patrimônio". Assim, não haveria dois patrimônios, mas somente a possibilidade de se segregar um grupo de direitos.[49]

No âmbito da destinação patrimonial, ressalta-se, ainda, a função de controle que exsurge da própria concepção de patrimônio, a permitir a tomada de decisão pelo seu titular sobre a sua destinação.[50] A função de controle é essencial para o sistema jurídico e econômico, pois confere aos sujeitos a possibilidade de determinação certa acerca da atribuição e da destinação de bens.

Por fim, ressalta-se a teoria do estatuto jurídico do patrimônio mínimo, que disciplina uma inafastável garantia a todos os indivíduos de um patrimônio voltado para a subsistência da pessoa. Conforme explica Luiz Edson Fachin, a toda pessoa deve ser conferida uma esfera jurídica individual inerente à sua própria condição como ser humano e indispensável à existência digna.[51]

Para garantir essa subsistência digna, segundo a teoria do patrimônio mínimo, seria possível uma intervenção estatal para limitar o poder da disposição patrimonial de forma gratuita,[52] proteger o imóvel residencial da família[53] e limitar a penhora de proventos,[54] por exemplo.

---

[48] PONTES DE MIRANDA, Francisco Cavalcanti. *Tratado de direito privado*. 3. ed. São Paulo: RT, 1984. t. 5, p. 368; 377.
[49] VON TUHR, Andreas. *Derecho civil*. Madrid: Ediciones Olejnik, 2018. v. 1.
[50] IAMICELI, Paola. *Unità e separazione dei patrimoni*. Padova: CEDAM, 2003. p. 5.
[51] FACHIN, Luiz Edson. *Estatuto jurídico do patrimônio mínimo*. Rio de Janeiro: Renovar, 2001.
[52] "A norma em comento tem como finalidade proteger o próprio titular dos bens em doação, garantindo o seu direito ao patrimônio mínimo, como exteriorização de sua intangível dignidade. Percebe-se que o exercício da autonomia privada e do direito de livre disposição da propriedade são limitados pela preservação da dignidade do titular". (ROSENVALD, Nelson. Comentários aos artigos 421 a 652. *In*: PELUSO, Cezar. *Código Civil comentado*: doutrina e jurisprudência. 16. ed. São Paulo: Manole, 2022. p. 575). "A regra jurídica em foco é cogente. Traz a vedação legal à chamada doação universal ou doação irrestrita. Não se admite que o titular desfaça de todos os seus bens sem que reserve para si o mínimo necessário para a sua sobrevivência. Trata-se de norma jurídica que consubstancia o respeito ao princípio da dignidade humana, de índole constitucional, a teor do que dispõe o inciso III de seu art. 1º". (GUERRA, Alexandre. Comentários aos artigos 2.028 a 2.046. *In*: NANNI, Giovanni Ettore. *Comentários ao Código Civil*: direito privado contemporâneo. 2. ed. São Paulo: Saraiva, 2021. p. 529).
[53] "O bem de família é um meio de garantir um asilo à família, tornando-se o imóvel onde a mesma se instala, domicílio impenhorável e inalienável, enquanto forem vivos os cônjuges

Uma vez definidos os elementos afetos à noção jurídica de patrimônio, trata-se, em seguida, dos conceitos de sucessão e família.

2.2.2 Sucessão e família

A transmissibilidade do patrimônio pode decorrer da vontade de seu titular ou da lei, todavia, somente haverá transmissão total do patrimônio de uma determinada pessoa por ocasião do seu falecimento.[55] Quando alguém falece, passa-se a discutir o destino patrimonial, ou seja, a transmissão dos direitos e das obrigações do falecido.[56] No intuito de endereçar essa questão, surge o conjunto de normas jurídicas formadoras de todo o sistema do direito das sucessões.[57] Há sucessão quando determinado sujeito é investido em um direito ou obrigação, ou, ainda, em um conjunto de direitos e obrigações que antes pertenciam a outra pessoa.[58]

---

e até que os filhos completem sua maioridade". (AZEVEDO, Álvaro Villaça de. *Bem de família*. 4. ed. São Paulo: RT, 1999. p. 94).

[54] RECURSO ESPECIAL – NEGATIVA DE PRESTAÇÃO JURISDICIONAL – ALEGAÇÃO GENÉRICA – APLICAÇÃO, POR ANALOGIA, DA SÚMULA Nº 284/STF – EMPRÉSTIMO – DESCONTO EM FOLHA DE PAGAMENTO/CONSIGNADO – LIMITAÇÃO EM 30% DA REMUNERAÇÃO RECEBIDA – RECURSO PROVIDO. 1. A admissibilidade do recurso especial exige a clara indicação dos dispositivos supostamente violados, assim como em que medida teria o acórdão recorrido afrontado a cada um dos artigos impugnados. 2. Ante a natureza alimentar do salário e do princípio da razoabilidade, os empréstimos com desconto em folha de pagamento (consignação facultativa/voluntária) devem limitar-se a 30% (trinta por cento) dos vencimentos do trabalhador. 3. Recurso provido. (BRASIL. Superior Tribunal de Justiça. REsp nº 1186965 RS 2010/0052382-7, Rel. Min. Massami Uyeda, j. 7.12.2010, Terceira Turma, Public. 3.2.2011).

[55] AMARAL, Francisco. *Direito civil – introdução*. 9. ed. São Paulo: Saraiva, 2018. p. 459.

[56] "Nós temos bens a reger e administrar, direitos a exercer, obrigações a cumprir, e cargas a supportar, e o herdeiro é um outro que nos vai representar na sociedade, quando perece a nossa existencia, e por isso goza de nossos bens e direitos, e satisfaz nossas obrigações, que não são personalíssimas, por isso que estas acabão com a pessoa. Seria até imperfeita a sociedade ou o governo se nelle não houvesse um meio de transmittir a propriedade da geração presente para a geração futura; e como não existão entre nós, e mesmo entre as nações mais civilisadas, senão duas maneiras ou espécies de transmissões della por via de sucessão, ou pela força da lei que nos dá um successor, ou pela vontade do homem, legitima e sufficientemente declarada, que designa aquelle que nos deve substituir". (PINTO, Antonio Joaquim de Gouvea. *Tractado regular e practico de testamentos e sucessões*. Rio de Janeiro: Livraria Universal de Eduardo & Henrique Laemmert, 1877. p. 2).

[57] TELLES, Inocêncio Galvão. *Direito das sucessões*: noções fundamentais. Lisboa, Coimbra: Ed. Imprenta, 1973. p. 11.

[58] TELLES, Inocêncio Galvão. *Direito das sucessões*: noções fundamentais. Lisboa, Coimbra: Ed. Imprenta, 1973. p. 23.

No entendimento de Francisco de Paula Lacerda Almeida,

a ideia de sucessão implica a continuação em outrem de uma relação jurídica que cessou para o respectivo sujeito. Continuidade da relação, mutação do sujeito (2), tais são os elementos mais simples desta noção eminentemente subjetiva. Objetivamente é ela tão vasta e compreensiva quanto a imensa multiplicidade de fatos que podem ocasionar relações jurídicas, porque em todas estas pode haver sucessão.[59]

Trata-se, portanto, da íntima e imediata conexão entre o direito do precedente sujeito ao direito do sobrevivente, de maneira a subsistir o direito sem solução de continuidade, em que pese a mudança de titular.[60]

Enquanto uma pessoa deixa de ser titular de um determinado direito, outra o adquire, desligando-se o direito do primeiro sujeito, enlaçando-se esse direito ao segundo sujeito.[61] Portanto, sempre que um direito muda de titular, estar-se-á diante de uma sucessão (sem a relação jurídica se transformar), isto é, há a identidade do direito e do regime jurídico para com os sucessores.[62] Para Evaristo de Moraes Filho

a relação permanece a mesma, com os mesmo direito e deveres, aplicando-se aqui, com sobradas razões, a regra do *nemo plus iuris*. Um se retira, o outro o substitui como que automaticamente, sem maiores consequencias para a vida da relação. É este o conceito clássico de sucessão em direito privado, construído pelos pandectistas durante o século XIX.[63]

A sucessão pode ocorrer a título particular (*e.g.* no direito de propriedade sobre um bem ou em um determinado crédito) e pode ocorrer a título universal, quando houver alteração do titular de todo o acervo patrimonial.[64]

Francisco Cavalcanti Pontes de Miranda ensina que, na terminologia jurídica, "há sucessão a causa de morte" (*mortis causa*) e "há

---

[59] ALMEIDA, Francisco de Paula Lacerda. *Successões*: exposição doutrinária desta parte do direito civil. Rio de Janeiro: Livraria Cruz, 1915. p. 15.
[60] BEVILÁQUA, Clóvis. *Direito das sucessões*. 4. ed. São Paulo: Freitas Bastos, 1945. p. 2.
[61] TELLES, Inocêncio Galvão. *Direito das sucessões*: noções fundamentais. Lisboa, Coimbra: Ed. Imprenta, 1973. p. 24.
[62] TELLES, Inocêncio Galvão. *Direito das sucessões*: noções fundamentais. Lisboa, Coimbra: Ed. Imprenta, 1973. p. 36.
[63] MORAES FILHO, Evaristo de. *Sucessão nas obrigações e a teoria da empresa*. Rio de Janeiro: Forense, 1960. p. 49.
[64] DANTAS, San Tiago. *Direito de família e das sucessões*. Rio de Janeiro: Forense, 1991. p. 443.

sucessão entre vivo" (*inter vivos*).⁶⁵ Para o autor, a sucessão a causa de morte seria toda aquela na qual há o falecido e os sobreviventes –estes últimos, em razão do evento morte, recolherão a herança (a herança, em sentido amplo, compreende os legados e outros benefícios, já em sentido estrito, refere-se àquilo que vai do morto para outras pessoas). A morte, portanto, seria um fato jurídico, com efeitos jurídicos imediatos e instantâneos.⁶⁶

A sucessão *inter vivos*, por sua vez, teria sua base fundada na transferência realizada em vida, isto é, por um ato de manifestação de vontade do próprio titular do direito ou por aquele que tenha legitimidade para tanto.⁶⁷

Embora seja legítima a sucessão *inter vivos*, o CC/2002 aborda essencialmente a sucessão *mortis causa* em seu "Livro V", "Do Direito das Sucessões", relegando as providências inerentes à sucessão *inter vivos* para normas esparsas no mesmo diploma.

Conforme já mencionado, o fundamento do direito das sucessões está ligado intrinsecamente ao destino dos direitos e das obrigações que subsistem para além do falecimento (patrimônio), embora existam direitos e obrigações que se extinguem com o passamento da pessoa.⁶⁸

Para San Tiago Dantas, o fundamento do direito de suceder não pertence ao campo do direito civil, mas à filosofia do direito e à história do direito.⁶⁹ Não obstante, no direito civil, a fundamentação do suceder (que se dá com o evento morte, ao trespassar a esfera patrimonial do falecido para os herdeiros), decorre da necessidade de proteger as relações jurídicas então vigentes, base econômica sobre a qual repousa o direito das obrigações e a instituição dos direitos creditórios.⁷⁰

---

⁶⁵ PONTES DE MIRANDA, Francisco Cavalcanti. *Tratado de direito privado*. 3. ed. São Paulo: RT, 1984. t. 55, p. 53.
⁶⁶ PONTES DE MIRANDA, Francisco Cavalcanti. *Tratado de direito privado*. 3. ed. São Paulo: RT, 1984. t. 55, p. 53.
⁶⁷ TELLES, Inocêncio Galvão. *Direito das sucessões*: noções fundamentais. Lisboa, Coimbra: Ed. Imprenta, 1973. p. 27.
⁶⁸ TELLES, Inocêncio Galvão. *Direito das sucessões*: noções fundamentais. Lisboa, Coimbra: Ed. Imprenta, 1973. p. 12.
⁶⁹ DANTAS, San Tiago. *Direito de família e das sucessões*. Rio de Janeiro: Forense, 1991. p. 451.
⁷⁰ "Se se admitisse que a morte do devedor extinguisse a relação criada *ipso jure*, evidentemente se destruiria toda a base econômica sobre a qual repousa a instituição dos direitos creditórios. Ter-se ia de admitir como coisa continuação do patrimônio para responder por todos aqueles débitos que estão contraídos, e nenhuma solução satisfará mais do que a de transferir esse patrimônio para alguém que se incumba de fazer os pagamentos, tal como os faria o titular, se estivesse vivo". (DANTAS, San Tiago. *Direito de família e das sucessões*. Rio de Janeiro: Forense, 1991. p. 451). No mesmo sentido: "O direito das sucessões disciplina a destinação do patrimônio da pessoa física após sua morte. Melhor dizendo,

A finalidade da sucessão no âmbito do direito civil residiria, então, em assegurar que o patrimônio de determinado indivíduo tenha um destino ordenado.[71] Dessa forma, havendo o falecimento, dá-se sempre o fenômeno sucessório, cujos destinatários são aqueles definidos pelo *de cujus* previamente em vida ou pela lei por ocasião do evento morte. Segundo José de Oliveira Ascensão, a função da herança é "dar a finalidade possível ao descontínuo causado pela morte".[72]

O ordenamento jurídico brasileiro só comporta dois tipos de sucessão a causa de morte: a sucessão legítima (art. 1.829 e seguintes do CC/2002) e a sucessão testamentária (art. 1.857 e seguintes do CC/2002).

A sucessão legítima ocorre seguindo os contornos legais (*ab intestato*), observando o rol dos herdeiros necessários. A sucessão testamentária, por sua vez, ocorre na hipótese de o falecido deixar testamento válido em vida. Nessa hipótese, observa-se a manifestação de vontade do testador, sem perder de vista as normas imperativas da sucessão legítima (arts. 1.829 e 1.857 do CC/2002).

Com o falecimento, haverá sempre um fato designativo, seja ele fixado pela lei e decorrente de determinadas relações (atualmente, de parentesco e/ou conjugalidade) ou estabelecido pelo titular do patrimônio, que poderá escolher os sujeitos que irão lhe suceder.[73] Nesse contexto, ao pré-fixar herdeiros obrigatórios, assim como a parcela de bens a ser-lhes atribuída, percebe-se que o dual sistema sucessório limita e deixa de atender à crescente expectativa da sociedade contemporânea.

Por ocasião da promulgação da CF/1988 (art. 5º, XXX: "é garantido o direito de herança") é que o direto à herança foi positivado, pela primeira vez, como direito fundamental – não obstante, nas Constituições anteriores, essa garantia pudesse ser compreendida em decorrência do direito de propriedade.

Em que pese a previsão constitucional acerca do direito à herança, é a norma civil que regulamenta a matéria.

A esse propósito, ao longo do século XX, o ordenamento jurídico civil brasileiro trouxe uma abordagem que limita tanto a possibilidade

---

contempla as normas que norteiam a superação de conflitos de interesses envolvendo a destinação do patrimônio de pessoa falecida. Sua matéria, portanto, é a transmissão causa mortis". (COELHO, Fábio Ulhoa. *Curso de direito civil – família e sucessões*. 2. ed. São Paulo: Thomson Reuters Brasil, 2020. v. 5).

[71] MARTINS-COSTA, Judith. O direito sucessório na Constituição: a fundamentalidade do direito à herança. *Revista do Advogado AASP*, São Paulo, ano XXXI, n. 112, jul. 2011. p. 81.

[72] ASCENSÃO, José de Oliveira. *Direito civil*: teoria geral. 2. ed. Coimbra: Coimbra, 2000. v. I.

[73] TELLES, Inocêncio Galvão. *Direito das sucessões*: noções fundamentais. Lisboa, Coimbra: Ed. Imprenta, 1973. p. 103.

de transmissão patrimonial sucessória, quando a de disposição sucessória.

Desde a adoção das Ordenações Filipinas e da promulgação da Consolidação das Leis Civis como fonte normativa no Brasil, em 1859, o modelo cuja preocupação basilar era a manutenção patrimonial na entidade familiar já estava posto (ou seja, aquela derivada das relações de parentesco e conjugalidade – essencialmente do casamento e tradicionalmente formada por pai, mãe e filhos).[74] O tradicional conceito de direito das sucessões, então, apresentava soluções previdentes acerca do destino patrimonial à família.[75]

No entanto, as transformações sociais ocorridas especialmente nas últimas décadas atingiram diametralmente os conceitos de família e propriedade os quais, segundo Francisco José Cahali, são sempre retratados como os pilares do direito das sucessões.[76] Assim, a rigidez do sistema sucessório dualista (sucessão legítima e testamentária – art. 1.573 do CC/2002), por estar em descompasso com as transformações sociais, perdeu força para as novas manifestações de vontade que visam acomodar os novos desígnios patrimoniais da sociedade contemporânea, inclusive diante dos novos modelos familiares.

---

[74] "A família não prescinde de direitos; melhor ainda, é abundante: basta observar que nenhum dos fatos naturais que lhe interessam escapa à norma jurídica, e particularmente ao direito civil; o ato constitutivo da família legítima o casamento, ainda hoje majoritário, mas por quanto tempo? Está cercado por uma camisa de força de condições e efeitos, onde a vontade de cada pessoa teoricamente não tem papel; queremos fugir do ato tradicional e ainda fundar uma família – natural – que a lei se encarrega desta situação: se a forma estiver ausente durante a sua criação, os efeitos que ela produz são aos poucos, pelo juiz – exceto no que diz respeito aos filhos –, não pela lei, mas independentemente desta diferença normativa, apreendida e regulamentada; se esta família se desenvolver, o vínculo natural de filiação rege-se estritamente pela norma jurídica quanto às suas condições de estabelecimento, aos seus efeitos e à sua eventual destruição, tal como o é, por maioria de razão, o vínculo legítimo, sempre considerado socialmente preferível; na falta de desenvolvimento da família por meio de laços consanguíneos, a imitação da adoção também é abrangida pela norma jurídica; as relações entre pais e filhos dão origem a um estatuto real, conhecido como autoridade parental, onde se misturam direitos e deveres recíprocos; um dos membros da família – cônjuge, descendentes, ascendentes, aliados próximos – se ele gritar fome, a lei dirá quem lhe deve ajuda e até quanto será devido; finalmente, se o acordo entre homem e mulher, sem o qual não haveria família no sentido tradicional, for rompido, ainda e sempre será a lei que dirá por que e dará início ao que estava agregado será desagregado – divórcio, legal ou separação de facto, diversas consequências de uma união livre estarão sujeitas a normas jurídicas". (COLOMBET, Claude. *La famille*. Paris: Presses Universitaires de France, 1985. p. 13).

[75] NERY JÚNIOR, Nelson; NERY, Rosa Maria de Andrade. *Instituições de direito civil*: teoria geral do direito de sucessões – processo judicial e extrajudicial de inventário. São Paulo: RT, 2017. p. 16.

[76] CAHALI, Francisco José; HIRONAKA, Giselda Maria Fernandes Novaes. *In*: CAMBLER, Everaldo Augusto (Coord.). *Curso avançado de direito civil – direito das sucessões*. 2. ed. São Paulo: RT, 2003. v. 6, p. 24.

Como exemplo, menciona-se a crescente constituição de famílias recompostas, ou seja, aquelas surgidas da união de pessoas que pertenciam a núcleos familiares anteriores nos quais houve um rompimento, seja por meio do divórcio ou da dissolução da união estável, seja pelo falecimento (*e.g.*, o casamento de pessoas divorciadas com filhos unilaterais de seus anteriores e distintos matrimônios). Nesses casos, pode não ser adequado o compartilhamento patrimonial entre núcleos familiares completamente distintos e desconexos, não obstante a lei imponha qual será a destinação de parte significativa do patrimônio desses cônjuges.

Por relevante, menciona-se o aumento da expectativa de vida da população, fato que mitiga a proteção sucessória aos descendentes. A experiência mostra que os filhos, em razão do aumento da expectativa de vida, herdam mais tarde o patrimônio de seus pais – o que, portanto, invalida, em tese, o argumento de que os filhos necessitariam do patrimônio de seus ascendentes para seu próprio desenvolvimento ou para o custeio e manutenção de seu núcleo familiar. Assim, a função assistencialista outrora concedida à família vem perdendo cada vez mais força.[77]

Não fosse isso, há, ainda, um descompasso entre a inegociável proteção familiar e o direito de propriedade. A limitação da transmissão gratuita de bens em vida traz uma indevida mitigação da autonomia patrimonial em razão de uma proteção familiar que nem sempre se revela necessária.

Contraria a boa lógica tolher a autonomia para reservar uma porção da herança com a finalidade de garantir uma indistinta proteção patrimonial por ocasião do falecimento de um familiar, simplesmente em razão de uma presunção de dependência econômica (que, pelo atual regramento, sequer admite prova em contrário) ou em razão de

---

[77] "A função assistencialista da família vem perdendo a partir de meados do século XX, mas o processo ainda está em curso. Ainda não há acúmulo de trabalho suficiente para dispensá-la dos cuidados relacionados aos seus membros, na doença e velhice. Veja que, na pré-história, tribos inteiras podiam perecer de fome no inverno, por não saber conservar os alimentos. Foi necessário um certo grau de acumulação social para o ser humano dominar técnicas que garantissem a reprodução de sua força de trabalho. A civilização que criamos pode deixar de existir por muitos fatores, inclusive uma hecatombe nuclear, mas não por causa de fome, no inverno. Garantimos já a reprodução da força de trabalho. Mas ainda não temos suficiente acumulação social para garantir a recuperação dessa força. Quando o ser humano adoece e não pode trabalhar, a família tem cuidado dele – assim como na velhice, em que a força de trabalho do indivíduo muitas vezes desaparece e ele precisa contar com o amparo dos filhos. A Seguridade Social está substituindo a família nessa função, num lento processo histórico de avanços e recuos, em que os países centrais do sistema capitalista naturalmente têm-se saído melhor que os periféricos". (COELHO, Fábio Ulhoa. *Curso de direito civil – família e sucessões*. 2. ed. São Paulo: Thomson Reuters Brasil, 2020. v. 5).

uma solidariedade familiar (que, em alguns casos, inexiste, eis que há famílias em que não há qualquer contato próximo do *de cujus* com seus herdeiros, ou pior, dos herdeiros com o *de cujus*).[78] Assim, as presunções que motivam o regramento legal, muitas vezes, sequer se verificam. Diante disso, inadequado conservar essa presunção de proteção às supostas necessidades familiares.

Em verdade, seria lógico inverter a presunção legal para que a prova da necessidade de uma porção da herança coubesse aos herdeiros eventualmente necessitados. Recorda-se que, até mesmo a obrigação de prover alimentos admite prova das efetivas necessidades do sujeito que lhe carece (art. 1.694, §1º, do CC/2002).

A obrigação alimentar é talvez a mais salutar das obrigações ("são as prestações com as quais podem ser satisfeitas as necessidades vitais de quem não pode provê-las por si"),[79] pois igualmente se funda no dever de solidariedade familiar, mas que não admite uma indistinta e automática fixação como ocorre com a porção legítima dos bens que deve ser entregue aos herdeiros necessários sem qualquer averiguação da sua efetiva necessidade.

Note-se que, o direito aos alimentos tem como fundamento a própria existência da pessoa, ou seja, tem relevância maior do que o direito à herança:

> Alimentos são, pois, as prestações devidas, feitas para que aquele que as recebe possa subsistir, isto é, manter sua existência, realizar o direito à vida tanto física (sustento do corpo) como intelectual e moral (cultivo e educação do espírito do ser racional.[80]

Apesar de haver pontos de contato entre o direito de família e o direito das sucessões, ambos são ramos autônomos do direito civil. Compete ao primeiro lidar com questões pessoais e patrimoniais *inter vivos* (a exemplo da meação dos cônjuges) e, ao segundo, do encaminhamento patrimonial após o falecimento (a exemplo da herança), tocando muito mais ao primeiro o respeito ao princípio da solidariedade familiar.

---

[78] Para Orlando Gomes, o Código Civil "incorpora certos princípios morais, emprestando-lhes conteúdo jurídico, particularmente no direto familiar. Muitos preceitos, por outro lado, estão impregnados desse sentimentalismo tão próprio do temperamento brasileiro, que conduz à benignidade jurídica" (GOMES, Orlando. *Raízes históricas e sociológicas do Código civil brasileiro*. São Paulo: Martins Fontes, 2003. p. 14-15).
[79] CAHALI, Yussef Said. *Dos alimentos*. 6. ed. São Paulo: RT, 2009. p. 15.
[80] CAHALI, Yussef Said. *Dos alimentos*. 6. ed. São Paulo: RT, 2009. p. 15.

Tendo em vista a impositiva reserva de uma porção da herança, o herdeiro está na confortável posição de aguardar o decaimento de seus ascendentes, independentemente de haver uma premente necessidade em dito recebimento de bens ou uma afetividade a justificar o dever de solidariedade. Há uma presunção irrefutável de que o herdeiro tem um direito absoluto, o que, na prática, pode incentivar o ócio e gerar injustiças.[81]

Conforme observa Pablo Stolze Gagliano:

> Temos sinceras dúvidas a respeito da eficácia social e justiça dessa norma (preservadora da legítima), a qual, na grande maioria das vezes, acaba por incentivar intermináveis contendas judiciais, quando não a própria discórdia entre parentes ou até mesmo a indolência.[82]

A reserva obrigatória de uma porção da herança a determinados familiares, apesar de ser norma cogente no Brasil, não é observada em muitos países. Em alguns deles, a autonomia da vontade é privilegiada ao mesmo tempo em que se garante uma segurança aos familiares que de fato necessitam de alguma proteção. É o caso da Inglaterra, Irlanda do Norte, Nova Zelândia, Canadá, Hong Kong, Guernsey, Isle of Man e Austrália, nos quais é franqueado aos familiares do falecido o direito de pleitear junto ao Tribunal provisão financeira adequada, tendo em vista suas necessidades, por ocasião da abertura da sucessão.[83] Ainda, há jurisdições em que sequer existe a reserva da porção legítima (Cayman e Ilhas Virgens Britânicas).

Relevante afirmar que a porção legítima atribuída aos herdeiros necessários no Brasil não é garantida constitucionalmente. O que se garante é o direito à herança. A base legitimária foi definida pelo legislador infraconstitucional. Assim, verdadeiramente, retrata a legítima um imponderado controle social ao exercício da faculdade de dispor, que decorre do direito de propriedade.

Não fosse o descompasso da irrestrita proteção sucessória atual, é fato que a autonomia de vontade demanda cada vez mais espaço e que deve ser acompanhada pelo direito das sucessões.[84] As limitações formais e materiais das tradicionais formas de disposição sucessória

---

[81] RAMOS, André Luiz Arnt; CATALAN, Marcos Jorge. O eterno retorno: a quem serve o modelo brasileiro de direito sucessório? *Civilistica.com*, ano 8, n. 2, 2019.

[82] GAGLIANO, Pablo Stolze. *Contrato de doação*. 5. ed. São Paulo: Saraiva, 2021. p. 28.

[83] PANICO, Paolo. *International trust laws*. Oxford: Oxford University Press, 2017. p. 1.109.

[84] RAMOS, André Luiz Arnt; CATALAN, Marcos Jorge. O eterno retorno: a quem serve o modelo brasileiro de direito sucessório? *Civilistica.com*, ano 8, n. 2, 2019.

levaram à busca por novos instrumentos de planejamento patrimonial sucessório que se popularizaram nas últimas décadas, como forma de adequar os anseios familiares-patrimoniais subsistentes. Nessa seara, o *trust* surge como uma importante ferramenta que visa a atender de maneira mais efetiva aos atuais anseios patrimoniais e familiares.

2.3 Autonomia e autodeterminação patrimonial para a realização do planejamento patrimonial sucessório

Etimologicamente, autonomia significa a condição de um indivíduo de determinar as regras a que se submeterá (autós = próprio; nomos = regra, lei).[85] António Menezes Cordeiro já registrava que a autonomia abre as portas para a liberdade humana.[86] Seu conceito, diante disso, pode ser traduzido como o poder e a liberdade de autorregulamentação, uma verdadeira capacidade de se autodeterminar.

O ordenamento jurídico reconhece o direito de a pessoa provocar efeitos jurídicos próprios em determinadas relações. Essa é a disciplina da autonomia privada, em cujo cerne estão a propriedade e os negócios jurídicos.[87] José de Oliveira Ascensão esclarece que "o exercício da autonomia no campo patrimonial acarreta necessariamente direitos sobre os bens".[88]

Nascida de ideias liberais de um Estado mínimo, no qual caberia aos indivíduos regulamentar seus próprios interesses, a autonomia privada[89] confere aos sujeitos de determinada relação o poder para estabelecer como melhor lhe aprouver na disciplina de seus interesses. Trata-se da ampla consecução da possibilidade e da liberdade de contratar ou deixar de contratar.[90]

---

[85] KÜMPEL, Vitor Frederico. *Teoria da aparência no Código Civil de 2002*. São Paulo: Método, 2007. p. 95.
[86] MENEZES CORDEIRO, António. *Tratado de direito civil II*. Portugal, Coimbra: Almedina, 2021. p. 42.
[87] GOMES, Orlando. *Introdução ao direito civil*. Edvaldo Brito (Coord.); Reginalda Paranhos de Brito (atual.). 22. ed. Rio de Janeiro: Forense, 2019. p. 193.
[88] ASCENSÃO, José de Oliveira. *Direito civil*: teoria geral. 2. ed. Coimbra: Coimbra, 2000. v. I.
[89] Autonomia privada e autonomia de vontade não são institutos sinônimos. "Autonomia privada não se confunde com autonomia da vontade. Esta tem uma conotação subjetiva, psicológica, enquanto aquela exprime o poder da vontade no direito, de modo objetivo, concreto e real. Por isso mesmo, a autonomia da vontade é a causa do ato jurídico (CC, art. 185), enquanto a autonomia privada é a causa do negócio jurídico (CC, art. 104), fonte principal de obrigações". (AMARAL, Francisco. *Direito civil – introdução*. 9. ed. São Paulo: Saraiva, 2018. p. 131).
[90] FRANÇA, Bruno Araujo. A cláusula compromissória como encargo nos contratos de doação e testamentos. *Revista de Arbitragem e Mediação*, v. 75, ano 19, p. 85-111, São Paulo: RT, out./dez. 2022.

Para António Menezes Cordeiro, a autonomia pressupõe a existência da sociedade e implica o reconhecimento, pela sociedade, do espaço autorregulativo do sujeito.[91] Configura, então, a autonomia privada um espaço verdadeiramente cedido pelo Estado aos particulares para atuação com eficácia jurídica, reconhecendo-lhes o poder de autodeterminação, eis que são eles os sabedores dos seus melhores interesses e da melhor forma de regular esses interesses.[92]

Os efeitos da manifestação de vontade, uma vez declarada e exercida, serão vinculativos e tutelados pelo ordenamento jurídico. Inclusive nas transmissões patrimoniais gratuitas – negócio jurídico emanado do mais alto grau da autonomia das partes. Confere-se, portanto, aos particulares, o direito de "perquirir os limites" e "dispor dos bens" ainda que gratuitamente.[93]

A autodeterminação patrimonial (inclusive com efeitos *mortis causa*) decorre do direito de livre disposição atribuído ao proprietário (art. 5º, XXII, da CF/1988), um exercício pleno da autonomia privada relacionado ao direito fundamental à propriedade. Um indivíduo, ao manifestar a vontade e disposição de praticá-la, deve ter sua atuação reconhecida e tutelada pelo direito. Essa manifestação deve ser respeitada, nos limites firmados pelas partes ou pela parte, no caso de atos unilaterais de vontade. Seu único limitador é a ordem pública.[94]

É por meio do negócio jurídico que o indivíduo manifesta sua autonomia (autorregulando interesses, estabelecendo as regras as quais, voluntariamente, irá se submeter). Trata-se do "instrumento próprio da circulação dos direitos, isto é, da modificação intencional das relações

---

[91] MENEZES CORDEIRO, António. *Tratado de direito civil II*. Portugal, Coimbra: Almedina, 2021. p. 40.

[92] AMARAL, Francisco. *Direito civil – introdução*. 9. ed. São Paulo: Saraiva, 2018. p. 132.

[93] GOMES, Orlando. *Introdução ao direito civil*. Edvaldo Brito (Coord.); Reginalda Paranhos de Brito (atual.). 22. ed. Rio de Janeiro: Forense, 2019. p. 193.

[94] "As de ordem pública, umas vezes, referem-se às bases econômicas ou políticas da vida social, como as de organização da propriedade, e as constitucionais; outras vezes, são protetoras do indivíduo no grêmio social, como as de capacidade; outras sancionam os direitos, quer do indivíduo, quer da sociedade, como as penais e as processuais; ainda outras têm o caráter de polícia jurídica, sempre que repelem as ofensas aos bons costumes; por fim, uma classe existe, que assume a feição de ordem pública, em razão de se derivar, necessariamente, da essência de um instituto jurídico estabelecido, como a que impõe o dever de convivência dos cônjuges, que é consequência imediata do casamento, segundo o compreende a cultura moral em nossos dias. Podemos definir leis de ordem pública as que, em um Estado, estabelecem os princípios, cuja manutenção se considera indispensável à organização da vida social, segundo os preceitos do direito". (BEVILÁQUA, Clóvis. *Teoria geral do direito civil*. 3. ed. São Paulo: Red Livros, 2001. p. 50).

jurídicas".⁹⁵ Assim, o negócio jurídico é o instrumento pelo qual se manifesta o poder de autodeterminação patrimonial.⁹⁶

Decorrem do reconhecimento da autonomia privada, no direito civil, a liberdade contratual, o consensualismo, a força obrigatória dos contratos.⁹⁷ Não se ignora, contudo, que a ordem pública possa limitar a autonomia da vontade, em razão da necessidade de regular e proteger interesses fundantes do Estado e da sociedade.

É no âmbito da autodeterminação patrimonial que desponta o planejamento patrimonial sucessório, como um conjunto de atos e de negócios jurídicos que, realizados por um determinado indivíduo no âmbito de sua autonomia privada, permite a transferência eficiente (e eficaz) do conjunto de direitos e obrigações (patrimônio).⁹⁸

2.4 O planejamento patrimonial sucessório: relevância e objetivos

O planejamento patrimonial sucessório é um projeto organizacional que visa à consecução da autonomia privada no campo patrimonial. Surge, portanto, como importante ferramenta que visa atender de maneira mais efetiva aos desígnios familiares e anseios patrimoniais hoje vigentes.

Por meio dele é possível adotar estratégias multidisciplinares voltadas não só a uma transferência eficaz e eficiente de determinado acervo patrimonial (seja no momento do falecimento, seja em vida), como também adotar vínculos de natureza obrigacional voltados a preservar e a zelar pela gestão de bens, inclusive, em benefício de terceiros.

Elege-se, no âmbito pleno do exercício da autonomia privada (relativa a determinado acervo patrimonial), um conjunto de atos para assegurar uma equilibrada sucessão patrimonial (garantindo

---

⁹⁵ GOMES, Orlando. *Introdução ao direito civil*. Edvaldo Brito (Coord.); Reginalda Paranhos de Brito (atual.). 22. ed. Rio de Janeiro: Forense, 2019. p. 193.
⁹⁶ "O princípio da autonomia privada faz ainda presumir que, em matéria de direito patrimonial, campo por excelência de incidência desse princípio, as regras contidas nas leis são de natureza permissiva, não cogente, por permitirem o livre exercício da vontade individual na disciplina dos interesses particulares". (AMARAL, Francisco. *Direito civil – introdução*. 9. ed. São Paulo: Saraiva, 2018. p. 132).
⁹⁷ A não taxatividade da autonomia é capaz de inovar no âmbito dos direitos reais. (FARIAS, Cristiano Chaves de; ROSENVALD, Nelson. *Direitos reais*. 5. ed. Rio de Janeiro: Lumen Juris, 2008. p. 11).
⁹⁸ HIRONAKA, Giselda Maria Fernandes Novaes. Planejar é preciso: planejamento sucessório para as novas famílias. Entrevista. *Revista IBDFAM*, Belo Horizonte, Instituto Brasileiro de Direito de Família. 10. ed. abr. 2014. p. 6.

efetividade, segurança e conforto aos beneficiários do patrimônio) e a escorreita administração e preservação desses bens.[99]

Não obstante o planejamento patrimonial sucessório seja comumente designado "planejamento sucessório", ele deve observar hipóteses em que não há sucessão. É o caso da instituição da curatela (anterior hipótese de interdição judicial), em que não há falecimento (não há atribuição patrimonial a sucedidos), mas impossibilidade de manifestação plena da vontade, por causa transitória ou permanente (art. 1.767 do CC/2002).

Nessa hipótese, é nomeado curador (ou curadores) para a gestão ordinária dos bens do interdito (art. 1.775-A do CC/2002). Com o objetivo de preservar os interesses do curatelado, estarão o curador e os demais familiares impossibilitados de promover atos de alienação ou disposição de bens (salvo quando houver manifesta vantagem, mediante prévia avaliação judicial e aprovação do juiz).

Poderá haver, inclusive, o bloqueio de ativos financeiros do curatelado, autorizando-se apenas o uso de recursos para custear despesas ordinárias (alimentação, educação e conservação de bens). Percebe-se que essas consequências têm o condão de dificultar sobremaneira a gestão patrimonial de determinado indivíduo, podendo, inclusive, comprometer a manutenção de sua atividade empresarial.

Nesse contexto, no âmbito do planejamento patrimonial, é possível contratar mecanismos jurídicos para assegurar uma ordenada gestão de bens e a continuidade de negócios, inclusive na hipótese de interdição judicial. Igualmente, essas providências destinadas à boa gestão do acervo patrimonial podem ser adotadas para antever uma hipótese de ausência. A declaração de ausência ocorre quando uma pessoa desaparece de seu domicílio, estando em lugar incerto, sem deixar notícias por prolongado período (*e.g.* uma embarcação que desparece em alto mar com tripulantes) (art. 22 do CC/2002).

Portanto, o planejamento patrimonial sucessório visa não só a atribuição patrimonial de determinado indivíduo e, a partir de então, a manutenção organizada e estável do patrimônio em favor dos seus sucessores,[100] mas tem também como objetivo a gestão de bens durante outros momentos de crise (uma eventual impossibilidade de

---

[99] TEIXEIRA, Daniele Chaves. Noções prévias do direito das sucessões: sociedade, funcionalização e planejamento sucessório. *In*: TEIXEIRA, Daniele Chaves (Coord.). *Arquitetura do planejamento sucessório*. Belo Horizonte: Fórum, 2019.

[100] GAGLIANO, Pablo Stolze; PAMPLONA FILHO, Rodolfo Mario Veiga. *Novo curso de direito civil*: parte geral. São Paulo: Saraiva, 2022. v. 1, p. 404.

manifestação de vontade em razão de trauma havido por acidente, por força de um coma, por enfermidade acentuada ou em razão do desaparecimento de um indivíduo).

Decorre também do planejamento patrimonial, ainda que não se trate de sucessão *mortis causa*, por exemplo, a formalização dos relacionamentos afetivos (namoro, união estável e casamento) e a escolha do regime de bens (art. 1.639 do CC/2002).[101]

A escolha do regime de bens ("conjunto de regras aplicáveis à sociedade conjugal considerada sob o aspecto dos seus interesses patrimoniais")[102] e a sua consequente formalização tem o condão de gerar efeitos na esfera patrimonial tanto por ocasião do falecimento de um dos envolvidos quanto por ocasião da dissolução do vínculo conjugal.

Não fosse isso, decorrem dos litígios de partilha (tanto nas ações de inventário, quanto nas ações de divórcio/dissolução de união estável) infindáveis discussões acerca da composição da meação dos cônjuges e/ou de seu quinhão hereditário. Nesse ponto, a prática demonstra que uma partilha de bens pode se prolongar por mais de 10 anos e trazer efeitos econômicos devastadores ao patrimônio ao longo do tempo.[103]

O bloqueio de veículos e imóveis, a indisponibilidade de ativos financeiros (que pode ser agravada com a transferência desses recursos para uma conta judicial em que os rendimentos podem ser significativamente inferiores a de instituições privadas), em decorrência de tutelas de urgência cautelares visando resguardar uma futura partilha (arrolamento e bloqueio) têm o condão de desvalorizar significativamente o patrimônio envolvido.[104]

Assim, a relevância do planejamento é de ordem econômica e não se limita ao evento morte. Não fosse isso, verifica-se também a relevância do planejamento patrimonial diante da manutenção da atividade empresária.

---

[101] "A convenção sobre o regime de bens depende da escolha dos cônjuges a ser feita antes da celebração do casamento e pode revestir-se de uma das quatro formas legais: a) comunhão parcial (regime legal); b) comunhão universal; c) separação de bens e d) participação final de aquestos. Poderá haver outra criada pelos nubentes, desde que não seja contrária ao princípio de ordem pública ou em fraude à lei, especialmente no que se refere aos direitos e deveres do casamento". (CARVALHO FILHO, Milton Paulo de. Comentários aos artigos 1.511 a 1.783. *In*: PELUSO, Cezar. *Código Civil comentado*: doutrina e jurisprudência. 16. ed. São Paulo: Manole, 2022. p. 1.817).

[102] GOMES, Orlando. *Direito de família*. 19. ed. Rio de Janeiro: Forense, 2019. t. I, p. 333.

[103] CAHALI, Francisco José. *Curso de arbitragem*: mediação, conciliação, resolução CNJ 125/2010. São Paulo: RT, 2017.

[104] CAHALI, Francisco José. *Curso de arbitragem*: mediação, conciliação, resolução CNJ 125/2010. São Paulo: RT, 2017.

De acordo com dados[105] divulgados pelo Instituto Brasileiro de Geografia e Estatística (IBGE) e do Serviço de Apoio às Micro e Pequenas Empresas (SEBRAE), 90% das sociedades empresariais brasileiras seguem um modelo familiar[106] e são responsáveis por mais da metade do Produto Interno Bruto brasileiro (respondem por 65% do PIB). No entanto, apenas 30% dessas sociedades sobrevivem à geração do seu fundador, e 5%, a uma terceira geração. Nesse contexto, percebe-se que um dos fatores que desencadeia a significativa extinção dessas sociedades é a ausência de um planejamento específico voltado à governança familiar e à sua sucessão.[107]

Em que pese seja possível considerar uma virtude a adoção de um modelo familiar,[108] a presença de familiares pode trazer consequências negativas de cunho pessoal (disputas e desentendimentos entre os membros da família) que extrapolam sobremaneira o ambiente empresarial.[109]

Não fosse isso, toda pessoa jurídica (sociedade empresária ou simples), independentemente da forma de sua estruturação,

---

[105] SEBRAE. *Pais e filhos*: os desafios e valores entre gerações de empreendedores. 27 set. 2021. Disponível em: https://sebrae.com.br/sites/PortalSebrae/ufs/ms/artigos/pais-e-filhos-os-desafios-e-valores-entre-geracoes-de-empreendedores,f646cf80c782c710VgnVCM100000d701210aRCRD. Acesso em 17 jun. 2023.

[106] "As empresas familiares podem apresentar as mais diversas características em termos de porte, quanto ao faturamento e à geração de empregos direitos e indiretos, existem empresas familiares em todas as classificações: grupos e conglomerados empresariais, empresas grandes, médias, pequenas ou micro, podendo, ainda, atuar em qualquer segmento de negócio e explorar quaisquer tipos de atividades no comércio, na indústria ou na prestação de serviços. Em suma, podem consubstanciar em pequenas padarias e oficinas mecânicas até grandes corporações com diversos objetivos sociais". (PRADO, Roberta Nioac (Coord.). *Direito, gestão e prática – empresas familiares*: governança corporativa, governança familiar e governança jurídica. São Paulo: Saraiva, 2021. p. 20).

[107] PRADO, Roberta Nioac (Coord.). *Direito, gestão e prática – empresas familiares*: governança corporativa, governança familiar e governança jurídica. São Paulo: Saraiva, 2021. p. 20.

[108] "Para administradores, psicólogos e economistas, as empresas familiares possuem especificidades que justificam tratá-las como uma categoria à parte, merecedoras de atenção própria. O entrecruzamento de relações familiares e negociais dão acento particular a cada uma delas: as famílias, espaço privilegiado da afetividade, veem-se às voltas com intrincadas questões econômicas e de administração de empresas; e as empresas, onde a palavra final deve ser a da fria racionalidade dos números, expõem-se às intromissões dos desapegos ou dos dramas familiares. As famílias são menos famílias, quando os seus devem cuidar de empresas, assim como as empresas são menos empresas, quando familiares. Isto é claro, sob o ponto de vista da administração de empresa, psicologia e economia. (COELHO, Fábio Ulhoa. *Empresa familiar – estudos jurídicos*. São Paulo: Saraiva, 2014).

[109] MAMEDE, Gladston. *Empresas familiares*: o papel do advogado na administração, sucessão e prevenção de conflitos entre sócios. 2. ed. São Paulo: Grupo GEN, 2014. p. 4.

necessariamente, terá uma pessoa natural[110] como sócio ou acionista, ao menos na primeira sociedade a ser constituída, ainda que possa haver pessoas jurídicas interpostas e independentemente do número de pessoas jurídicas que compõem esse grupo econômico.[111] Essa realidade decorre tanto da aptidão limitada da pessoa jurídica para ser sujeito ativo ou passivo de direito, quanto da ausência de individualidade psicofísica.[112] Assim, sempre será imprescindível a participação, ainda que como sócio distante da última camada da organização societária, de uma pessoa natural para a formação da sociedade empresária. Havendo o falecimento do titular dessa participação societária, põe-se o tortuoso e corriqueiro problema da sucessão do sócio, cuja participação societária reclamará providências específicas.[113]

A sucessão ocorre, segundo Clóvis Beviláqua, quando a personalidade jurídica cessa, deixa de existir. Uma vez aberta, o patrimônio reclama um novo titular em substituição ao primeiro.[114] Nesse momento é que emergem as principais questões atinentes à ausência de um planejamento patrimonial sucessório no âmbito societário e três hipóteses poderão ser verificadas: (i) haverá liquidação total da empresa (fim da companhia e incorporação de eventual patrimônio que resultar dessa liquidação no inventário, para pagamento, observando as normas da sucessão legal); (ii) haverá liquidação parcial, com pagamento de haveres (pagamento aos herdeiros e/ou cônjuge/companheiro(a) do *de cujus*, na forma legal[115] ou no limite das disposições contidas nos atos constitutivos da sociedade); e (iii) haverá o ingresso dos sócios (ingresso de herdeiros e/ou cônjuge/companheiro(a) do *de cujus*, terceiros que não

---

[110] Essa pessoa pode ou não ser um empresário, eis que nos termos do Código Civil, considera-se empresário aquele que, profissionalmente, exerce atividade econômica organizada visando à produção e/ou à circulação de bens ou de serviços (art. 966 do CC/2002).

[111] É impensável imaginar organização jurídica com infinitas cadeias de pessoas jurídicas como sócios.

[112] BEVILÁQUA, Clóvis. *Teoria geral do direito civil*. 3. ed. São Paulo: Red Livros, 2001. p. 22.

[113] BRASIL. Código Civil (2002). "Art. 1.028. No caso de morte de sócio, liquidar-se-á sua quota, salvo: I - se o contrato dispuser diferentemente; II - se os sócios remanescentes optarem pela dissolução da sociedade; III - se, por acordo com os herdeiros, regular-se a substituição do sócio falecido".

[114] BEVILÁQUA, Clóvis. *Direito das sucessões*. 4. ed. São Paulo: Freitas Bastos, 1945. p. 22.

[115] BRASIL. Código Civil (2002). "Art. 1.031. Nos casos em que a sociedade se resolver em relação a um sócio, o valor da sua quota, considerada pelo montante efetivamente realizado, liquidar-se-á, salvo disposição contratual em contrário, com base na situação patrimonial da sociedade, à data da resolução, verificada em balanço especialmente levantado. §1º. O capital social sofrerá a correspondente redução, salvo se os demais sócios suprirem o valor da quota. §2º. A quota liquidada será paga em dinheiro, no prazo de noventa dias, a partir da liquidação, salvo acordo, ou estipulação contratual em contrário".

comunguem dos valores da família e/ou empresa ou que não possuem aptidão para figurar como sócio).

Essas questões de ordem societária podem surgir também na hipótese de divórcio ou dissolução de união estável com partilha de bens. Pontua-se, ainda, que, na hipótese de incapacidade civil, haveria o afastamento do sócio, a indisponibilidade de seus bens, o que traria efeitos gravosos e poderia comprometer, inclusive, a continuidade da sociedade.[116] Se o patrimônio estiver sujeito a, potencialmente, ser afetado por situações familiares, recomenda-se adotar medidas e instrumentos jurídicos aptos a preservar sua continuidade e regular sua gestão (incluindo no âmbito de governança, tanto empresarial como familiar).

A estruturação de uma governança no núcleo familiar tem como objetivo, dentre outros, a definição e perpetuação de valores familiares e do próprio patrimônio, assim como das empresas e negócios da família.

Por meio de mecanismos de governação familiar (a exemplo do protocolo de família) os integrantes de uma determinada família podem criar vínculos e obrigações visando à consecução de determinados objetivos, ou seja, podem estabelecer políticas familiares, regras para inserção e atuação dos membros da família na empresa (parentes, cônjuges e afins como executivos) e respectivas remunerações, política para conflito de interesses (por exemplo, contratação de serviços e pessoas jurídicas de parentes e afins pela empresa), política de investimento para ativos financeiros detidos conjuntamente pelos membros da família (recursos particulares e reserva empresarial, perfil de risco dos investimentos), diversificação dos negócios afetos à empresa familiar, código de ética e conduta, regras para uso de bens comuns familiares (utilização de imóveis de lazer, aeronaves, embarcações etc.), requisitos para alienação do patrimônio familiar comum (inclusive o direito de preferência entre familiares, venda conjunta, direito de retirada), dentre outros temas de interesse da família.

Assim, conforme ensina Renata Mei Hsu Guimarães,[117] planejar a sucessão patrimonial perfaz a conjugação jurídica do aspecto familiar e do aspecto patrimonial (vertentes analíticas citadas anteriormente), em virtude da possibilidade de erigir os mais diversos momentos de crise, falecimento, divórcio ou dissolução de união estável, incapacidade civil e ausência.

---

[116] PRADO, Roberta Nioac (Coord.). *Direito, gestão e prática – empresas familiares*: governança corporativa, governança familiar e governança jurídica. São Paulo: Saraiva, 2021. p. 20.
[117] GUIMARÃES, Renata Mei Hsu. A vivência do planejamento sucessório. *In*: TEIXEIRA, Daniele Chaves. *Arquitetura do planejamento sucessório*. Belo Horizonte: Fórum, 2021. t. II, p. 633.

Nesse contexto, dentre as vantagens do planejamento patrimonial está a possibilidade de se adotar múltiplas providências e de se utilizar instrumentos jurídicos variados para adequar as mais diversas conformações patrimoniais e familiares.

Para essa finalidade, citam-se, por exemplo, algumas providências inerentes ao planejamento:[118] (i) a escolha e a formalização do relacionamento (namoro, casamento ou união estável), inclusive do regime de bens (comunhão parcial, separação total, separação obrigatória, participação final nos aquestos, regime atípico misto, afastamento da súmula 377 do STF), customização do pacto antenupcial com previsões específicas; (ii) elaboração de acordo de sócios, alteração de atos constitutivos ou constituição de sociedades (incluindo *holdings* familiares para a administração de bens), ingresso ou não de cônjuges/companheiros e herdeiros na sociedade, forma de apuração de haveres para o caso de não ingresso dos sucessores; (iii) doação, seja proveniente da legítima seja da disponível, com aposição de elementos particulares (condição, termo ou encargo), com ou sem reserva de usufruto, cláusulas restritivas (impenhorabilidade, incomunicabilidade e, se for o caso, inalienabilidade); (iv) testamentos (distribuição da legítima e disponível, também com a possibilidade de aposição de cláusulas restritivas e elementos acidentais, definição da gestão de herança recebida por herdeiros); (v) codicilos, para disposições sobre enterro e/ou destinações de bens de pouco valor e/ou uso pessoal;[119] (vi) elaboração de diretivas antecipadas de vontade e escrituras de declaração de curatela (autocuratela); (vii) constituição de fundos de investimentos, contratação de previdências privadas, seguros de vida; (viii) conselho de família, protocolo familiar, pactos parassociais, e

---

[118] HIRONAKA, Giselda Maria Fernandes Novaes; TARTUCE, Flávio. Planejamento sucessório: conceito, mecanismos e limitações. *Revista Brasileira de Direito Civil – RBDCivil*, Belo Horizonte, v. 21, p. 87-109, jul./set. 2019.

[119] "O codicilo – isto é, pequeno codex (tábuas enceradas, de tamanho reduzido, onde os romanos escreviam cartas ou apontamentos) – é um escrito em que se podiam fazer, fora do testamento, algumas disposições de última vontade". (ALVES, José Carlos Moreira. *Direito romano*. 18. ed. Rio de Janeiro: Forense, 2018. p. 795). "O codicilo assemelha-se ao testamento, por representar o desejo da pessoa para após sua morte, mas promovido com menos formalidades, e serve para que sejam feitas disposições acerca do enterro e sufrágios da alma, nomeação ou substituição de testamenteiro e para que se dê destinação a bens de pouco valor. [...] Não traz o Código, explicitamente, o que seria "pouco valor". Necessário se faz, nesse caso, analisar o conjunto de bens do *de cujus*, a fim de comparar se os valores que constam no codicilo podem ser considerados pequenos, ou seja, a análise se faz em relação ao valor do patrimônio". (CAHALI, Francisco José. Comentários aos artigos 1.784 a 2.027. *In*: NANNI, Giovanni Ettore (Coord.). *Comentários ao Código Civil*: direito privado contemporâneo. 2. ed. São Paulo: Saraiva, 2021. p. 1.405).

(ix) providências em jurisdições estrangerias, testamentos, formação de negócios jurídicos especiais, caso do *trust*, das fundações e do *joint tenancy*.

São infindáveis as providências que podem ser adotadas no âmbito do planejamento patrimonial. Em que pese a maior parte dos instrumentos pelos quais se concebe e se desenvolve o planejamento sejam de conhecimento dos operadores do direito, inexiste uma fórmula ou modelo preconcebido, isto é, há que se percorrer todas as incontáveis variáveis para delimitar as providências e os instrumentos necessários caso a caso.

Nesse ponto reside a versatilidade da instituição de um *trust*. As disposições contidas em um único *trust* poderão direcionar praticamente todas as hipóteses pelas quais um indivíduo planeja a destinação de seu patrimônio (incluindo, mas não se limitando, na hipótese de falecimento, divórcio, ausência e interdição judicial), organizando, protegendo e atribuindo bens e rendas de maneira ordenada, segundo o que for declarado pelo seu instituidor.

Embora não seja uníssono o conceito de *trust* na doutrina nacional, para Cláudio Finkelstein, um *trust* nada mais é que um instituto jurídico de natureza contratual, desprovido de personalidade jurídica, pelo qual uma pessoa física ou jurídica, denominada *settlor*, transfere bens ao *trust*, incumbindo a um *trustee* a tarefa de administrar esses ativos, sempre em favor dos beneficiários (*beneficiaries*), nos exatos termos e nas condições elencadas no texto de constituição do *trust*.[120]

Ao criar o *trust*, o então titular do patrimônio (*settlor*) deixa de ser o proprietário desses bens, separando legalmente a propriedade e o controle da propriedade beneficiária (*equitable ownership*), que passam a ser administrados pelo *trustee* em benefício de quem o instituidor indicar. O *trustee*, então, passa a ser titular dos direitos e do poder necessário para efetuar a transferência total ou parcial, a título oneroso ou gratuito, destes ativos.

Nas palavras de Heleno Taveira Torres,[121] o *trust* permite dividir a propriedade de um bem (ou cindir a titularidade de um mesmo direito) entre dois sujeitos, dos quais um, o *trustee*, é legitimado a exercitar grande parte das faculdades comumente inerentes ao direito de

---

[120] FINKELSTEIN, Cláudio. O *trust* e o direito brasileiro. *Revista de Direito Bancário e do Mercado de Capitais*, São Paulo: RT, v. 72, abr./jun. 2016. p. 110.

[121] TORRES, Heleno Taveira. *Trust* não pode ser usado para sonegação fiscal. *Conjur*, 11 nov. 2015. Disponível em: www.conjur.com.br/2015-nov-11/consultor-tributario-*trust*-nao-usado-sonegacao-fiscal#author. Acesso em: 12 abr. 2023.

propriedade, e o outro, o *beneficiary*, o sujeito que gozará das vantagens do exercício de poder do *trustee* sobre o bem de sua propriedade (que pode ser o próprio *settlor*).

Para Gustavo Tepedino, em regra, esta transmissão é gratuita, uma vez que não há sacrifício econômico correspectivo, a cargo do *trustee*, pela entrega do bem levada a cabo pelo instituidor. Eventual benefício econômico em favor do *trustee*, em razão da gestão do patrimônio por ele administrado, se, do ponto de vista econômico, caracteriza a natureza onerosa da operação, não torna o contrato oneroso, preservando-se, ainda neste caso, a gratuidade da transferência patrimonial que lhe dá origem.[122]

A despeito do seu conceito doutrinário (a ser abordado a seguir), o *trust* é importante ferramenta que tem o condão de acomodar as principais apreensões sucessórias: preservar o patrimônio, assegurar a manutenção dos negócios, otimizar a gestão e reduzir custos de transmissão (carga tributária).

---

[122] TEPEDINO, Gustavo. O *trust* no direito brasileiro. *Soluções Práticas*, São Paulo: RT, 2011. v. 2.

CAPÍTULO 3

O *TRUST* COMO INSTRUMENTO DE PLANEJAMENTO PATRIMONIAL SUCESSÓRIO

A análise de determinado instituto jurídico deve perpassar – ainda que de forma abreviada – pelos seus aspectos históricos. Nesse contexto, relevante conhecer os fatores que alicerçam o surgimento do *trust*, pois se trata de instrumento jurídico milenar, considerado pela doutrina a mais distinta conquista realizada no campo da jurisprudência inglesa.[123]

Ademais, importante abordar tanto o conceito jurídico do *trust* – que é objeto de ampla dissensão doutrinária –, quanto sua estrutura objetiva e, finalmente, a sua aplicação prática.

3.1 A origem histórica do *trust*

Majoritariamente associado ao direito inglês,[124] os conceitos que formam o *trust* têm sua origem ligada à Idade Média, precisamente ao

---

[123] Conforme lecionava o historiador e advogado inglês Sir Frederick Maitland. (SCOTT, Austin W. The *trust* as an instrument of law reform. *The Yale Law Journal*, v. 31, n. 5, mar. 1922. p. 457).

[124] Por outro lado, há na doutrina corrente que associe a origem do *trust* ao império romano, remontando a origem desse instituto há quase dois mil anos, precisamente ao Império de Augustus. A história dá conta de um cidadão romano que teve filhos com uma estrangeira. O casal tinha a intenção de que seu patrimônio fosse sucedido por esses filhos. Para contornar a vedação existente à época no sentido de que filhos "ilegítimos" não podiam herdar porque sua mãe não era romana, dispôs em testamento que a totalidade do seu patrimônio caberia a um amigo (este romano e filho de pais romanos), com a ressalva de que ele deveria utilizar o patrimônio para sustentar os filhos do testador. Após o falecimento do testador, o legatário não cumpriu o quanto determinado pelo casal e utilizou os bens a ele conferidos da forma que quis. O imperador Augusto, chocado com a traição, encaminhou o assunto ao tribunal romano para disposição. (BOVE, Alexander A. *The complete book of Wills, Estates & Trusts*. 4. ed. New York: St. Martin's Griffin, 2021. p. 224).

longo do século XI, período que tangenciou a conquista normanda na Inglaterra por William I.[125]

Após vencer a batalha de Hastings[126] e conquistar a Inglaterra,[127] William I, dadas as peculiaridades inerentes ao controle das extensas áreas conquistadas – que até então pertenciam à nobreza inglesa (*saxons lords*) –, e da necessidade de recompensar os militares normandos que o acompanharam na batalha, franqueou alguns direitos sobre esses territórios aos seus líderes militares.

Destaca-se que a atribuição de direitos sobre as terras estava atrelada à imputação de deveres de igual ou maior monta, comumente à prestação de serviços que poderiam ser da ordem militar ou o pagamento de contraprestações. A esse grupo era cominada a alcunha de *tenants* e a atribuição de direitos (reais e pessoais) sobre os territórios conquistados *tenures*.[128]

Por meio dessa relação, essencialmente feudal (senhores *vs.* vassalos), a atribuição de direitos sobre os territórios era precária e limitada (apenas parte dos direitos imanentes sobre a propriedade). Aos vassalos não era concedida a faculdade de alienar e dispor da propriedade ou transmiti-la aos seus sucessores, nem mesmo a faculdade de ceder esses direitos estava autorizada. Assim, os vassalos não adquiriam a propriedade plena dos bens imóveis que eram sempre detidos em nome do rei (*in name of the Crown*).

---

[125] A equivalência do prenome William em português é Guilherme.

[126] "On the death of Edward the Confessor, England was afflicted by the miseries of a disputed succession. Harold and William Duke of Normandy were the great competitors. Both claimed under an appointment from Edward the Confessor, but the former being supported by many, perhaps the great body of the English, obtained possession. William, in the latter end of the year 1066, armed with the papal benediction, came to assert his claims against Harold as the usurper of his rights. William's army appears to have been com posed wholly of Normans and other foreigners, many of whom had received distinct promises of grants of land, and had even done ho mage for them, and all of whom were animated by hopes of plunder. It was not a contest of nation against nation; but the two competitors sought to decide the question, who had the strictly legal title, by the fate of arms. Victory declared in favor of William at the decisive batile near Hastings". (KERLY, Duncan. *An historical sketch of the equitable jurisdiction of the Court of Chancery*. Cambridge: Cambridge University, 1890. v. I, p. 89).

[127] "The coronation placed William in the succession of the Old English kings. But it was followed by measures which showed that England was a conquered country". (STENTON, Frank Merry. *Oxford History of England, Anglo-Saxon England*. 3. ed. Oxford: Oxford University Press, 2004. v. 2).

[128] As tenures poderiam ser livres ou não livres (free ou non free), conforme as obrigações de prestação de serviços que implicassem correlativamente ao uso da terra fossem ou não dignas da condição de um homem livre. (SALOMÃO NETO, Eduardo. *O trust e o direito brasileiro*. São Paulo: LTr, 1996).

Com o passar do tempo, dado o dinamismo das relações sociais, houve uma nítida flexibilização acerca da possibilidade de cessão dos direitos aos quais fazia jus o *tenant*, permanecendo vedada a alienação do bem.

Posteriormente, admitiu-se a subconcessão pelo *tenant* a um terceiro e, em seguida, a própria transmissão dos direitos das *tenures*, embora de forma precária e sem um verdadeiro reconhecimento jurídico. Essa evolução ocorreu em razão de fatores alheios e externos, como o fato de um *tenant* militar que, conduzido para uma determinada batalha, precisava atribuir os seus benefícios sobre a terra a um filho ou desejava destiná-los à igreja. Esses fatos, analisados à luz da boa-fé e da relação contratual inerente às *tenures*, justificariam respeitar essa transmissão, ainda que momentaneamente.[129] A situação, ganhou tamanha relevância que a transmissão passou a ser aceita, de forma que os vassalos começaram a utilizar a prerrogativa para burlar o necessário consentimento do senhor feudal para transmitir as terras.

Dessa forma surgiu o *use*, que, em tradução direta pode ser entendido como "no interesse de" ou "em benefício de".[130] Por meio desse instituto – nitidamente precursor do *trust* –, o então *tennat* (instituidor) confiava os direitos sobre determinado bem imóvel a um terceiro para que o administrasse em favor de um beneficiário.[131] Trata-se

---

[129] "A slight but unbroken thread of cases, beginning while the Conquest is yet recent, shows us that a man will from time to time convey his land to another to the use of a third. For example, he is going on a crusade and wishes that his land shall be held to the use of his children, or he wishes that his wife or his sister shall enjoy the land, but doubts, it may be, whether a woman can hold a military fee or whether a husband can enfeoff his wife. Here there must be at the least an honourable understanding that the trust is to be observed, and there may be a formal interposition of faith. Then, again, we see that some of the lands and revenues of a religious house have often been devoted to some special object; they have been given to the convent to the use of the library or to the use of the infi rmary, and we can hardly doubt that a bishop will hold himself bound to provide that these dedications, which are sometimes guarded by the anathema, shall be maintained". (POLLOCK, Frederick; MAITLAND, Frederic William. *The history of english law before the time of Edward I*. 2. ed. Cambridge: Cambridge University, 1898-1899. v. II, p. 241).

[130] MENEZES CORDEIRO, António. *Tratado de direito civil II*. Portugal, Coimbra: Almedina, 2021. p. 1.128.

[131] Importante citar as considerações de Gerd Foerster acerca da decorrência estritamente fática do instituto: "Na realidade, não existe técnica jurídica alguma na formação do "use". O que existiam eram situações em que determinada pessoa, por motivos sérios, recorria a um amigo, recorria à amizade de outro ser humano, para prestar-lhe um favor de estrita confiança. A origem do "use" não possui raízes fincadas em uma relação jurídica, no direito, enfim, mas em uma relação de amizade, de confiança". (FOERSTER, Gerd. *O trust do direito anglo-americano e os negócios fiduciários no Brasil*: perspectiva de direito comparado (considerações sobre o acolhimento do *trust* pelo direito brasileiro). Porto Alegre: Sergio Antonio Fabris, 2013. p. 78).

de tripartido instrumento cujas partes são: (i) o *feoffer*, o alienante do direito de propriedade; (ii) o *feoffee*, adquirente e titular do direito de propriedade; e (iii) o beneficiário (*cestui que use*) que fazia jus aos lucros e benefícios inerentes ao bem.[132] A obrigação contratada não tinha contornos jurídicos e era estritamente moral, mas, com o tempo, foi sendo reconhecida sua juridicidade (quando não havia desígnios censuráveis ou ilícitos na sua estipulação).

Já nessa época, o *use* era utilizado como forma de planejar determinadas situações patrimoniais, por exemplo, evitar tributação, assegurar a fruição de determinados bens e seus frutos a familiares no caso de morte ou doença.[133] Paralelamente, sob o julgo crítico da Corte e da nobreza inglesa, a figura do *use* não era bem quista, pois possibilitava aos seu utilizadores tangenciar a proibição de legar a propriedade sobre as terras, minimizar o recolhimento de impostos, além de dificultar a identificação da titularidade dos bens imóveis, o que gerava insegurança jurídica, dadas as diversas transmissões eventualmente ocorridas sem uma legítima identificação. Diante dessa situação conflituosa, foram inúmeros os litígios criados em razão da popularização do *use*.

Nesse contexto, abre-se um parêntese para esclarecer que o reinado de William I não só alterou a atribuição de direitos sobre os territórios na Inglaterra, como também trouxe profundas mudanças na ordem jurídica do país. Investido da autoridade real sobre toda a Inglaterra, o rei, visando acomodar as tribulações inerentes a essa cumulação de poderes sobre o reino, começou a delegar parte de suas atribuições reais aos seus oficiais e funcionários da corte. Assim, parte dos poderes (administração e justiça) foram delegados aos seus oficiais. Em um primeiro momento, foram nomeados para essa atribuição os Chefes de Justiça[134] (*Chief Justiciars*) e, posteriormente, os *Chancellors*.

Dada a crescente demanda, a atuação dos Chefes de Justiça se difundiu pelos condados da Inglaterra, fato que culminou com o início de uma justiça itinerante, por meio da qual os *Chief Justiciars* se deslocavam para administrar conflitos de natureza civil e criminal

---

[132] MENEZES CORDEIRO, António. *Tratado de direito civil II*. Portugal, Coimbra: Almedina, 2021. p. 1.128.

[133] "A constituição de *uses* tinha, essencialmente, propósitos profiláticos: permitia colocar o bem fora do alcance dos credores e de inimigos poderosos, acautelar o futuro das filhas, tão desprotegidas pelo direito da época, ou conceder aos filhos bastardos um sustento continuado, sem chocar a conservadora mentalidade medieval". (MENEZES CORDEIRO, António. *Tratado de direito civil II*. Portugal, Coimbra: Almedina, 2021. p. 1.128).

[134] Os poderes atribuídos ao Chefe de Justiça eram inúmeros, de forma que essa autoridade acabou por confrontar até mesmo o poder do Rei. Em razão disso, o cargo foi extinto pelo monarca.

nos mais diversos condados, a fim de cobrar tributos e aplicar penas. Assim, já no século XIII, a autoridade real era assistida por meio de funcionários e de assessores que, investidos de poderes do rei, formavam conjuntamente a *Curia Regis*.

Com o transcorrer do tempo, os juízes itinerantes se estabilizaram em locais determinados e começaram a atuar conforme competências distintas. Havia, assim, o Tribunal do Tesouro (*Exchequer of Pleas*), o Tribunal do Banco do Rei (*Court of King's Bench*) e o Tribunal das Queixas Comuns (*Court of Common Pleas*). Em conjunto, os três Tribunais eram designados Tribunais Reais (de Westminster), cortes de *common law*.

Durante um longo período, os Tribunais Reais se dedicavam a analisar profundamente questões procedimentais das pretensões postas pelos jurisdicionados, relegando a apreciação do direito material. Havia, assim, uma forte análise da admissibilidade das pretensões (do cumprimento dos requisitos formais para ingresso nas Cortes), o que dificultava sobremaneira o acesso a essas cortes pelos jurisdicionados, inclusive com a criação de procedimentos específicos e limitados para cada tipo de demanda.[135]

O rei, em que pese a delegação da função jurisdicional para as três cortes, mantinha uma espécie de poder jurisdicional residual (tutela recursal soberana). Cabia a ele remediar desvios praticados pelos Tribunais de *common law* e analisar casos nos quais não houvesse remédio legal adequado (em razão da limitação às demandas expressamente autorizadas por estes tribunais).

Nesse contexto, as demandas que chegavam ao julgo do rei diziam respeito às pretensões direcionadas previamente aos Tribunais *common law*, mas inadmitidas por motivos irrazoáveis, ou em razão de julgamentos inadequados, insuficientes, ou cuja eficácia não se concretizava. Sobre esse último ponto, destaca-se que os Tribunais estavam sob forte influência dos senhorios locais (inclusive de ordem econômica), o que acabava frustrando a concretização de direitos ou o próprio julgamento de medidas contra esses senhorios.[136]

As demandas para o rei, entretanto, aumentaram sobremaneira, de forma que a análise das petições a ele direcionadas foi franqueada

---

[135] ZWEIGERT, Konrad; KÖTZ, Hein. *Einführung in die Rechtsvergleichung auf dem Gebiete des Privatrechts*, 1971. Trad. WEIR, Tony. *Introduction to comparative law*. 3. ed. Oxford: Clarendon Press, 1998. p. 254.
[136] FOERSTER, Gerd. *O trust do direito anglo-americano e os negócios fiduciários no Brasil*: perspectiva de direito comparado (considerações sobre o acolhimento do *trust* pelo direito brasileiro). Porto Alegre: Sergio Antonio Fabris, 2013. p. 49.

aos *Chancellors*, que ocupavam a mais alta patente na corte. Incialmente, o cargo de Chanceler foi ocupado por bispos e arcebispos da igreja, que aplicavam a *equity* real sobre o reino (em razão da formação eclesiástica, as decisões dos *Chancellors* tinham como base princípios canônicos e, em certa medida, o pensamento aristotélico e o direito romano).[137]

Foi a partir do século XVI que os *Chancellors* se tornaram verdadeiramente juristas, desenvolveram um procedimento específico para o acesso a *Court of Chancery* e começaram a reconhecer a existência de precedentes da *equity* e sua necessária influência nos julgamentos.[138] Houve, então, uma notória consolidação da Corte de Chancelaria, que atuava paralelamente aos Tribunais Reais, uma verdadeira estruturação dualista entre tribunais de *common law* e a corte de *equity*.[139]

Nesse contexto, por meio da atuação dos *Chancellors* decorreu o reconhecimento do *trust*, em evolução direta do *use*.[140] Ressalta-se que a Corte Chancelaria, no âmbito de sua competência, atuava para reconhecer os direitos dos beneficiários do *trust* (cabia aos tribunais de *common law* analisar o direito de propriedade). A decisão dessa corte de *equity* era vinculativa e, havendo o reconhecimento dos direitos dos beneficiários instituídos, o descumprimento dessa decisão poderia ocasionar a prisão do *trustee*.[141]

A evolução do *use* (até a sua consolidação como *trust*) se deu em razão dos desvios e das incertezas ocasionados pelo seu uso massivo e desordenado (o *use* já no século XIV era largamente reconhecido pela Corte de Chancelaria).[142] Por pressão do Rei Henry VIII, o parlamento inglês promulgou o *Statute of Uses Act* de 1535, que tinha por desígnio extinguir a utilização do *use*.[143] Por meio desse regramento, todo aquele que recebesse terras para administrar em favor de determinados

---

[137] FOERSTER, Gerd. *O trust do direito anglo-americano e os negócios fiduciários no Brasil*: perspectiva de direito comparado (considerações sobre o acolhimento do *trust* pelo direito brasileiro). Porto Alegre: Sergio Antonio Fabris, 2013. p. 53.

[138] HOLDSWORTH, William Searle. *A history of english law*. London: Methuen, 1944. v. I, p. 468.

[139] PETTIT, Philip Henry. *Equity and the law of trusts*. 10. ed. New York: Oxford University Press, 2006.

[140] KERLY, Duncan. *An historical sketch of the equitable jurisdiction of the Court of Chancery*. Cambridge: Cambridge University, 1890. v. I, p. 180-181.

[141] PETTIT, Philip H. *Equity and the law of trusts*. 11. ed. Chichester: Barry Rose Publisher, 2012. p. 2.

[142] FOERSTER, Gerd. *O trust do direito anglo-americano e os negócios fiduciários no Brasil*: perspectiva de direito comparado (considerações sobre o acolhimento do *trust* pelo direito brasileiro). Porto Alegre: Sergio Antonio Fabris, 2013. p. 82.

[143] FOERSTER, Gerd. *O trust do direito anglo-americano e os negócios fiduciários no Brasil*: perspectiva de direito comparado (considerações sobre o acolhimento do *trust* pelo direito brasileiro). Porto Alegre: Sergio Antonio Fabris, 2013. p. 84.

beneficiários deveria transferir o direito recebido direta e imediatamente a esses beneficiários.[144]

Considerando que a utilização do instituto já estava disseminada (e em que pese a vedação, continuou sendo utilizado), lançavam-se ao Tribunal de Chancelaria demandas cujas decisões reconheceram brechas na norma que possibilitaram a manutenção do instituto.[145]

Assim, reconheceu-se que a vedação contida no *Statute of Uses Act* não seria aplicável nas seguintes hipótese: (a) quando o instituído não detivesse diretamente a posse do imóvel; (b) quando o instituidor também fosse beneficiário do *use*; (c) quando o instituído não ostentasse a posse do bem; (d) quando o instituidor se tratasse de uma sociedade e não uma pessoa natural; (e) quando o *use* fosse destinado a coletar aluguéis e administrar bens e (f) quando o *use* fosse estipulado em benefício de um beneficiário sucessivo (*use upon a use* ou *double use*).[146]

Essa última possibilidade era comumente formulada pela seguinte cláusula: "*to A to the use of A himself to the use of B, or to X to the use of A to the use of B*".[147]

Assim, foi a partir dessas circunstâncias (em que não aplicável o *Statute of Uses Act* de 1535) que se desenvolveu o *trust*. Sua utilização se deu pela singela alteração na cláusula que estipulava o *use*, na qual passou a constar a expressão *in trust* ('*to X and his heirs unto and to the use of Y and his heirs, in trust nevertheless for Z*').[148]

---

[144] LEPAULLE, Pierre. La naturaleza del trust. *Revista General de Derecho y Jurisprudencia*, Mexico, 1932 (*online*). t. 3, p. 13.

[145] "Although the Statute of Uses was sweepingly expressed, it did not abolish conscience or eradicate the possibility of equitable interests in land. The chancellors' jurisdiction therefore continued to be exercised in situations not covered by the terms of the statute". (BAKER, John. *An introduction to english legal history*. Toronto, Canada: Butterworth & Co. Ltd., 1971. p. 310).

[146] FOERSTER, Gerd. *O trust do direito anglo-americano e os negócios fiduciários no Brasil*: perspectiva de direito comparado (considerações sobre o acolhimento do *trust* pelo direito brasileiro). Porto Alegre: Sergio Antonio Fabris, 2013. p. 87.

[147] "The most important case in the fourth category was the double use, where land was conveyed to A to the use of A himself to the use of B, or to X to the use of A to the use of B. [...] By enforcing the second use the Chancery was not infringing the letter or subverting the purpose of the Statute of Uses, but was properly exercising its jurisdiction in conscience. The jurisdiction in such cases was consequent upon the legal decision in Tyrrel's Case, for the intervention of equity would have been otiose if the second use had been caught by the statute. But what began as a mere trickle of special cases grew within a century into common form, so that from the seventeenth century until the repeal of the Statute of Uses in the most usual way of creating trusts was by a conveyance 'to X and his heirs unto and to the use of Y and his heirs, in trust nevertheless for Z". (BAKER, John. *An introduction to english legal history*. Toronto, Canada: Butterworth & Co. Ltd., 1971. p. 310).

[148] BAKER, John. *An introduction to english legal history*. Toronto, Canada: Butterworth & Co. Ltd., 1971. p. 310.

3.2 O conceito do *trust*

O conceito de *trust* é objeto de ampla dissensão doutrinária e sua definição se mostra muitas vezes tortuosa e complexa.[149] Essa complexidade, talvez, se dê em razão de seu surgimento empírico no contexto da evolução da *equity* ou pelo fato do instituto abarcar diferentes variantes e modalidades.

É certo que as definições de *trust*, em sua grande maioria, são precedidas de alerta inicial acerca da complexidade.[150] Nesse sentido, D. W. M. Waters já advertia que a maior parte das suas definições sempre fracassam pelo fato de tentarem encontrar uma essência una para o conceito de *trust*. Por isso, pecam ao enfatizar uma de suas variantes e tentam, a partir dela, delimitar um conceito único para todas as múltiplas facetas deste instituto que cresceu pragmaticamente.[151]

Para se perceber as inúmeras possibilidades do *trust* e a dificuldade de se criar um conceito único para o instituto, mencionam-se algumas de suas formas: (i) *implied trust*, subdividindo-se em *resultings trusts* e *constructives trusts*, (ii) *express trusts*, que se subdividem entre *charitable e private*, estes últimos podendo ser *inter vivos e testamentary, revogável e irrevogável, discretionary ou fixed*. Em que pese um sem-número de possibilidades para o uso do *trust*, nesta dissertação limita-se o estudo aos *trusts* expressos (*inter vivos* e testamentário).

Não obstante a abrangência específica do estudo aqui realizado – *trust* como objeto do planejamento patrimonial sucessório – necessário discorrer brevemente sobre a evolução da definição do *trust*. Partindo da definição clássica – que não guarda verdadeira conexão com o objeto do estudo, mas que tem relevância histórica –, recorre-se à conhecida definição no âmbito da evolução do *use*:

> A confidence reposed in some other, not issuing out of the land, but as a thing collateral, annexed in privity to the estate of the land, and to the

---

[149] "It is commonly observed that no one has succeeded in producing a wholly satisfactory definition of a trust, although the general idea is not diffi cult to grasp". (PETTIT, Philip Henry. *Equity and the law of trusts*. 20. ed. Reino Unido: Oxford, 2012. p. 30).

[150] "More than one definition of a trust is to be found in the recognised text books; but none of these learned and excellent works contains a definition which is altogether with is altogether satisfactory". (HAYTON, David J.; UNDERHILL, Arthur. *Law relating to trusts and trustees*. 16. ed. London: Butterworths LexisNexis, 2003. p. 1).

[151] "[m]ost definitions [...] suffer from the fact that they are really an attempt either to find the essence of a trust, which all too often means emphasizing one kind of trust, or to contain within a sentence all the facets of an institution that has grown pragmatically". (SMITH, Lionel. *Re-imagining the trusts in civil law*. Cambridge: Cambridge University Press, 2012. p. 141).

person touching the land, [...] for which cestui que trust has no remedy but the subpoena in Chancery.[152]

Não obstante o interesse histórico da definição apresentada, uma das mais festejadas definições de *trust*, ainda que longe de um acme técnico, foi proposta no século XIX, pela doutrina inglesa, conforme resumida abaixo:

> Is that the relationship which arises whenever a person called the trustee is compelled in equity to hold property, whether personal or real, and whether by legal or equitable title, for the benefit of some persons (of whom he may be one, and who are termed beneficiaries) or some object permit by law, in such a way that real benefit of the property accrues, not to the trustees, but to the beneficiaries or other objects of the trust.[153]

Embora aceita como uma das mais adequadas definições no âmbito do direito inglês,[154] essa proposição é de difícil aceitação em sistemas de tradição romana, uma vez que está ancorada estritamente em um regime jurídico próprio do direito de propriedade (*legal estate* e *equitable estate*).

Uma segunda definição aclamada é a de David J. Hayton e Arthur Underhill. Segundo os autores, o *trust* deve ser compreendido como uma *equitable obligation*, que vincula uma pessoa (chamada *trustee*) a lidar com bens sobre os quais ela mesma detém a propriedade (chamada de *trust property* e se distingue de seus bens pessoais) em benefício de pessoas (chamadas beneficiários ou *cestuis que trust*) de quem ela mesma possa ser uma. Qualquer uma delas pode executar a obrigação estipulada.[155]

No mesmo sentido, a definição de Geraint Thomas e Alastair Hudson abarca uma referência história à origem do *trust* e seu

---

[152] SPENCE, George. *The equitable jurisdiction of the Court of Chancery*. London: Stevens & Norton, 1846. v. I-II, p. 89.

[153] KEETON, George Williams. *The law of trusts*. 7. ed. London: ⊕Pitman, 1957. p. 5.

[154] "Common lawyers generally regard as being one of the best". (SMITH, Lionel. *Re-imagining the trusts in civil law*. Cambridge: Cambridge University Press, 2012. p. 140).

[155] "A trust is an equitable obligation binding a person (called a trustee) to deal with property owned by him (which is called the trust property, being distinguished from his private property) for the benefit of persons (who are called the beneficiaries or, in old cases, cestuis que trust), of whom he may himself be one, and any one of whom may enforce the obligation. Any act or neglect on the part of a trustee which is not authorised or excused by the terms of the trust instrument, or by law, is called a breach of trust". (HAYTON, David J.; UNDERHILL, Arthur. *Law relating to trusts and trustees*. 16. ed. London: Butterworths LexisNexis, 2003. p. 3).

reconhecimento apenas na *equity*, antes do *Judicature Act* de 1873. A obrigação de cumprir os termos do *trust* está anexada à necessidade de o *trustee* conter suas ações para acalmar os temores de que possa abusar de sua posição ou tomar a propriedade dos bens a ele conferidos. O *trustee* adquire o título legal da propriedade e o beneficiário, como proprietário pela *equity*, adquire o direito de usufruir dessa propriedade.[156]

Afastando-se do conceito do *equity*, Austin Wakeman Scott entendia ser adequado definir o *trust* tanto como uma relação obrigacional com determinadas características indicadas no próprio instrumento pelo *settlor* (*deed of trust*), quanto como um dispositivo jurídico ou instituição legal envolvendo essa relação.[157] Assim, já vislumbrava a possibilidade de se criar o *trust* tanto por manifestação de vontade declarada pelo instituidor, quanto por instituição judicial.

Na definição de Austin Wakeman Scott, foram dimensionadas as seguintes características ao instituto: 1º) o *trust* é uma relação; 2º) o *trust* é uma relação de caráter fiduciário; 3º) o *trust* é uma relação com respeito à propriedade, e não uma relação envolvendo apenas deveres pessoais; 4º) envolve a existência de deveres decorrentes da *equity*, impostos ao titular do bem (*trustee*) para com o beneficiário (em benefício de terceiro); e 5º) surge como resultado de uma manifestação de intenção de criar a relação.[158]

Conforme se vê das definições clássicas apresentadas, a observância de deveres pelo *trustee* em prol dos beneficiários do *trust* decorre sempre da *equity*. Assim, o *trust* estrangeiro somente pode ser compreendido e conceituado a partir da compreensão prévia da *equitable estate* e do *legal estate*, decorrentes da milenar evolução do direito inglês.[159]

---

[156] "The essence of a trust is the imposition of an equitable obligation on a person who is the legal owner of property (a trustee) which requires that person to act in good conscience when dealing with that property in favor of any person (the beneficiary) who has the beneficial interest recognized by equity in the property. The trustee is said to "hold the property on trust" for the beneficiary. There are four significant elements to the trust: that it is equitable, that it provides the beneficiary with rights in property, that it also imposes obligations on the trustee, and that those obligations are fiduciary in nature". (THOMAS, Geraint; HUDSON, Alastair. *The law of trusts*. 2. ed. New York: Oxford University Press, 2010).

[157] SCOTT, Austin W. *The law of trusts*. Boston: Little, Brown and Company, 1939. v. I, p. 33.

[158] SCOTT, Austin W. *The law of trusts*. Boston: Little, Brown and Company, 1939. v. I, p. 33.

[159] FOERSTER, Gerd. *O trust do direito anglo-americano e os negócios fiduciários no Brasil*: perspectiva de direito comparado (considerações sobre o acolhimento do *trust* pelo direito brasileiro). Porto Alegre: Sergio Antonio Fabris, 2013. p. 95.

3.3 As partes no *trust*

É inegável que a massiva propagação do *trust* (ou de sua versão embrionária *use*), durante a Idade Média, é superada pela exponencial difusão contemporânea. Atualmente, o *trust* é instituto globalizado, francamente utilizado nas mais diversas jurisdições. Nesse sentido, há hoje diversas modalidades, algumas delas específicas em jurisdições distintas.[160]

Assim, não se ignora as várias formas de *trust* atuais, mas, no contexto deste trabalho (*trust* como instrumento de planejamento patrimonial sucessório), limitar-se-á ao *trust* expresso, que é concebido pela sua estrutura interna tripartida,[161] na qual figuram os seguintes partícipes: (i) o *settlor* (instituidor), proprietário original do patrimônio a ser conferido ao *trust*; (ii) o *trustee*, detentor da propriedade dos bens conferidos ao *trust*; e (iii) o *beneficiary* (beneficiário) sujeito que poderá gozar dos benefícios advindos dos direitos e bens conferidos ao *trust*.[162]

3.3.1 O *settlor*

O *settlor* é o instituidor e o proprietário dos bens a serem conferidos ao *trust*.[163] É ele o fundador do *trust*,[164] também chamado de *grantor*, *creator*, *trustor*, *truster* ou *founder*, a depender da jurisdição na qual esteja constituído o *trust*.[165] Quando um *trust* é formado por manifestação de vontade direta do *settlor*, configura-se um *trust* expresso (*express trust*).[166]

---

[160] e.g. o totten trust nos EUA e o star trust nas Ilhas Cayman.

[161] "Antes de mais nada, é preciso ter presente a estrutura do *trust*, ancorada, no mais das vezes, em três distintos polos de interesse: o proprietário dos bens constituídos em *trust*, sendo o seu instituidor (settlor of trust); aquele a quem é incumbida a administração dos bens (o trustee), e o beneficiário, isto é, aquele que tem seus interesses administrados pelo trustee (beneficiary ou cestui que trust), podendo este ser, inclusive, o próprio instituidor". MARTINS-COSTA, Judith. O trust e o direito brasileiro. *Revista de Direito Civil Contemporâneo*. v. 2, p. 165-209, jul.-set. 2017.

[162] MENEZES CORDEIRO, António. *Tratado de direito civil II*. Portugal, Coimbra: Almedina, 2021. p. 430.

[163] HAYTON, David J. *The law of trusts*. 2. ed. London: Sweet & Maxwell, 1998. p. 121.

[164] CAMPOS, Diogo Leite de; TOMÉ, Maria João Vaz. *A propriedade fiduciária (trust)*: estudo para a sua consagração no direito português. Coimbra: Almedina, 1999. p. 40.

[165] Nos EUA, a denominação para o instituidor do *trust* em vida é *settlor*. Quando o instituidor também é beneficiário, é comum usar a expressão *grantor*; quando o trust é instituído em testamento, a expressão utilizada é *trustor*. (ALMEIDA, Verônica Scriptore Freire e. *A implementação do instituto dos trusts no direito brasileiro*. Tese (Doutorado em Direito). Universidade de Coimbra, Portugal, Coimbra, 2016. p. 79).

[166] "Trusts are created either intentionally by the act of the settlor (in which case they are called express trusts) or by implication of a court of equity where the legal title to property is in one person, and the equitable right to the beneficial enjoyment of it is in another,

A capacidade para ser *settlor*, isto é, instituir o *express trust*, em geral, é a mesma necessária para o exercício de direitos, para dispor do próprio patrimônio. Dessa forma, em grande parte das jurisdições, a capacidade para instituir um *trust* está intrinsecamente ligada à capacidade de disposição patrimonial.[167] O *settlor* pode ser uma única pessoa ou um grupo de pessoas. Em ambas as hipóteses, tem-se como requisito legal para constituição do *trust* a capacidade para dispor dos bens ou direitos, ou seja manifestar sua declaração de vontade de forma clara e precisa sobre a constituição do *trust*.[168] Igualmente, as pessoas jurídicas podem constituir um *trust* com o seu patrimônio, salvo expressa vedação legal.[169] Por fim, David J. Hayton e Arthur Underhill ressaltam que a capacidade de determinada pessoa para contratar o *trust* deve ser analisada segundo a lei de seu domicílio.[170]

A instituição do *trust* pelo *settlor* pode ser definida como um ato unilateral de vontade. Por meio dele, o *settlor* define quais bens ou direitos serão atribuídos ao *trust*, quem será o *trustee*, podendo determinar ou não seus eventuais beneficiários.[171] Nesse ponto, o *trust* expresso é constituído por dois elementos categóricos: (i) a declaração de vontade do *settlor* e (ii) a transferência da propriedade dos bens e direitos do *settlor* ao *trustee*.[172] São elementos categóricos, pois se "o settlor não transferir válida e eficazmente os bens ou direitos para o *trustee*, nem tão pouco se declarar a si próprio como *trustee*, não existe *trust*".[173]

---

in which case they are called constructive trusts". (HAYTON, David J.; UNDERHILL, Arthur. *Law relating to trusts and trustees*. 16. ed. London: Butterworths LexisNexis, 2003. p. 3). O trust também pode ser instituído por determinação de um tribunal ou por lei (implied trust).

[167] "Capacity to create a trust is, in general, the same as capacity to hold and dispose of any legal or equitable estate or interest in property". (PETTIT, Philip Henry. *Equity and the law of trusts*. 20. ed. Reino Unido: Oxford, 2012. p. 45).

[168] "The settlor must have used language from which the court finds, as a fact, an intention to create a trust of ascertainable property in favour of ascertainable beneficiaries". (HAYTON, David J.; UNDERHILL, Arthur. *Law relating to trusts and trustees*. 16. ed. London: Butterworths LexisNexis, 2003. p. 3).

[169] KEETON, George Williams. *The law of trusts*. 7. ed. London: ●Pitman, 1957. p. 37.

[170] HAYTON, David J.; UNDERHILL, Arthur. *Law relating to trusts and trustees*. 16. ed. London: Butterworths LexisNexis, 2003. p. 75.

[171] THOMAS, Geraint; HUDSON, Alastair. *The law of trusts*. 2. ed. New York: Oxford University Press, 2010. p. 12.

[172] THOMAS, Geraint; HUDSON, Alastair. *The law of trusts*. 2. ed. New York: Oxford University Press, 2010. p. 12.

[173] CAMPOS, Diogo Leite de; TOMÉ, Maria João Vaz. *A propriedade fiduciária (trust)*: estudo para a sua consagração no direito português. Coimbra: Almedina, 1999. p. 39.

O *settlor* pode se autodeterminar *trustee* e, igualmente, figurar como um dos beneficiários do *trust*.[174] Na primeira hipótese, a administração dos bens caberá ao próprio instituidor; na segunda, o instituidor ainda será o beneficiário dos bens conferidos ao *trust*.

Como exemplo, menciona-se um *settlor* que confere a propriedade de um bem imóvel situado em Londres ao *trustee*, desvinculando-se desse bem (especificamente do direito de propriedade a ele relativo). Por outro lado, estabelece que ele mesmo será o beneficiário primário do *trust*, podendo, então, utilizar o imóvel ou valer-se dos aluguéis dele provenientes durante a sua vida. Após seu falecimento, o imóvel seria conferido aos beneficiários secundários. Igualmente, pode o *settlor* estipular que ele será o *trustee* desse *trust*, administrando o patrimônio conferido, ou seja, gerenciando o imóvel, a sua manutenção, a locação e o destino dos aluguéis.[175]

Nessa hipótese, contudo, o instituidor permanece próximo ao direito de propriedade do bem, o que pode ter consequências de ordem civil e tributária. Por outro lado, o *settlor* pode apenas instituir o *trust* (não figurar como *trustee* e não ser beneficiário), nesse caso, ele não terá qualquer relação com o patrimônio conferido ao *trust*. Segundo autorizada doutrina portuguesa, o *settlor* é "o fundador do *trust*", sua relevância para com o *trust* se encerra "com a emissão da declaração de vontade de constituição do *trust*, ligada à imposição de deveres fiduciários ao *trustee* relativamente à *res* a favor do beneficiário e acompanhada pela transferência da titularidade dos respectivos bens ou direitos constituídos em *trust*".[176]

Nessa hipótese, de fato, exsurge a relação fiduciária do *trustee* para com os beneficiários do *trust*, o qual, por sua vez, deve agir em conformidade com o estabelecido no instrumento de constituição do

---

[174] HAYTON, David J. *The law of trusts*. 2. ed. London: Sweet & Maxwell, 1998. p. 121. Na hipótese de o settlor cumular a função atuando como trustee, portanto, tendo os poderes inerentes à propriedade (dispor, etc.), e figurar como beneficiário, pode se aventar da possibilidade de alegação simulação ou até mesmo ser atribuído a ele encargos tributários. (CARVALHO NETO, Pythagoras Lopes de. Quem é o dono do *trust*? Uma análise do *trust* à luz do direito civil brasileiro. *Revista dos Tribunais*, São Paulo, v. 995, p. 351-381, set. 2018. p. 2009). "Com efeito, insta relembrar, que o trust é criado justamente pela separação entre legal ownership e a equitable ownership. Logo, se o settlor for o trustee, e também o único beneficiário, o trust perde a sua função constitutiva". (ALMEIDA, Verônica Scriptore Freire e. *A implementação do instituto dos trusts no direito brasileiro*. Tese (Doutorado em Direito). Universidade de Coimbra, Portugal, Coimbra, 2016).

[175] WATERS, Donovan. Settlor control – what kind of a problem is it? *Trusts & Trustees*, United Kingdom, v. 15, n. 1, p. 12-17, mar. 2009. p. 250.

[176] CAMPOS, Diogo Leite de; TOMÉ, Maria João Vaz. *A propriedade fiduciária (trust)*: estudo para a sua consagração no direito português. Coimbra: Almedina, 1999. p. 40.

trust, surgindo para os beneficiários uma legitimação em relação ao patrimônio transferido ao *trust*.[177] O *settlor* é quem define o âmbito de atuação e os poderes do *trustee* na administração dos bens *in trust*.[178]

Nesse passo, uma vez realizada a contratação do *trust*, com a transferência dos bens ao *trustee*, a figura jurídica do *settlor* deixa de ter qualquer relação com o patrimônio transferido (exceto nos casos em que os *settlor* também for beneficiado; nesse caso, a sua relação com o patrimônio será nos exatos limites estabelecidos no instrumento de constituição do *trust* ou no caso de *trusts* revogáveis, em que o settlor poderá reaver a propriedade dos bens conferidos ao trust).[179] Sobre esse ponto, esclarece a doutrina:

> E tal como qualquer outra transferência ou criação uma vez concluído o ato de transferência ou criação, o interesse no bem pertence ao beneficiário. Assim, o settlor não pode pensar no bem conferido ao trust como se ainda fosse realmente seu. Ele não pode voltar, pois está legalmente fora do quadro.[180]

Destaca-se que o *settlor* pode, no momento da constituição do *trust*, reservar para si alguns poderes/direitos relacionados ao *trust*: o poder de revogar o *trust*, o direito de substituir o *trustee* (ou adicionar novos *trustees*),[181] a prerrogativa de opinar nos investimentos e ativos financeiros conferidos ao *trust* e, até mesmo, de alterar beneficiários e a forma de distribuir bens e rendimentos a eles.[182]

O direito de revogar o *trust* talvez seja a maior prerrogativa que o *settlor* pode manter para si, pois, por meio dele, a propriedade dos

---

[177] THOMAS, Geraint; HUDSON, Alastair. *The law of trusts*. 2. ed. New York: Oxford University Press, 2010.

[178] HAYTON, David J. *The law of trusts*. 3. ed. London: Sweet & Maxwell, 1999. p. 8.

[179] THOMAS, Geraint; HUDSON, Alastair. *The law of trusts*. 2. ed. New York: Oxford University Press, 2010.

[180] PENNER, James Ernest. *The law of trusts*. 7. ed. Londres: Oxford University Press, 2010. p. 18.

[181] "A trust obviously requires trustees, but, as will be seen, little needs to be said about the appointment of the fi rst trustees. This is normally made by the creator of the trust. Most of the fi rst section of this chapter considers: who has the power to appoint a new trustee to fill a vacancy, to replace an existing trustee, or to appoint an additional trustee". (PETTIT, Philip Henry. *Equity and the law of trusts*. 20. ed. Reino Unido: Oxford, 2012. p. 358).

[182] "The settlor retains either the income of or the supervision over the trust funds, he may retain the power of revocation, the power to change beneficiaries, or to vote shares forming part of the trust fund". (WINOKUR, Samuel. What powers can a settlor retain in a trust without rendering it subject to inheritance taxation? *The Yale Law Journal*, v. 38, n. 5, p. 657-662, mar. 1929. p. 657; PENNER, James Ernest. *The law of trusts*. 7. ed. Londres: Oxford University Press, 2010. p. 18).

bens conferidos ao *trust fund* retornam a ele. Dessa forma, o *trust* deixa de existir.

Importante notar que a reserva desse direito poderá ocasionar uma ruptura no modelo de separação de patrimônios, vulnerando a própria instituição do *trust* e legitimando pretensões judiciais na esfera patrimonial do instituidor (ainda que o poder de revogação não tenha sido exercido). Poderá ser questionada a efetiva alteração da propriedade dos bens conferidos ao *trust*, uma vez que, com a reserva desse poder, eles permaneceriam no âmbito de atuação do *settlor* – não haveria uma verdadeira autonomia patrimonial.[183]

Da mesma forma pode ocorrer com o poder de alteração dos beneficiários do *trust*, eis que, a qualquer momento, o *settlor* poderia se autonomear beneficiário e receber a plena propriedade dos bens.

Portanto, a reserva de poderes significativos pelo *settlor* pode tornar a estrutura vulnerável, principalmente em relação a terceiros interessados na desconstituição da transferência patrimonial havida (eventuais credores). Sem prejuízo, diante de uma intensa ingerência do *settlor* nos rumos do patrimônio, pode haver mitigação do dever do *trustee* de prestar contas da gestão realizada e, igualmente, de sua responsabilização por eventual má-gestão.[184]

Ademais, importante observar que não existe *trust* até que a propriedade dos bens seja efetivamente submetida ao *trustee*. Nesse contexto, a atribuição patrimonial a ser realizada por ocasião da instituição do *trust* deve observar as formalidades legais para tanto (*e.g.* imóveis precisam ser transferidos observando as solenidades previstas em lei, ações devem ter seu registro alterados nos livros da companhia). Assim, a propriedade equitativa só se materializa quando o *settlor* tiver realizado o que é legalmente exigido para transferir os bens conferidos ao *trust*.[185]

Igualmente, em regra, o *settlor* transfere a propriedade de seus bens e direitos para o *trustee*, mas há hipóteses em que o próprio *settlor* se

---

[183] "That a power of revocation can render a trust vulnerable to the claims of creditors would come as no surprise to those in the United States where it has long since been understood (and reflected in the Uniform Trust Code which has been adopted by some 34 states) that a revocable trust does not provide protection against creditors". (GOODMAN, Dawn. *Trusts and settlors – can a settlor have too much power? In:* 23rd issue of The International Family Offices Journal. *Globe Law and Business*. Disponível em: www.globelawandbusiness.com/journals/the-international-family-offices-journal. Acesso em 27 set. 2023).
[184] WATERS, Donovan. Settlor control – what kind of a problem is it? *Trusts & Trustees*, United Kingdom, v. 15, n. 1, p. 12-17, mar. 2009. p. 14.
[185] HAYTON, David. J. *The law of trusts*. 4. ed. London: Sweet & Maxwell, 2003. p. 130.

nomeia *trustee*, o que trará uma dificuldade de ordem prática e registral para a segregação da propriedade,[186] com possível caso de confusão patrimonial. Nas palavras de David J. Hayton, seria o mesmo que transferir a propriedade de sua mão direita para a sua mão esquerda. Portanto, se o *settlor* desejar exercer a função de *trustee*, deve estabelecer expressamente quais dos seus próprios bens foram apropriados para o *trust* e que essa propriedade será detida por ele em benefício para terceiros.[187]

3.3.2 O *trustee*

O *trustee* é a pessoa física ou jurídica que, ao mesmo tempo, assume a titularidade[188] dos bens e direitos conferidos pelo *settlor* e exerce a administração do patrimônio então recebido.[189]

Podem ser nomeados para o exercício da função mais de uma pessoa simultaneamente (*co-trustees*)[190] ou sucessores para a falta do primeiro nomeado (*trustees* sucessivos), embora algumas jurisdições prevejam limites para o número máximo de *trustees*.[191] A nomeação de

---

[186] HAYTON, David. J. *The law of trusts*. 4. ed. London: Sweet & Maxwell, 2003. p. 129.

[187] "Transferiring property from his right hand to his left hand, so that ir is clear which of his own property has now been apropriated to be held by him on trust for others". (HAYTON, David. J. *The law of trusts*. 4. ed. London: Sweet & Maxwell, 2003. p. 129).

[188] "Titular dos direitos do trust, o trustee tem o direito de manter a posse, o privilégio do uso e o poder necessário para efetuar a transferência total ou parcial, a título oneroso ou gratuito, destes ativos. Desta forma, perante terceiros, o trustee representa o proprietário destes bens. Somente perante os beneficiários a ciência da existência do trust desnatura esta presunção de titularidade, vez que entre o trustee e os beneficiários existe a determinação contratual de prerrogativa daqueles determinarem a destinação da totalidade dos ativos, limitando a atuação do trustee. Esta titularidade do trustee é fiduciária para com os beneficiários, e não para consigo mesmo". (FINKELSTEIN, Cláudio. O *trust* e o direito brasileiro. *Revista de Direito Bancário e do Mercado de Capitais*, São Paulo: RT, v. 72, abr./jun. 2016. p. 110).

[189] THOMAS, Geraint; HUDSON, Alastair. *The law of trusts*. 2. ed. New York: Oxford University Press, 2010. p. 43.

[190] Podem ser designados para desempenho de funções distintas e individuais de acordo com suas aptidões. Na hipótese de ser nomeado mais um trustee para função conjunta, os co-trustees adquirem a legal ownership em joint tenancy. "Isso quer dizer que, se um dos co-trustees morrer, os sobreviventes automaticamente sucedem ao título legal". (ALMEIDA, Verônica Scriptore Freire e. *A implementação do instituto dos trusts no direito brasileiro*. Tese (Doutorado em Direito). Universidade de Coimbra, Portugal, Coimbra, 2016).

[191] "Section 34(2) of the Trustee Act 1925, as amended by the Trusts of Land and Appointment of Trustees Act 1996, provides as follows: In the case of settlements160 and dispositions creating trusts of land161 – the number of trustees thereof shall not in (a) any case exceed four, and where more than four persons are named as such trustees, the four first named (who are able and willing to act) shall alone be the trustees, and the other persons named

eventuais sucessores ao primeiro *trustee* indicado no ato de constituição do *trust* é relevante para que, nas hipóteses de falecimento, incapacidade civil, ausência ou impossibilidade do primeiro nomeado, o suplente exerça a função central do *trust*.

Nos *trusts inter vivos*, o *trustee* é nomeado pelo *settlor* no momento da instituição do próprio *trust*. Por sua vez, no *trust* testamentário, o *trustee* é indicado pelo *testator* (testador) quando da elaboração dessa disposição de última vontade (testamento). Na hipótese de o testador não nomear expressamente um *trustee* ou se houver algum tipo de impedimento da pessoa nomeada, haverá nomeação judicial (pelo tribunal em que se processar o inventário).[192]

No *trust* voluntário *inter vivos*, é necessária a indicação expressa de quem será o *trustee*, ou ao menos dos elementos que permitam identificar a pessoa indicada, inclusive, pois necessário alterar a titularidade dos bens.[193] Uma vez constituído, eventual falta ou impedimento do *trustee* não será prejudicial à continuidade do *trust*, eis que a nomeação de novo *trustee* pode se dar por decisão judicial.[194]

Embora seja frequente a nomeação de pessoas físicas para atuarem como *trustee*, a prática é comumente reservada aos *trusts* testamentários, ocasião em que se nomeiam pessoas de confiança do testador para exercer a gestão dos bens em prol de herdeiros sob determinadas condições e termos predefinidos.

No *trust inter vivos*, expressamente constituído, a nomeação do *sole truste* é desaconselhável. É recomendável nomear empresas especializadas para a função de *trustee* (*trust corporation*) ou, até mesmo, instituições financeiras. Contudo, essa últimas, muitas vezes, atuam por

---

shall not be trustees unless appointed on the occurrence of a vacancy; (b) the number of the trustees shall not be increased beyond four". (PETTIT, Philip H. *Equity and the law of trusts*. 11. ed. Chichester: Barry Rose Publisher, 2012. p. 375).

[192] PETTIT, Philip H. *Equity and the law of trusts*. 11. ed. Chichester: Barry Rose Publisher, 2012. p. 358.

[193] "Such a document would be a nullity and completely ineffective to constitute a trust". (PETTIT, Philip H. *Equity and the law of trusts*. 11. ed. Chichester: Barry Rose Publisher, 2012. p. 358).

[194] '"It has long been settled that failure of a trustee after the creation of an inter vivos trust will not affect the trust except in the rare situation where the settlor manifests an intention that the named trustee personally and no other shall administer the trust. trust once validly created will not fail merely because of the subsequent failure of the trustee. Today, by statutes in many states the court is empowered to appoint a new trustee in such a situation and vest title to the property in him". (YAO, Arthur. *Want of trustee as affecting the creation of trusts*. 2. ed. San Antonio: Marys's L. J., 1970. p. 161).

meio de remuneração variável em função da dimensão do patrimônio envolvido.[195]

Os benefícios da nomeação de uma *trust corporation* são inúmeros, mas podem ser essencialmente resumidos em dois: 1) haverá continuidade da administração dos bens *in trust* (independentemente de falecimento, incapacidade civil do seu gestor); 2) haverá segurança na gestão realizada por empresas financeiramente sólidas (inclusive, pois o patrimônio dessa empresa poderá ser alcançado para remediar quaisquer intempéries decorrente da quebra dos deveres para com os bens *in trust*).[196]

O consentimento (aceitação) do *trustee* nomeado para atuar nessa função é mandatório nos *trusts inter vivos*. Caso o instituidor não obtenha a aceitação ou o *trustee* recuse a nomeação, a função recairá sobre o próprio instituidor. Na hipótese de o instituidor estabelecer a criação de um *trust* por testamento, a função poderá ser exercida pelo *executor* do testamento (inventariante), até que outra pessoa possa seja nomeada pelo órgão jurisdicional competente. Em termos práticos, a concordância prévia do *trustee* deve ser exigida nos *trusts* intervivos, mas não nos *trusts* testamentários.

O *trustee*, a despeito dessa aceitação, sempre poderá renunciar à função, o que não tem o condão de prejudicar a continuidade do *trust*, pois sempre será possível nomear um substituto.[197] A nomeação de um *trustee* deve considerar aptidões de ordem técnica, porque a operação de um *trust* pode exigir a tomada de decisões acerca do destino do patrimônio (*e.g.* o *trustee* terá que escolher em quais investimentos alocar os ativos do *trust fund*).

Assim, a escolha do *trustee* refletirá não só na manutenção do patrimônio, mas na possibilidade de seu incremento. Quando um instituidor seleciona um *trustee*, não basta apenas considerar se a pessoa em questão é confiável, mas também, se essa pessoa conduzirá o *trust* em um sentido satisfatório – fará as escolhas – da maneira pela qual o instituidor estabeleceu (*e.g.* gestão conservadora ou arrojada).[198]

Uma vez constituído o *trust intervivos*, o *trustee* assume a propriedade legal dos bens e parte dos direitos a ela imanentes. Diz-se parte

---

[195] "Various types of companies (including banks and insurance companies) now undertake the duties of trustees and executors for a remuneration varying with the size of the estate involved". (KEETON, George Williams. *The law of trusts*. 7. ed. London: Pitman, 1957. p. 43).
[196] KEETON, George Williams. *The law of trusts*. 7. ed. London: Pitman, 1957. p. 43.
[197] GARDNER, Simon. *An introduction to the law of trusts*. 3. ed. Oxford: OUP Oxford, 2011. p. 8.
[198] GARDNER, Simon. *An introduction to the law of trusts*. 3. ed. Oxford: OUP Oxford, 2011. p. 9.

dos direitos, pois há uma titulação dos bens em favor dos beneficiários, que deles poderão usufruir observados os termos estabelecidos quando da sua constituição. Há, portanto, uma detenção da propriedade para a consecução da finalidade específica, conforme estabelecido no instrumento de constituição do *trust*.[199]

Embora exista uma efetiva transmissão da propriedade para o *trustee*, essa propriedade (o patrimônio a ele transmitido) não se incorpora plenamente aos seus bens pessoais, constituindo, verdadeiramente, um patrimônio de afetação. Assim, há uma verdadeira autonomia do patrimônio havido *in trust* do patrimônio pessoal do *trustee*.

A capacidade para ser *trustee* deve ser verificada conforme as leis do país no qual o *trust* foi constituído. Como ensina Thomas Lewin, o *trustee* deve ser uma pessoa capaz de deter o patrimônio, possuir capacidade natural e jurídica para executar o *trust* conforme as leis próprias da jurisdição no qual o *trust* fora constituído.[200]

A função ou cargo de *trustee* é convencionalmente descrita como onerosa, portanto, é significativamente maior a disciplina acerca das suas obrigações e deveres do que dos seus direitos ("there is much to be said about the duties and obligations of a trustee, little of his rights").[201]

Assim é que o *trustee* tem deveres importantes e deve lidar com a propriedade de uma maneira específica, respeitando o fato de que o patrimônio não é por ele detido em benefício próprio.[202] Significa dizer que o *trustee* deve manter a propriedade conforme os objetivos delimitados pelo instituidor.[203]

Portanto, sempre haverá o dever do *trustee* de dedicar a propriedade do *trust* ao seu objeto, tal como determinado (fazê-lo na medida certa, na hora certa, nas condições certas; e não fazer mais nada com ela).[204] Não obstante, em um *trust* discricionário poderão ser conferidos ao *trustee* poderes amplos, estabelecendo, inclusive, que ele (*trustee*)

---

[199] CHALHUB, Melhim Namem. *Trust*. Breves considerações sobre sua adaptação aos sistemas jurídicos de tradição romana. *Revista dos Tribunais*, São Paulo, v. 790, p. 79-113, ago. 2001.

[200] "Trustee should be a person capable of taking and holding the legal estate and possess a natural capacity and legal ability to execute the trust and domiciled within the jurisdiction of a Court". (LEWIN, Thomas. *Practical treatise on the law of trusts*. 13. ed. Reino Unido: W. Banks, 1928).

[201] MOFFAT, Graham. *Trusts law*: text and materials. 5. ed. Cambridge: Cambridge University Press, out. 2009.

[202] Ressalvada a hipótese em que o *trustee* também é beneficiário, o que pode resultar em uma vulnerabilidade ao *trust*.

[203] PENNER, James Ernest. *The law of trusts*. 7. ed. Londres: Oxford University Press, 2010. p. 21.

[204] GARDNER, Simon. *An introduction to the law of trusts*. 3. ed. Oxford: OUP Oxford, 2011.

poderá (i) alienar e adquirir bens (geradores ou não de rendimentos), (ii) definir a forma de uso que será franqueada aos beneficiários e (iii) definir a forma de investimentos de ativos financeiros.

O *trustee* ainda pode ter deveres adicionais, ou específicos, como na hipótese de ser constituído um *trust* para gerir ativos financeiros com o objetivo específico de custear a educação de um determinado beneficiário. Nesse caso, o *trustee* deverá efetuar o pagamento estabelecido, das quantias designadas, no prazo designado, sob as condições designadas. Concomitantemente, ele deverá administrar os ativos do *trust fund* e investi-los adequadamente para a manutenção e/ou incremento das rendas.

Em outras hipóteses, a maneira pela qual a propriedade será tratada pode ser diferente (*e.g.* entregar a metade do capital a cada um dos meus filhos em seu casamento ou término da universidade, salvo se algum chegar aos 35 anos sem ter casado ou concluído curso superior, hipótese em que sua parte será dividida igualmente entre seus irmãos que tenham atingido os critérios definidos ou fornecer uma casa para um dos beneficiários residir, além de utilizar parte dos recursos para realizar um propósito de caridade). Assim, a designação do *trust fund*, valores, prazos e condições demandarão uma atuação ampla pelo *trustee*, que não pode desviar essa gestão para propósitos outros, sob pena de responsabilização. Nesse passo, antes de aceitar o cargo de *trustee*, é absolutamente relevante conhecer todas as particularidades do *trust* a ser constituído, para ter ciência inequívoca sobre como deverá atuar, portanto, de seus deveres e responsabilidades.

A despeito dos deveres de observar o quanto estabelecido pelo instituidor, o *trustee* também deverá fazê-lo em relação a certos deveres inerentes à própria função. Diante disso, enumera-se, brevemente, seus deveres, conforme elencados por David J. Hayton: (i) trazer e manter sob seu controle a *trust property* (bens conferidos ao *trust*) que devem ser mantidos separados do seu patrimônio próprio e de qualquer outro patrimônio da qual seja *trustee*, a menos que esteja autorizado a "combinar" a *trust property* com outra *trust property* em um grande conjunto segregado de ativos;[205] (ii) proteger o *trust fund*, realizando somente os investimentos autorizados no instrumento de constituição do *trust*; (iii) administrar o *trust* de forma honesta e imparcial em prol dos beneficiários indicados e, assim, manter "uma

---

[205] No âmbito do direito inglês, originalmente, o *trustee* tinha que manter a propriedade em seu nome, mas, após a promulgação do Trustee Act 2000, foi autorizado a mantê-la em nome de qualquer nomeado ou custodiante. (HAYTON, David. J. *The law of trusts*. 4. ed. London: Sweet & Maxwell, 2003. p. 141).

mão justa" ou "equilíbrio justo" entre os beneficiários nomeados; exceto no caso de *trusts* discricionários: nesse caso, o *trustee* pode agir de forma distinta entre os beneficiários, desde que não o faça com base em fatores ilícitos ou impróprios; (iv) prestar contas estritamente aos beneficiários, distribuindo renda àqueles que têm direito às rendas e capital aos beneficiários que têm direito ao capital, mantendo contas e documentos do *trust* disponíveis para inspeção; (v) considerar o exercício dos seus poderes e, se decidir exercê-los, fazê-lo conforme as diretrizes do instituidor;[206] (vi) não se colocar em uma posição em que haja a possibilidade razoável de que seu interesse próprio possa entrar em conflito com seu dever fiduciário (ou onde um dever fiduciário possa entrar em conflito com outro dever fiduciário), de maneira que não possa lucrar com sua posição, nem negociar consigo mesmo; (vii) exercer sua função com cuidado e habilidade, atuar de forma razoável nas circunstâncias advindas, considerando, em particular, seu conhecimento ou experiência especial e aquela experiência desejável de quem exerça esse tipo de negócio ou profissão.[207] Caso o *trustee* viole algum dever, poderá ser pessoalmente responsabilizado.[208]

Por outro lado, no âmbito dos direitos do *trustee*, está o poder de dispor dos bens. Assim, salvo disposição em sentido contrário, poderá alineá-los a título oneroso ou gratuito.[209] Nesse contexto, o *trustee* pode, sem a anuência do *settlor* ou dos eventuais beneficiários, dispor dos bens e dos direitos recebidos.[210]

---

[206] Os poderes ou delegações conferidas ao *trustees* que atuem em conjunto, devem ser exercidos por unanimidade, a menos que os *trustees* sejam expressamente autorizados pelo instrumento fiduciário a agir por maioria. (HAYTON, David. J. *The law of trusts*. 4. ed. London: Sweet & Maxwell, 2003. p. 141).

[207] HAYTON, David. J. *The law of trusts*. 4. ed. London: Sweet & Maxwell, 2003. p. 141.

[208] "Pode ainda o *cestuis quetrust* impugnar qualquer ato pelo qual o *trustee* tenha extrapolado os limites dos poderes de administração que lhes são atribuídos pelo instrumento constitutivo de *trust*, assim como pode intentar ações tendo como causa de pedir eventuais atos marcados por improbidade, omissão ou inaptidão do *trustee*, e, até, pode requerer a destituição e substituição do *trustee*". (CHALHUB, Melhim Namem. *Trust*: perspectivas do direito contemporâneo na transmissão da propriedade para administração de investimentos e garantia. Instrumentos de proteção contratual e patrimonial: propriedade fiduciária, patrimônio de afetação. Rio de Janeiro: Renovar, 2001. p. 46).

[209] FINKELSTEIN, Cláudio. O *trust* e o direito brasileiro. *Revista de Direito Bancário e do Mercado de Capitais*, São Paulo: RT, v. 72, abr./jun. 2016. p. 110.

[210] "Em outras palavras, a despeito de não haver no direito brasileiro figura jurídica análoga à espécie de direito em que se constitui, na experiência estrangeira, o *trust*, o seu titular dispõe de poderes equivalentes aos que são conferidos ao proprietário no direito interno. Como tal, guardadas as limitações estabelecidas no ato de constituição, pode usar, fruir e dispor dos bens sob sua titularidade, alienando-os, oferecendo-os em garantia, podendo, inclusive, contrariar determinações expressas do instituidor, sem prejuízo de sua responsabilidade por conta de eventual descumprimento obrigacional em que sua atuação possa incorrer. O *trustee* administra o *trust* em favor de beneficiários, que podem ser os instituidores ou terceiros. Torna-se, assim, titular de um conjunto de bens cujos rendimentos são atribuídos

3.3.3 Os beneficiários (*beneficiaries*)

Na ponta extrema do *trust* há os beneficiários (*beneficiaries* ou *cestui que trust*), a pessoa ou classe de pessoas, sucessivas, nomeadas ou não pelo *settlor*, que poderão usufruir ou receber o patrimônio conferido ao *trust*. O beneficiário pode ser uma pessoa natural ou jurídica. É possível, ainda, prever determinados propósitos, até mesmo estipular que a coletividade será beneficiária do *trust* (*e.g.* pagamentos para realizar algum objetivo: estabelecer e manter um lar de cães, ou criar e manter um ambiente de ONG ou promover alguma instituição de ensino).[211]

O beneficiário também pode ser o *trustee*, arranjo que pode se mostrar razoável em algumas ocasiões, visto que, se o objetivo de um determinado *trust* é prover rendimentos para os beneficiários, seria aceitável eles se envolverem nessa administração. Portanto, se a avó de João tivesse criado um *trust* para os pais dele e para ele mesmo, ela poderia ter tornado os pais não apenas beneficiários, mas também *trustees*. Mas esse efeito pode ocorrer apenas em *trusts* com mais de um *trustees* e/ou beneficiários. Do contrário, se uma pessoa fosse o único *trustee* e o único beneficiário, o *trust* consistiria em uma obrigação apenas consigo mesmo.[212]

Da mesma forma, o beneficiário de um *trust* pode ser a mesma pessoa que o instituiu. Significa dizer que o instituidor de um *express trust* pode estipular que será seu beneficiário: ou seja, ele pode fazer um *trust* para si mesmo.[213] Em regra, inexiste um limite na quantidade, sucessividade e/ou concorrência de beneficiários que podem ser nomeados pelo *settlor*. Eles podem ser estabelecidos em concorrência (*e.g.* pagamento dos rendimentos a João e Marcelo, em partes iguais) ou sucessivamente (pagamento dos rendimentos a João, durante a sua vida, e, após o seu falecimento, pagamento a Marcelo), ou de forma mista.

A participação do beneficiário no *trust* é, talvez, a parte em que mais se vislumbra uma dificuldade conceitual em países de tradição romanística, essencialmente em razão da detenção da propriedade e respectiva tributação.[214] Isso, pois nos países em que o *trust* é reconhecido

---

a beneficiários que, em face do *trustee*, são considerados sempre terceiros, ou seja, centros de interesses autônomos, mesmo que tenham sido alguns desses beneficiários instituidores do *trust*. (TEPEDINO, Gustavo. O *trust* no direito brasileiro. *Soluções Práticas*, São Paulo: RT, 2011. v. 2, p. 509-524).

[211] GARDNER, Simon. *An introduction to the law of trusts*. 3. ed. Oxford: OUP Oxford, 2011. p. 7.
[212] GARDNER, Simon. *An introduction to the law of trusts*. 3. ed. Oxford: OUP Oxford, 2011. p. 7.
[213] GARDNER, Simon. *An introduction to the law of trusts*. 3. ed. Oxford: OUP Oxford, 2011. p. 7.
[214] FOERSTER, Gerd. *O trust do direito anglo-americano e os negócios fiduciários no Brasil*: perspectiva de direito comparado (considerações sobre o acolhimento do *trust* pelo direito brasileiro). Porto Alegre: Sergio Antonio Fabris, 2013. p. 109.

como figura típica, o proprietário formal dos bens *in trust* é o *trustee*, cabendo a ele o *legal title*. O beneficiário, por outro lado, apenas ostenta uma *beneficial ownership* ou *equitable ownership*.

Como consignado, o instrumento de constituição de um *trust* normalmente traz um mecanismo de distribuição padrão da propriedade aos beneficiários, de maneira que, no *vesting date* (data de aquisição de direitos), os beneficiários serão investidos na propriedade dos ativos do *trust* e os poderes do *trustee* serão ser extintos (por exemplo, o *trustee* de um *trust* discricionário perderá o poder de distribuir renda ou capital aos beneficiários).[215]

Historicamente, algumas jurisdições optaram por limitar o tempo de duração do *trust* (períodos de sucessão) para impedir a perpetuidade dos *trust*, ou seja, para que a vontade do instituidor não possa vincular eternamente os beneficiários *(rule against perpetuities)*. Haveria, portanto, a necessidade de, em algum momento, os beneficiários adquirirem a propriedade plena dos bens. Conquanto em algumas localidades, definiu-se uma quantidade máxima de anos pelo qual um *trust* pode se prolongar.[216] Jurisdições outras, como Bermudas, Jersey e Guernsey foram além e aboliram completamente os períodos de perpetuidade.[217]

---

[215] CARVALHO NETO, Pythagoras Lopes de. Quem é o dono do *trust*? Uma análise do *trust* à luz do direito civil brasileiro. *Revista dos Tribunais*, São Paulo, v. 995, p. 351-381, set. 2018. Titular dos direitos do *trust*, o *trustee* tem o direito de manter a posse, o privilégio do uso, e o poder necessário para efetuar a transferência total ou parcial, a título oneroso ou gratuito, destes ativos. Desta forma, perante terceiros, o *trustee* representa o proprietário destes bens. Somente perante os beneficiários a ciência da existência do *trust* desnatura esta presunção de titularidade, vez que entre o *trustee* e os beneficiários existe a determinação contratual de prerrogativa daqueles determinarem a destinação da totalidade dos ativos, limitando a atuação do *trustee*. Esta titularidade do *trustee* é fiduciária para com os beneficiários, e não para consigo mesmo". (FINKELSTEIN, Cláudio. O *trust* e o direito brasileiro. *Revista de Direito Bancário e do Mercado de Capitais*, São Paulo: RT, v. 72, abr./jun. 2016. p. 110).

[216] A posição atual nas Ilhas Cayman, por exemplo, é de que os *trusts* criados em ou após 1º de agosto de 1995 estão sujeitos a um período de perpetuidade máxima legal de 150 anos mais uma regra *wait and see*. Porém, os *trusts* STAR (um *trust* estatutário especial de finalidade não filantrópica exclusivo das Ilhas Cayman) não estão sujeitos a nenhuma regra contra perpetuidades, portanto, podem existir em um período de tempo de perpetuidade. Em relação ao STAR Trusts, há uma marcante diferença, eis que nessa forma de *trust* é nomeado uma parte singular, chamada *enforcer*. De acordo com os princípios clássicos do *trust*, o beneficiário tem o direito de responsabilizar o *trustee* em relação à administração do *trust*. Esse direito de fazer valer o *trust* normalmente também permitirá que o beneficiário obtenha determinadas informações sobre o *trust*. Entretanto, de acordo com a lei de Cayman, no STAR Trust, os conceitos de direito benéfico e execução de um *trust* estão divididos. Dessa forma, no STAR Trusts, a única pessoa que tem legitimidade para executar o *trust* é o *enforcer*, que é mais comumente nomeado pelo *trust* (embora isso também possa ser feito por uma ordem do Tribunal). (Lei de Cayman).

[217] Não obstante seja bastante comum a proibição de perpetuidade, essa regra não se aplica a Jersey (popular jurisdição utilizada para criação de trust). A Seção 15 da Lei de Fundos (Jersey) de 1984 (T(J)L 1984) estabelece: "Duration of a Jersey trust: (1) Unless its terms

Dessa forma, excetuadas as jurisdições em que se admite a perpetuidade do *trust*, o beneficiário deverá, em algum momento, ter a faculdade de dispor dos bens do *trust*, ainda que possa optar pela renovação do *trust* em si.

3.3.4 O *protector*

O *protector* é a pessoa que pode ser instituída para assegurar que o *trustee* exerça corretamente suas funções administrativas e dispositivas (por exemplo, caberá ao *protector* analisar se a obrigação de o *trustee* destinar determinado bem a determinada pessoa ou a determinado objetivo está sendo cumprida na forma estabelecida).

Da mesma forma, o *protector* poderá ser a pessoa que estabelece determinados fatores que devem ser considerados na decisão do *trustee* (por exemplo, destinar determinados recursos a beneficiários determináveis).[218]

A mesma posição é, por vezes, descrita como "conselheiro" (*adviser*), "pessoa nomeada" (*appointed person*), "nomeador" (*appointor*), "supervisor" (*supervisor*) ou "guardião" (*guardian*).

Embora não seja elemento obrigatório do *trust*, o *settlor* poderá nomear, quando da constituição do *trust*, o *protector* e seu campo de atuação. Podem ser nomeados um ou mais indivíduos, até mesmo uma empresa. Ainda, o cargo poderá ser ocupado por diferentes pessoas (por exemplo, a pessoa A para cláusula X e a pessoa B para a cláusula Y), ou, ao longo do tempo, (a pessoa A por X anos e a pessoa B por Y anos).

Embora não existam requisitos específicos para se nomear o *protector*, quando o *trust* o prevê, tem como objetivo garantir uma supervisão ou proteção em relação à forma pela qual o *trustee* administra o *trust*. Por isso, pode ser atrativa a possibilidade da nomeação pelo *settlor* de um *protector*, pois haverá certo grau de controle sobre o *trustee*, além da correta administração e direcionamento dados ao patrimônio. Na prática, se o patrimônio do *trust* inclui ações da empresa familiar, por exemplo, o seu instituidor pode manter algum tipo de ligação e fiscalização acerca da administração do *trust* por meio da atuação do *protector*.

---

provide otherwise, a trust may continue in existence for an unlimited period. (2) No rule against perpetuities or excessive accumulations shall apply to a trust or to any advancement, appointment, payment or application of assets from a trust".

[218] THOMAS, Geraint; HUDSON, Alastair. *The law of trusts*. 2. ed. New York: Oxford University Press, 2010.

Não há vedação ou limites para a escolha do *protector*. Contudo, é ilógica a nomeação do *trustee* para a função de *protector*, já que ele seria o seu próprio fiscal. Assim, o *settlor* pode reservar o poder para ele mesmo ou nomear um beneficiário ou qualquer outro terceiro, como um amigo ou parente de confiança para o cargo. Em alguns casos, o *settlor* pode nomear um profissional para agir com imparcialidade, evitando, assim, disputas entre os beneficiários e entre o *trustee* e os beneficiários.

A nomeação do *protector* também ensejará uma relação fiduciária, ou seja, ele assumirá deveres relacionados aos beneficiários – e poderá ser responsabilizado pela sua inobservância – além de atuar nos limites estabelecidos pelo *settlor*, visando os objetivos por ele definidos.

Dentre os poderes que podem ser conferidos ao *protector* estão o de nomear ou destituir o *trustee*, exigir-lhe determinada atuação, acrescentar ou excluir beneficiários e alterar a jurisdição do *trust*. O *settlor* ainda pode estabelecer que determinados atos de responsabilidade do *trustee* deverão ser tomados com prévia oitiva e concordância do *protector* (*e.g.* alienação de bens e distribuição de recurso).

3.4 A estrutura objetiva do *trust*

Como elementos essenciais de um *trust*, é possível citar a manifestação de vontade do *settlor*, o objeto do *trust* e a transferência do objeto ao *trustee*.[219] A manifestação de vontade do *settlor* é admitida majoritariamente como o requisito essencial e formador do *trust* (embora a sua criação possa resultar da lei ou de determinação judicial).

O *settlor* deve ostentar capacidade de fato e de direito para que a manifestação de vontade de criar um *trust* seja válida. Igualmente, não deve existir qualquer vício de vontade.[220] Nesse passo, o *settlor* escolhe bens ou direitos de seu patrimônio, confere a propriedade ao *trustee* (que pode ser inclusive ele mesmo), que deve manter essa propriedade sob determinadas regras por ele estabelecida e em benefício de terceiros (ou do próprio instituidor).[221]

O *trust* somente terá eficácia a partir desta transferência da propriedade ao *trustee*. Nesse contexto, sua constituição pode ocorrer, inclusive, nas disposições testamentárias (no testamento), contudo,

---

[219] ALMEIDA, Veronica Scriptore Freire e. *O direito dos trusts na perspectiva internacional*. São Paulo: Almedina Brasil, 2020. p. 62.
[220] PETTIT, Philip H. *Equity and the law of trusts*. 11. ed. Chichester: Barry Rose Publisher, 2012. p. 45.
[221] HAYTON, David. J. *The law of trusts*. 4. ed. London: Sweet & Maxwell, 2003. p. 6.

a efetivação do *trust* só se dará no momento da abertura da sucessão (com o falecimento), e com a morte transmitida pela propriedade.[222]

Pode ser objeto do *trust* (integrando o *trust fund*) todos os bens e direitos, determinados ou determináveis, alienáveis de um indivíduo. Esses bens, em princípio, integravam o acervo patrimonial do instituidor que, por alguma razão (no âmbito de sua autonomia privada), decide transferi-los ao *trustee* para que se revertam, nas condições e termos por ele estabelecidos, em benefício de terceiros ou dele mesmo.[223]

A *trust property* pode ser formada, por exemplo, por ativos financeiros, bem imóveis (residenciais, comerciais e rurais), obras de arte, joias, ou qualquer outro tipo de bem ou direito, tangível ou intangível, real ou obrigacional.[224] É no *trust fund* que resulta o interesse do beneficiário e não no ativo específico. Assim, cabe ao *trustee* a gestão de todos os ativos que compõem o *trust fund* (podendo, muitas vezes, investir, resgatar, alienar bens).

Não obstante, ao constituir o *trust*, o *settlor* pode estabelecer que o beneficiário terá direito a um bem específico (*e.g.* o beneficiário A poderá utilizar o imóvel B ou a ele será atribuído o imóvel após 5 anos).[225] Nesse contexto, a estrutura objetiva de um *trust* pode ser entendida como uma relação triangular entre o instituidor, o *trustee* e o beneficiário. Seu cerne é a interação de direitos entre essas pessoas em relação à propriedade.[226] Por meio dela, o *settlor*, por ato unilateral de vontade, escolhe os bens a serem conferidos ao *trustee*, define os contornos da atuação deste último e seus beneficiários.

O *trustee*, por sua vez, aceita a função e concorda com todos os seus termos, momento em que a propriedade deve ser transferida (observando, eventualmente, a forma solene prevista em lei para o tipo de bem), conforme ilustra a figura a seguir, a demonstrar a estrutura objetiva do *trust*.

---

[222] THOMAS, Geraint; HUDSON, Alastair. *The law of trusts.* 2. ed. New York: Oxford University Press, 2010. p. 112.

[223] SHERIDAN, Lionel Astor. *The law of trusts.* 10. ed. London: Professional Books Ltd., 1983. p. 17.

[224] ALMEIDA, Veronica Scriptore Freire e. *O direito dos trusts na perspectiva internacional.* São Paulo: Almedina Brasil, 2020. p. 62.

[225] PENNER, James Ernest. *The law of trusts.* 7. ed. Londres: Oxford University Press, 2010. p. 15.

[226] "Antes de mais nada, é preciso ter presente a estrutura do *trust* ancorada, no mais das vezes, em três distintos polos de interesse: o proprietário dos bens constituídos em *trust*, sendo o seu instituidor (*settlor of trust*); aquele a quem é incumbida a administração dos bens (o *trustee*); e o beneficiário, isto é, aquele que tem seus interesses administrados pelo *trustee* (*beneficiary*, ou *cestui que trust*), podendo este ser, inclusive, o próprio instituidor". (MARTINS-COSTA, Judith. O trust e o direito brasileiro. *Revista de Direito Civil Contemporâneo*, v. 2, p. 165-209, jul./set. 2017).

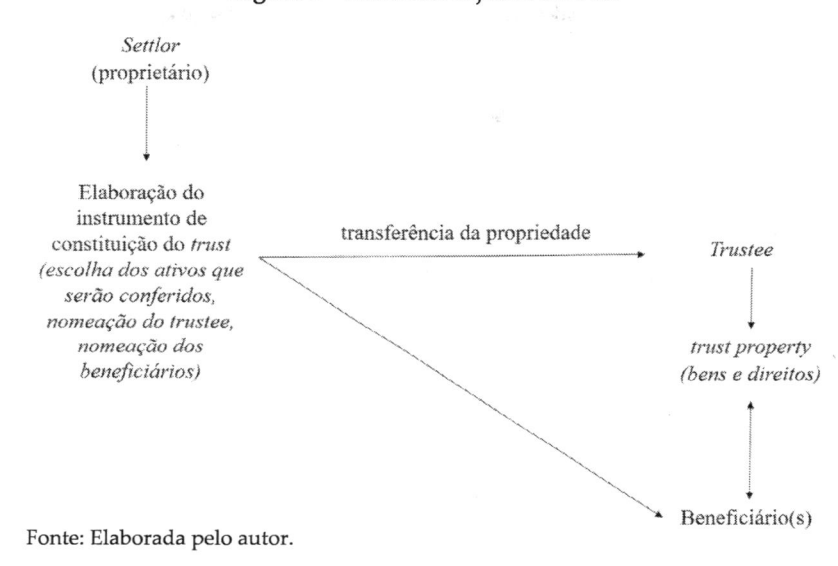

Figura 1 – Estrutura objetiva do *trust*

```
Settlor
(proprietário)
     │
     ▼
Elaboração do
instrumento de
constituição do trust         transferência da propriedade
(escolha dos ativos que      ───────────────────────────▶    Trustee
serão conferidos,                                                │
nomeação do trustee,                                             ▼
nomeação dos                                               trust property
beneficiários)                                             (bens e direitos)
                        ╲                                        ▲
                         ╲                                       │
                          ╲                                      │
                           ▶  Beneficiário(s)
```

Fonte: Elaborada pelo autor.

3.5 A segregação dos direitos sobre a propriedade (formação de um patrimônio especial)

Uma vez transferido o patrimônio, haverá a segregação desse direito sobre a *trust property*, entre o *trustee* e o beneficiário.[227] É da essência do *trust* que ninguém será titular absoluto da propriedade dos bens que compõem o *trust fund*. Nesse contexto, impõe-se uma obrigação equitativa sobre uma pessoa detentora legal da propriedade (o *trustee*). Isso requer, por parte desse indivíduo, a adoção das melhores condutas em prol da propriedade, que é detida em benefício de terceiro (o beneficiário), o qual, por seu turno, tem seu direito reconhecido pela *equity* na propriedade.[228]

Em resumo, o *trustee* ostenta a propriedade legal (*legal ownership*), já o beneficiário ostenta um *equitable interest* sobre essa mesma propriedade. Essa relação triangular entre *settlor*, *trustee* e beneficiário, conexa ao direito de propriedade, pode ser visualizada conforme a ilustração que se segue:

---

[227] ALMEIDA, Veronica Scriptore Freire e. *O direito dos trusts na perspectiva internacional*. São Paulo: Almedina Brasil, 2020. p. 67.
[228] THOMAS, Geraint; HUDSON, Alastair. *The law of trusts*. 2. ed. New York: Oxford University Press, 2010. p. 11.

Figura 2 – Relação triangular entre as partes

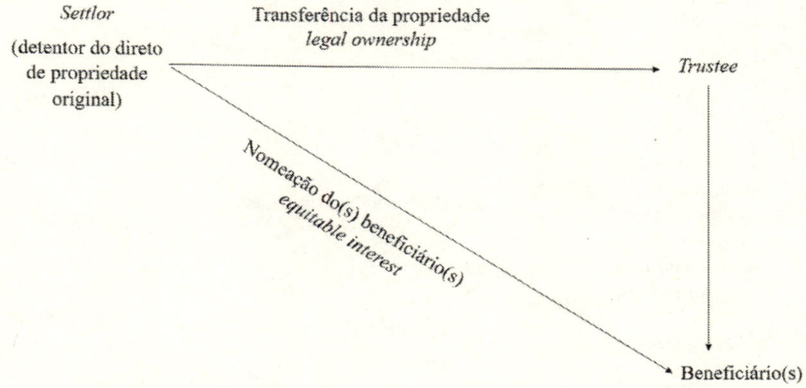

Settlor
(detentor do direito de propriedade original)

Transferência da propriedade
legal ownership

Trustee

Nomeação do(s) beneficiário(s)
equitable interest

Beneficiário(s)

Fonte: Elaborada pelo autor.

Nesse contexto dos direitos de propriedade, embora a propriedade legal seja ostentada pelo *trustee*, o patrimônio transferido deve configurar verdadeiramente um patrimônio separado.

3.6 As classificações do *trust* (*simple trust, special, trust, express trusts, discritionary trust, implied trust*)

Embora o termo *trust* seja, muitas vezes, empregado de forma genérica, cumpre diferenciar suas variadas formas e abordar as suas distintas classificações havidas ao longo do tempo.

3.6.1 A definição clássica

Não obstante existirem diversos métodos para classificar os *trusts*, muitos deles não demandam um aprofundamento maior. O mais comum é justamente o que diferencia o *trust* entre simples (*simple*) e especial (*special*).[229]

Segundo George Williams Ketton, no *simple trust*, o beneficiário, desde que *sui juris* e *absolutely entitled* (tenha pleno direito), tem o direito de ser colocado na posse do bem (*jus habendi*) e goza do direito adicional de obrigar o *trustee* a dispor da propriedade do bem conforme suas próprias instruções (dele, beneficiário). Por outro lado, no *trust* especial,

---
[229] KEETON, George Williams. *The law of trusts*. 7. ed. London: Pitman, 1957. p. 30.

O *trustee* tem obrigações de maior grau a cumprir, as mais comuns, a cobrança das rendas e os lucros do imóvel, e a sua transferência para o beneficiário.[230]

O *special trust* pode ainda ser subdividido em duas categorias: ministerial *trust* (ou instrumental) e *discritionary trust*. A distinção entre essas formas reside nos deveres positivos a serem cumpridos pelo *trustee*. Enquanto na primeira forma os deveres são mais simples e poderiam ser cumpridos por qualquer pessoa (a exemplo da distribuição de um patrimônio entre pessoas nomeadas em ações específicas), na discricionária, o *trustee* é chamado a exercer sua própria prudência e, para esse fim, é dada uma maior liberdade no controle e destinação do patrimônio.

Um exemplo de *trust* discricionário seria, portanto, aquele no qual o *trustee* é instruído a distribuir parte dos rendimentos entre instituições de caridade, as quais considerar mais adequadas (cabe a ele essa escolha dessas instituições e/ou os valores atribuídos a cada uma delas), ou determinar dentre os beneficiários quem deve receber os rendimentos de ativos financeiros do *trust fund*.[231]

A principal divisão, contudo, é a que diferencia o surgimento dos *trusts* como resultado do ato das partes e por força da lei.[232] Eis que o *trust* pode ser criado intencionalmente por ato expresso de seu instituidor (*express trusts*), ou decorrer da lei ou ser instituído por sentença judicial (*imputed trust* ou *implied trust*).[233]

Diante disso, descreve-se uma tentativa de classificação proposta no caso Cook *v.* Fountain:

> Todos os *trusts* são, primeiro, *trusts* expressos, que são levantados e criados por ato das partes, ou *trusts* implícitos, que são levantados ou criados por ato ou construção de lei; novamente, os *trusts* expressos são declarados por palavra ou por escrito; e essas declarações aparecem por prova direta e manifesta ou por presunção. Estes últimos são comumente chamados de *trusts* presumidos; e isto é, quando o Tribunal, considerando todas as circunstâncias, presume que houve uma declaração, seja por palavra ou por escrito, embora a prova clara e direta disso não exista. No caso em questão, não há pretensão de qualquer prova de que houve um *trust* declarado por palavra ou por escrito; portanto, o *trust*, se houver, deve ser implícito na lei ou presumido pelo

---

[230] KEETON, George Williams. *The law of trusts*. 7. ed. London: Pitman, 1957. p. 30.
[231] KEETON, George Williams. *The law of trusts*. 7. ed. London: Pitman, 1957. p. 30.
[232] KEETON, George Williams. *The law of trusts*. 7. ed. London: Pitman, 1957. p. 31.
[233] KEETON, George Williams. *The law of trusts*. 7. ed. London: Pitman, 1957. p. 30.

Tribunal. Existe uma regra boa, geral e infalível que vale para esses dois tipos de *trusts*; é uma regra geral que nunca engana; uma regra geral à qual não há exceção, e é esta: a lei nunca implica, o Tribunal nunca presume um *trust*, senão em caso de absoluta necessidade. A razão dessa regra é sagrada; pois se o Tribunal de Chancelaria começar a ter a liberdade de interpretar um *trust* por implicação da lei, ou presumir um *trust* desnecessariamente, abre-se um caminho para que o Lord Chancellor possa privar a propriedade de qualquer homem na Inglaterra; e assim, finalmente, todos os casos no Tribunal se tornarão *casus pro amico* (tradução livre).[234]

A distinção entre *trusts* resultantes de ato das partes e *trusts* decorrentes de operação legal ou judicial não é de forma alguma o ato seguinte a eles, não obstante vários autores clássicos tenham agrupado, com exceção dos *trusts* expressos, todas essas formas de *trusts* sob a denominação de construtivos, implícitos, ou *trusts* resultantes, como se esses termos fossem sinônimos. Thomas Lewin adverte para essa dificuldade:

> Os termos *implied trusts*, *trusts by operation of law* e *constructive trusts* aparecem nos livros como expressões quase sinônimas; mas para os fins do presente trabalho serão observadas as seguintes distinções, por ser consideradas as mais precisas: *Trust implícito* é aquele declarado por uma parte não diretamente, mas apenas por implicação; como quando um testador estipula uma herança para A e seus herdeiros, sem olvidar que ele pagará uma anuidade de £20 por ano a B durante sua vida, caso em que A é um *trustee* de B na extensão da anuidade. *Trusts by operation of law* são aqueles que não são declarados por uma parte, direta ou indiretamente, mas resultam do efeito de uma regra de equidade e são: (1) *trusts resultantes*, como quando uma propriedade é concedida a e seus herdeiros, em um *trust* para vender e pagar as dívidas do testador, caso em que o excedente dos bens resultariam em favor dos herdeiros do testador; ou (2) *trusts construtivos*, que o Tribunal induz por uma construção colocada sobre certos atos das partes, como quando um inquilino vitalício renova o contrato por sua própria conta, caso em que a lei dá o benefício do aluguel renovado para aqueles que estavam interessados no aluguel antigo.[235]

---

[234] LEWIN, Thomas. *Practical treatise on the law of trusts*. 13. ed. Reino Unido: W. Banks, 1928. p. 61.
[235] LEWIN, Thomas. *Practical treatise on the law of trusts*. 13. ed. Reino Unido: W. Banks, 1928. p. 27.

Assim, para Thomas Lewin, um *trust* implícito é aquele em que o tribunal deduz da conduta das partes e das circunstâncias da transação. Nota-se que a função do tribunal é descobrir (ou se aproximar) a intenção das partes e dar-lhe cumprimento. Este é um tipo de *trust* que se difere significativamente de um *trust* construtivo, aquele que surge quando uma pessoa, que é a proprietária legal do bem, mas tem alguma relação fiduciária com outra pessoa em relação a essa mesma propriedade, obtém alguma vantagem pessoal dessa posição. A *equity* o obriga a manter essa vantagem em benefício da pessoa para quem o caráter fiduciário é sustentado.

Por outro lado, o *trust* resultante pode ocorrer quando o *settlor* efetivamente atribuiu a propriedade ao *trustee* para objetivos que se encerram por algum motivo. Um exemplo: quando o instituidor confere um bem a um *trust* para pagar determinadas dívidas com o aluguel desse bem, ao findar o pagamento da dívida, o excedente do aluguel deverá ser mantido também *in trust*.[236]

Frederic William Maitland, ao tecer duras críticas ao conceito de Thomas Lewin, ressalta:

> Lewin e outros escritores de texto dividem os *trusts* assim criados em expressos e implícitos. É difícil traçar a linha, pois não são necessárias palavras formais para a criação de um *truste* e sempre que o *trust* é criado pelo ato de uma parte, quase necessariamente haverá algumas palavras usadas, mesmo que um surdo-mudo crie um *trust* se comunicando com os dedos haveria palavras usadas – a distinção passa a ser uma entre palavras claras e menos claras, e a clareza é uma questão de grau. Assim, Lewin, sob o título de "trust implícito", trata de casos em que um testador cria uma relação por meio de palavras como "desejo", "solicito", "espero". Nenhuma linha firme pode ser traçada. "Eu desejo" é quase tão forte quanto "Eu confio" e "Eu confio que ele fará isso" é quase o mesmo que "Com a confiança de que ele fará isso". Não creio, portanto, que a distinção seja importante.[237]

Contudo, segundo David J. Hayton, um *trust* não deixa de ser expresso porque a linguagem usada pelo instituidor é ambígua ou desajeitada.[238] Para George Williams Ketton, no entanto, um *express*

---

[236] KEETON, George Williams. *The law of trusts*. 7. ed. London: Pitman, 1957. p. 32-33.
[237] MAITLAND, Frederic William. *Equity*: a course of lectures. Cambridge: Cambridge University Press, 2011. p .76 (Tradução livre).
[238] HAYTON, David J.; UNDERHILL, Arthur. *Law relating to trusts and trustees*. 16. ed. London: Butterworths LexisNexis, 2003. p. 8.

trust é aquele intencionalmente criado pelo próprio instituidor, por ação (escrita ou oral) ou testamento.

3.6.2 A definição contemporânea

Não obstante o entendimento clássico, importante consignar que a doutrina contemporânea divide a classificação dos *trusts* entre *express trusts* e *imputed trusts* (ou *impled trusts*). Essa última categoria (*impled* ou *imputed*) contempla duas hipóteses: o *resulting trust* e o *construtive trust*.[239]

A diferença entre o *express trusts* e os *implied trusts* reside no grau de manifestação da vontade do seu instituidor. O *implied trust* exsurge quando a intenção do instituidor de estabelecer um *trust* é inferida de suas palavras ou ações.[240] Já o *resulting trust* surge quando um *trust* expresso falha por algum motivo (por exemplo, quando alguém transfere a propriedade de um bem para um *trustee*, para ele distribuir parte dos rendimentos desse bem para um terceiro, sem estabelecer o que o *trustee* deveria fazer com eventual sobra da renda). Nesse caso, os *trustees* não poderiam tomar as rendas do bem para seu próprio uso, portanto, como o nome indica, o interesse benéfico na propriedade "resulta", ou remonta, ao fundador do *trust*. Haveria, assim, um *resulting trust* quando uma pessoa recebe determinado bem e é obrigada a manter esse bem em *trust* para a pessoa que lhe transferiu originalmente essa propriedade.[241]

Dessa forma, o *resulting trust* nasce como uma consequência, em razão da falta de detalhamento ou esclarecimentos acerca dos termos do *trust* (haveria uma valoração da vontade presumida do *instituidor*).[242]

O *constructive trust*, por sua vez, é aquele imposto por força de lei, independentemente (de modo geral) da intenção das partes, e, de fato, possivelmente contrário às suas intenções, muitas vezes para evitar um enriquecimento ilícito. Há dois tipos distintos de *constructive trust*: o *remedial* (corretivo) e o institucional. Atualmente, só o primeiro deles é reconhecido como válido na doutrina inglesa. O *institutional* surge

---

[239] HAYTON, David J.; UNDERHILL, Arthur. *Law relating to trusts and trustees*. 16. ed. London: Butterworths LexisNexis, 2003. p. 8.
[240] MENNEL, L. Robert. *Wills and Trusts in a Nutshell*. 2. ed. Minnesota: West Group, 2004. p. 244.
[241] PETTIT, Philip H. *Equity and the law of trusts*. 11. ed. Chichester: Barry Rose Publisher, 2012. p. 70.
[242] LUPOI, Maurizio. *Trusts*. Milano: Giuffrè, 2001. p. 114.

por força de lei a partir de dadas circunstâncias que lhe dão origem: a função do tribunal é simplesmente declarar que o *trust* surgiu no passado. As consequências decorrentes do seu surgimento (inclusive as possivelmente injustas para terceiros que, nesse ínterim, receberam a propriedade do *trust*) também são determinadas por regras de direito, e não por uma discricionariedade.[243]

Assim, seria possível inferir a classificação dos *trusts* por meio da imagem a seguir:

Figura 3 – A classificação do *trust*

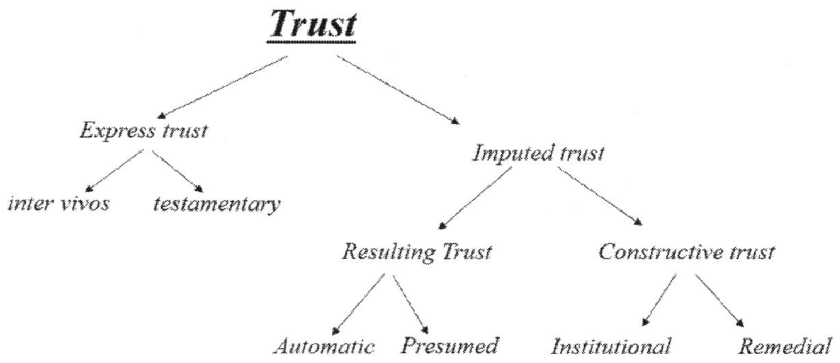

Trust
- *Express trust*
  - *inter vivos*
  - *testamentary*
- *Imputed trust*
  - *Resulting Trust*
    - *Automatic*
    - *Presumed*
  - *Constructive trust*
    - *Institutional*
    - *Remedial*

Fonte: Elaborada pelo autor.

3.6.3 O *trust* expresso (*express trust*)

O *trust* expresso (*express trust*) é, largamente, a forma mais utilizada para o planejamento patrimonial sucessório, portanto, será a modalidade analisada neste trabalho.

A maioria dos *express trusts* são criados por escrito, e o documento que contém seus termos, ou seja, as disposições detalhadas que estruturam a forma pela qual a propriedade deve ser mantida pelo *trustee* em prol dos beneficiários, pode ser chamado de *trust instrument*. Em alguns casos, esse documento também pode funcionar para transferir o título legal da propriedade do *settlor* para o *trustee*, mas o título legal da propriedade deve ser transferido para o *trustee*, conforme

---

[243] PETTIT, Philip H. *Equity and the law of trusts*. 11. ed. Chichester: Barry Rose Publisher, 2012. p. 70.

os procedimentos legais para cada tipo de propriedade, seja imóveis ou ações ou qualquer outro tipo de bem.²⁴⁴

Dessa forma, a criação de um *trust* expresso ocorre por meio da transferência da propriedade de determinados bens para o *trustee*, juntamente com uma declaração efetiva dos termos e das condições aplicáveis. Essa transferência pode ocorrer durante a vida do instituidor (criando um *trust inter vivos*) ou em sua morte (criando assim um *trust* testamentário). Para ser uma disposição efetiva e constituir derradeiramente um *trust*, as formalidades pertinentes devem ser cumpridas. Desse modo, um *trust* não é totalmente constituído até que a transferência da propriedade esteja completa.²⁴⁵

Diversamente das modalidades implícitas, na constituição do *trust* expresso prevalece sobremaneira a autonomia privada de seu instituidor, que lhe dará os contornos desejados. Assim, por ato unilateral de vontade, o *settlor* institui os termos e as condições do *trust* expresso, os desígnios desejados ao patrimônio então transferido.

Em princípio, não há requisitos formais para se criar um *trust*,²⁴⁶ podendo ser escrito ou até mesmo oral.²⁴⁷ A informalidade permite estabelecer, inclusive, *trusts* secretos ou semissecretos.²⁴⁸ No primeiro caso, a própria criação do *trust* em si é mantida em sigilo, enquanto no segundo, apenas os termos do *trust* são privativos. Nesse contexto, os requisitos formais a serem seguidos não resultam da própria criação do *trust*, mas da natureza do bem ou dos bens que serão conferidos a ele (por exemplo, um bem imóvel, cuja transferência deve observar requisitos específicos; escritura pública).²⁴⁹

Ressalta-se que a constituição do *trust* e a observância de eventuais requisitos para sua constituição deve ser orientada pela legislação do país no qual ele for constituído. Nesse ponto, em alguns estados nos EUA, o documento deve ser escrito e assinado por duas testemunhas.²⁵⁰

---

[244] PENNER, James Ernest. *The law of trusts*. 7. ed. Londres: Oxford University Press, 2010. p. 15.
[245] THOMAS, Geraint; HUDSON, Alastair. *The law of trusts*. 2. ed. New York: Oxford University Press, 2010. p. 112.
[246] HAYTON, David. J. *The law of trusts*. 4. ed. London: Sweet & Maxwell, 2003. p. 16; LUPOI, Maurizio. *Trusts*. Milano: Giuffrè, 2001. p. 14-15.
[247] Ressalta-se que devem ser observadas as regras locais, pois, em muitas jurisdições não é permitida a instituição de trust declarado oralmente. (KOZUSKO, Donald; VETTER, Stephen. *United States*: trusts, topical analyses. Amsterdam: IBFD, 2011. section 1.2.1).
[248] LUPOI, Maurizio. *Trusts*. Milano: Giuffrè, 2001. p.110-116; HAYTON, David. J. *The law of trusts*. 4. ed. London: Sweet & Maxwell, 2003. p. 57-58.
[249] LUPOI, Maurizio. *Trusts*. Milano: Giuffrè, 2001. p. 97.
[250] PANICO, Paolo. *International trust laws*. Oxford: Oxford University Press, 2017.

No entanto, em que pese inexistir forma específica para se constituir o *trust*, é recomendável fazê-lo por instrumento de declaração, na forma escrita, com determinações claras e precisas, visto que impõe uma série de obrigações ao *trustee*, essencialmente em relação à propriedade a ele conferida e perante os beneficiários (obrigações que podem ser exigidas judicialmente).[251]

O não cumprimento dessas obrigações configura quebra da confiança pela qual o *trustee* pode ser responsabilizado pessoalmente. Portanto, para a adequada realização e execução de um *express trust*, devem estar bem definidas pelo seu instituidor: (i) quais condutas o *trustee* deve observar em relação aos bens (em favor de determinados ou determináveis beneficiários), (ii) qual a propriedade a ele conferida (deve ser conhecida e certa); (iii) qual a identidade dos beneficiários e objetivos do *trust*. Estas são as chamadas 'três certezas' essenciais para se criar um *trust* privado expresso: certeza da intenção de criar um *trust*, certeza do objeto e certeza dos beneficiários ou objetivos.[252]

3.6.4 As 'três certezas' essenciais para a criação de um *trust* privado expresso

O julgamento de Lord Langdale em Knight *vs.* Knight[253] é frequentemente referido como o marco que definiu a seguinte proposição: para um *trust* ser válido, as 'três certezas' devem estar presentes: (i) o *express trust* deve revelar claramente a intenção de criar um *trust* (certeza das palavras); (ii) a finalidade ou o sujeito (certeza do sujeito/finalidade); e (iii) a certeza do objeto (*trust res*).[254]

A esse propósito, para Geraint Thomas e Alastair Hudson, o *trust* deve ser declarado pela manifestação de vontade expressa, por meio de palavras que lhe deem o exato sentido, como *on trust* ou

---

[251] THOMAS, Geraint; HUDSON, Alastair. *The law of trusts*. 2. ed. New York: Oxford University Press, 2010. p. 43.

[252] THOMAS, Geraint; HUDSON, Alastair. *The law of trusts*. 2. ed. New York: Oxford University Press, 2010. p. 43.

[253] No original: "...first...the words must be imperative...; secondly...the subject must be certain...; and thirdly...the object must be as certain as the subject". (THOMAS, Geraint; HUDSON, Alastair. *The law of trusts*. 2. ed. New York: Oxford University Press, 2010. p. 157).

[254] "There was, however, nothing novel in this statement. Lord Eldon, for instance,29 said that, in order for a trust to be valid, 'first, that the words must be imperative; secondly, that the subject must be certain; and thirdly, that the object must be as certain as the subject". (PETTIT, Philip Henry. *Equity and the law of trusts*. 10. ed. New York: Oxford University Press, 2006. p. 48).

outras de natureza equivalente, isto é, deve haver uma manifestação suficientemente clara da intenção de criá-lo.

Não obstante, para preencher o "requisito" da "certeza", não é obrigatório usar palavras específicas quando da manifestação de vontade for possível aferir uma intenção, de forma suficiente, da criação do *trust* (prevalece a substância em contrapartida da forma).

O que se exige é demonstrar que o ato de constituição do *trust* não admite interpretação outra, ou seja, que ele (*settlor*) deixou de ser o proprietário do bem, e que outra pessoa se tornou, e da mesma forma, haverá beneficiários efetivos do bem transferido (para os quais a propriedade deve ser mantida). Não é necessário usar a palavra *trust*, embora ela seja o indicador mais comum para a intenção de criar um *trust*.

A esse propósito, Tito *vs*. Wendel:

> A palavra é de uso comum na língua inglesa, e qualquer que seja a posição neste tribunal, deve-se reconhecer que a palavra é frequentemente usada em um sentido diferente de uma obrigação equitativa executável como tal pelos tribunais. Muitos homens podem estar em uma posição *trust* sem ser um *trustee* no sentido equitativo. Ao mesmo tempo, dificilmente se pode contestar que um *trust* possa ser criado sem o uso da palavra *trust*. Em todos os casos, deve-se verificar se nas circunstâncias do caso e na verdadeira construção do que foi dito e escrito, uma intenção suficiente para criar um *trust* foi verdadeiramente manifestada.[255] (Tradução livre).

O *trust* pode ser criado por testamento ou por ato *inter vivos*. A criação de um *trust* privado expresso *post mortem* deve ser realizada por testamento válido, conforme os requisitos legais, e ser admitido para o inventário.[256] Por outro lado, um *trust inter vivos* pode ser criado por meio de uma transferência de propriedade para um *trustee* ou de uma declaração do proprietário do bem de que ele próprio passará a deter essa propriedade como *trustee*.

Para ser eficaz, a transferência de propriedade pode estar sujeita a requisitos formais específicos, eis que, diferentes tipos de bens estão sujeitos a requisitos diferentes ou, em alguns casos, não estão sujeitos a nenhum requisito formal. No entanto, quando o proprietário de um

---

[255] THOMAS, Geraint; HUDSON, Alastair. *The law of trusts*. 2. ed. New York: Oxford University Press, 2010. p. 43.
[256] THOMAS, Geraint; HUDSON, Alastair. *The law of trusts*. 2. ed. New York: Oxford University Press, 2010. p. 46.

determinado bem se declara o *trustee* desse mesmo bem, claramente não há transferência de propriedade.

Qualquer bem pode ser objeto de um *trust*, no entanto, esse bem e a sua propriedade devem ser certos ou capazes de ser verificados.[257] O requisito quanto à certeza do objeto não se aplica apenas à descrição do próprio *trust*, ou seja, a certeza conceitual dos bens (propriedade) que o compõe, mas também à extensão ou à quantidade do interesse de um beneficiário específico nesse *trust*.

Ainda que o *trust* possa ser indiscutivelmente 'certo', eventuais declarações imprecisas no sentido de que um determinado beneficiário terá direito a 'uma parte', ou 'algum', ou 'uma proporção' dos bens ou rendas, poderá dar ensejo a interpretações equivocadas, dificultando sua plena execução, a menos que essas expressões estejam contidas em um *trust* discricionário (em que caberá ao julgo do *trustee* a sua interpretação).[258]

Para a criação do *trust* expresso, deve ser possível determinar não apenas qual deve ser o interesse do beneficiário, mas também a que propriedade ele deve vincular.

Comumente, os *trusts* são instituídos em relação à parte de ativos ou a ativos específicos, bens estratégicos ou não do patrimônio de uma determinada pessoa. Nesses casos, o ativo em questão ou a parte do patrimônio que constituirá o *trust* deve ser descrita ou identificada com certeza suficiente para permitir que, se determinada controvérsia acerca do cumprimento ou não das obrigações pelo *trustee* ou a respeito da segregação do patrimônio for alçada à justiça, o tribunal possa ordenar a sua execução ou delimitar claramente o alcance de suas deliberações.[259] Assim, as palavras ou expressões usadas para descrever o *trust fund* devem identificar os ativos destinados a constituírem esse fundo. No caso de um *trust* expresso, os beneficiários devem ser definidos com certeza para permitir que os *trustees* executem o *trust* apropriadamente,

---

[257] THOMAS, Geraint; HUDSON, Alastair. *The law of trusts*. 2. ed. New York: Oxford University Press, 2010. p. 69.

[258] THOMAS, Geraint; HUDSON, Alastair. *The law of trusts*. 2. ed. New York: Oxford University Press, 2010. p. 69. No mesmo sentido: "Um trust somente pode ser validamente constituído em caso de seu instituidor designar com precisão suficiente o patrimônio sobre o qual existirá. Em vista disso, a jurisprudência tem considerado imprecisas e incapazes de levar à constituição válida de um trust expressões vagas como 'a maior parte de meu patrimônio', 'a parte de meu patrimônio que não for vendida' e 'a parte remanescente' entre outras". (SALOMÃO NETO, Eduardo. *O trust e o direito brasileiro*. São Paulo: LTr, 1996. p. 29).

[259] THOMAS, Geraint; HUDSON, Alastair. *The law of trusts*. 2. ed. New York: Oxford University Press, 2010. p. 70.

conforme as intenções do instituidor. Os *trustees* devem ter condições de saber, com algum grau de certeza, em favor de quem a renda ou o capital do *trust* deve ser distribuído; e, no caso de algum erro ou violação de deveres pelos *trustees*, o tribunal deve saber como deve executar os *trusts*, ou qual remédio, se houver, deve fornecer ou disponibilizar a quem ("the princple can be concisely stated by saying that, in order to be valid, a trust must be one which the court can control and execut").[260]

Assim, a observância desses parâmetros, embora não seja mandatória, dá segurança e possibilita que as disposições do *trust* tenham eficácia.

3.6.5 A instituição do *trust* e seus objetivos

A criação de um *trust* pode ocorrer por tantos motivos quanto se possa imaginar. Sua única limitação são as normas cogentes (ordem pública).[261]

No âmbito do planejamento patrimonial sucessório, a instituição de um *trust* acontece, muitas vezes, para transmitir e assegurar a gestão patrimonial ordenada, de seu instituidor para os membros de sua família, em prazos e condições pré-definidas pelo titular original do patrimônio (por exemplo, para transmitir um determinado bem a um herdeiro, por ocasião do falecimento do instituidor, sob determinadas condições).

Contudo, o *trust* também pode ser utilizado como o veículo legal designado para contribuir em um regime de pensões e/ou custeio de determinadas pessoas (*e.g.* pagamento do aluguel de uma sobrinha e despesas com alimentação de outro sobrinho); ou para agrupar investimentos e pagar os rendimentos aos beneficiários; para fins caritativos, como estabelecer e manter uma instituição para cães de rua, criar uma biblioteca pública ou promover os objetivos de alguma organização; para administrar negócios, especialmente no âmbito da realização de investimentos financeiros no mercado de capitais.

Ainda que o propósito do *trust* seja fundamentalmente de atribuição patrimonial aos beneficiários, ele pode ser moldado visando uma transmissão de bens célere e a redução da carga tributária. Da mesma forma, o *trust* pode ser utilizado para que determinados pagamentos,

---

[260] THOMAS, Geraint; HUDSON, Alastair. *The law of trusts*. 2. ed. New York: Oxford University Press, 2010. p. 93.
[261] HAYTON, David J. *The law of trusts*. 2. ed. London: Sweet & Maxwell, 1998. p. 8.

que de outra forma seriam classificados e tributados como renda, possam ser classificados como um ganho de capital e, assim, atrair uma alíquota de imposto menor.

Embora possam existir inúmeros objetivos para se constituir um *trust*,[262] ele pode ser utilizado para propósitos antijurídicos ou até ilícitos, como o fomento de uma atividade criminosa ou ilegal, e para arranjos que, embora não sejam ilícitos, tendem a causar danos (*e.g.* fraude contra execução/credores).

Outrossim, eventualmente, o *trust* pode conter disposições violadoras de normas cogentes de direito de família e sucessões, como aquelas que infringem o regime de bens ou interferem excessivamente na liberdade dos beneficiários (anexando condições intrusivas aos seus direitos), ainda as que violem expressamente direitos e garantias dos membros de uma determinada classe sucessória.

Fora dessas limitações (notadamente de ordem pública), há uma gama infinitamente variável de usos para os quais o *trust* pode ser criado. Seria, portanto, razoável defender o *trust* como o mais completo instrumento de planejamento patrimonial.

3.7 Convenção de Haia sobre a lei aplicável aos *trusts*

Em razão da coexistência de múltiplas ordens legislativas e da diversidade de atores globais, é possível que mais de um país se legitime a aplicar sua legislação relativamente à sucessão de um indivíduo. Esse conflito é possível, eis que cada legislação pode prever um elemento de conexão diferente como critério de aplicabilidade da lei sucessória em seu país de origem.

A esse propósito, menciona-se uma pessoa de nacionalidade espanhola, falecida, cujo último domicílio tenha sido o Brasil. Nessa hipótese, diante da LINDB, seria aplicável a lei do último domicílio do falecido, ou seja, a lei brasileira irá reger essa sucessão. Por outro lado, decorre da lei espanhola que a lei aplicável a essa sucessão será a lei

---

[262] "A instituição de um *trust* comumente se dá, entre outros, por razões fiscais, para consolidar ativos destinados a investimentos, para proteger patrimônio de terceiros, ou para controlar propriedades e seus frutos quando o *settlor* estiver ausente, incapacitado ou mesmo morto, passando o *trust* a funcionar como um verdadeiro testamento". (FINKELSTEIN, Cláudio. O *trust* e o direito brasileiro. *Revista de Direito Bancário e do Mercado de Capitais*, São Paulo: RT, v. 72, abr./jun. 2016).

de sua nacionalidade, ou seja, a lei espanhola.[263] Haveria, portanto, um conflito de leis aplicáveis a um mesmo fato jurídico.

É possível ainda que esse mesmo indivíduo, a despeito de sua nacionalidade, tenha patrimônio em múltiplos países e possua mais de uma disposição de última vontade, cada uma firmada em um país, o que poderia agravar ainda mais o conflito acerca da aplicação de normas sucessórias.

Hipótese semelhante já foi analisada pelo Poder Judiciário brasileiro. No caso, o falecido havia deixado dois testamentos válidos, um no Brasil e outro nos EUA. O Tribunal, na ocasião, entendeu que ele mantinha dois domicílios, o que, em princípio, atrairia a aplicação tanto da lei americana quanto da lei brasileira, mas, tendo em vista a existência de herdeiros, filhos brasileiros, a Corte decidiu pela aplicação da lei brasileira.[264]

Esclarece-se que, embora cada país tenha o seu próprio ordenamento jurídico e estabeleça as normas que irão disciplinar a lei aplicável acerca de um mesmo fato jurídico (no caso, o falecimento e o respectivo direito sucessório), há tratados internacionais aptos a disciplinar esses conflitos e determinar aos Estados signatários qual regra deve prevalecer.[265] Assim, se houver o reconhecimento de determinado tratado pelo direito interno, ele se torna fonte para a resolução de conflitos sobre a aplicabilidade de leis em determinada matéria.[266]

No que toca ao direito das sucessões e da aplicabilidade de leis no espaço, a Conferência de Haia de Direito Internacional Privado, organização intergovernamental, tem, ao longo de muitos anos, celebrado diversas Convenções, visando unificar as regras aplicáveis

---

[263] Para decidir esse aparente conflito de normas, "o magistrado deverá aplicar a norma de direito internacional privado de seu país e não a do estado estrangeiro. Quando se ordena ao juiz a qualificação de uma relação sucessória conforme o direito interno, *lex domicilii* do falecido, ele se curva ao mandamento de sua lei colisional (LICC, art. 10)". (DINIZ, Maria Helena. *Lei de Introdução ao Código Civil brasileiro interpretada*. 13. ed. São Paulo: Saraiva, 2012. p. 313).

[264] BRASIL. Tribunal de Justiça do Estado de São Paulo. Agravo de instrumento nº 0101089-86.2011.8.26.0000, 8ª Câmara de Direito Privado, Des. Rel. Ribeiro da Silva, j. 9.11.2011.

[265] "Essa racionalidade justifica, em larga medida, a própria essência da disciplina do conflito de leis no espaço, que é a de buscar a aproximação de tais soluções, reconhecendo a pluralidade e a diversidade dos ordenamentos jurídicos, assim como a de auxiliar o jurista na tarefa de determinação do direito aplicável nos casos com elementos estrangeiros". (BASSO, Maristela. *Curso de direito internacional privado*. 6. ed. São Paulo: Grupo GEN, 2019. p. 82).

[266] DINIZ, Maria Helena. *Lei de Introdução ao Código Civil brasileiro interpretada*. 13. ed. São Paulo: Saraiva, 2012. p. 313.

a determinadas matérias.[267] Por ocasião de sua criação, vários países se tornaram partícipes da Conferência. Ressalta-se, contudo, que ser um Estado Membro não implica a automática ratificação das Convecções.[268] Quanto ao direito sucessório, destacam-se as seguintes convenções: (i) Convenção sobre os Conflitos de Leis em Matéria de Forma das Disposições Testamentárias; (ii) Convenção sobre lei aplicável e reconhecimento de *trust* e (iii) Convenção sobre lei aplicável à sucessão *mortis causa*.

A Convenção de Haia sobre a Lei Aplicável aos *Trust*s e sobre o Reconhecimento deles foi assinada pelos Estados Membros em 1º de julho de 1985 e está em vigor desde 1º de janeiro de 1992.

Acerca da sua importância, Judith Martins-Costa assinala:

> Sendo incontroverso entre os comparatistas que os modelos jurídicos não são meramente "transplantáveis", duas atitudes metodológicas se impõem: (i) não se há de pretender qualificar institutos de Direito estrangeiro forçando a sua integração em categorias do Direito nacional; (ii) se hão de buscar, ao revés, formas dotadas de possível similitude funcional, destacando-se, todavia, as peculiaridades não passíveis de acolhimento no sistema. Por esta razão, forte impacto teve em países de Civil Law a XV Convenção de Haia sobre a Lei Aplicável ao *trust* e a seu Reconhecimento, destinada a ordenar o direito aplicável e o reconhecimento dos efeitos dos *trusts*, interligando países de Common Law e de Civil Law ao fornecer instrumentos legais próprios para tanto. Seu efeito básico foi o de propiciar o reconhecimento de um *trust* criado em outro Estado como direito material, de modo que a Convenção não contém regras de direito uniforme: o juiz nacional aplica o *trust* proveniente de outro Estado diretamente, e na forma como ele existe, não buscando assimilar uma instituição desconhecida.[269]

Embora o Brasil não seja signatário da referida Convenção, ela foi firmada por diversos países, dentre eles, Itália, Reino Unido, Canadá,

---

[267] "Entre as organizações dedicadas ao estudo e produção normativa de regras de solução para os conflitos de leis no espaço, a Conferência de Haia pode ser considerada uma das mais importantes, por seu papel histórico, abrangência multilateral e vocação para harmonização legislativa. Trata-se de uma organização intergovernamental composta por mais de 60 Estados-membros que se reúnem periodicamente para a negociação de tratados, com o objetivo geral de "unificação progressiva do direito internacional privado". (BASSO, Maristela. *Curso de direito internacional privado*. 6. ed. São Paulo: Grupo GEN, 2019. p. 87).

[268] BASSO, Maristela. *Curso de direito internacional privado*. 6. ed. São Paulo: Grupo GEN, 2019. p. 87.

[269] MARTINS-COSTA, Judith. O trust e o direito brasileiro. *Revista de Direito Civil Contemporâneo*, v. 2, p. 165-209, jul./set. 2017.

Austrália, Holanda, Hong Kong, Suíça, Panamá, Chipre, Luxemburgo, Mônaco, Malta e Liechtenstein e São Marino. Seu objetivo é abordar e conciliar a aplicação do direito dos *trusts* em países de tradição romana-germânica e entre aqueles que comungam da *common law*.

Assim, foram criadas disposições comuns para evitar eventuais conflitos entre os Estados Membros acerca da aplicação de leis, da competência das jurisdições e do reconhecimento e execução de sentenças estrangeiras, em disputas relacionadas aos *trusts*, harmonizando, inclusive, eventuais conflitos entre países que aplicam o princípio da nacionalidade com países que aplicam o princípio de domicílio.[270]

A Convenção traz uma definição didática para o *trust*, essencialmente, para o *trust* expresso:

> O termo "trust" refere-se às relações jurídicas criadas – inter vivos ou por morte – por uma pessoa, o instituidor, quando os bens foram colocados sob o controle de um *trustee* em benefício de um beneficiário ou para um fim determinado, tendo ele as seguintes características: a) os bens constituam um fundo separado e não fazem parte do patrimônio próprio do *trustee*; b) a titularidade dos bens conferido ao *trust* estará em nome do *trustee* ou de outra pessoa em nome dele; c) o *trustee* tem o poder e o dever, em relação aos quais é responsável, de administrar, empregar ou dispor dos bens de acordo com os termos do *trust* e os deveres especiais que lhe são impostos por lei.[271]

Ademais, a Convenção estabelece, em seu art. 6º, que o instituidor poderá definir a legislação aplicável ao *trust* constituído. Todavia, é ineficaz a escolha de legislação de país que não reconheça o *trust*.[272]

Assim, é certo que a Convenção de Haia sobre a Lei Aplicável aos *Trusts* tem grande relevância, pois possui o condão de reconhecer

---

[270] ALFRED E. von Overbeck. *Explanatory report*. Disponível em: https://assets.hcch.net/upload/expl30.pdf. Acesso em 10 jul. 2023.

[271] "A trust has the following characteristics: a) the assets constitute a separate fund and are not a part of the trustee's own estate; b) title to the trust assets stands in the name of the trustee or in the name of another person on behalf of the trustee; c) the trustee has the power and the duty, in respect of which he is accountable, to manage, employ or dispose of the assets in accordance with the terms of the trust and the special duties imposed upon him by law. The reservation by the settlor of certain rights and powers, and the fact that the trustee may himself have rights as a beneficiary, are not necessarily inconsistent with the existence of a trust". (HCCH. *Convention on the law applicable to trusts and on their recognition*. Disponível em: http://hcch.e-vision.nl/index_en.php?act=conventions.text&cid=59. Acesso em 14 jul. 2023).

[272] "Article 6. A trust shall be governed by the law chosen by the settlor. The choice must be express or be implied in the terms of the instrument creating or the writing evidencing the trust, interpreted, if necessary, in the light of the circumstances of the case".

trusts criados no exterior a despeito da ausência de previsão legislativa em diversos países.

3.8 A dificuldade de recepção do instituto no direito brasileiro

Apesar da crescente popularização do *trust* no cenário nacional, trata-se, ainda, de um negócio jurídico estranho ao ordenamento jurídico civil brasileiro (não obstante em 12 de dezembro de 2023 tenha sido sancionada a Lei nº 14.754, que prevê, dentre outras questões, a tributação quando da transferência de ativos ao *trust*, trazendo outrossim uma conceituação de sua estrutura objetiva).[273] O principal problema a respeito da sua recepção pelo direito civil nacional se dá pela inexistência de negócio jurídico equiparável ao instituto no direito brasileiro e da lacuna legislativa a respeito.

Em especial, a dificuldade na recepção do *trust* está no fato de ser um instituto originado do sistema jurídico anglo-saxão que admite o conceito de dupla propriedade (*dual ownership*).[274]

---

[273] Art. 12. Para fins do disposto nesta Lei, considera-se:
I – trust: figura contratual regida por lei estrangeira que dispõe sobre a relação jurídica entre o instituidor, o trustee e os beneficiários quanto aos bens e direitos indicados na escritura do trust;
II – instituidor (settlor): pessoa física que, por meio da escritura do trust, destina bens e direitos de sua titularidade para formar o trust;
III – administrador do trust (trustee): pessoa física ou jurídica com dever fiduciário sobre os bens e direitos objeto do trust, responsável por manter e administrar esses bens e direitos de acordo com as regras da escritura do trust e, se existente, da carta de desejos;
IV – beneficiário (beneficiary): uma ou mais pessoas indicadas para receber do trustee os bens e direitos objeto do trust, acrescidos dos seus frutos, de acordo com as regras estabelecidas na escritura do trust e, se existente, na carta de desejos;
V – distribuição (distribution): qualquer ato de disposição de bens e direitos objeto do trust em favor do beneficiário, tal como a disponibilização da posse, o usufruto e a propriedade de bens e direitos;
VI – escritura do trust (trust deed ou declaration of trust): ato escrito de manifestação de vontade do instituidor que rege a instituição e o funcionamento do trust e a atuação do trustee, incluídas as regras de manutenção, de administração e de distribuição dos bens e direitos aos beneficiários, além de eventuais encargos, termos e condições;
VII – carta de desejos (letter of wishes): ato suplementar que pode ser escrito pelo instituidor em relação às suas vontades que devem ser executadas pelo trustee e que pode prever regras de funcionamento do trust e de distribuição de bens e direitos para os beneficiários, entre outras disposições.
[274] "Afinal, a pedra-de-toque dessa situação jurídica é o reconhecimento do fenômeno denominado de 'dupla-propriedade', isto é, sobre um mesmo bem – aquele transferido ao fiduciário – coexistiriam mais de um direito de propriedade: um titularizado pelo próprio fiduciário e reconhecido pela common law; outro tendo o beneficiário como sujeito ativo e reconhecido por uma equitylaw. Esse segundo direito de propriedade, considerado pelos tribunais como superior, ao do fiduciário, permitiria ao trust assumir uma eficácia real, de forma a tornar o instituto um mecanismo seguro para a prática de determinadas

O ordenamento jurídico brasileiro, diversamente, deriva do sistema jurídico romano-germânico e trata a propriedade com características de unicidade e incindibilidade. Assim, conforme explica Raquel do Amaral de Oliveira do Santos, a propriedade, sob a ótica do sistema jurídico romano-germânico, é una e, para alguém ser considerado proprietário de um bem, deverá cumulativamente ter as faculdades de uso, gozo e disposição.

A esse respeito, após a instituição do *trust*, há uma segregação de bens, isto é, a criação de um patrimônio de afetação. O *settlor* se retira do cenário jurídico, permanecendo apenas a sua vontade formalmente manifestada no ato.[275] Já o *trustee* passa a ser o proprietário formal dos bens e atua como administrador dessa massa patrimonial, com a ressalva de que haverá uma incomunicabilidade entre o patrimônio pessoal do *trustee*. O beneficiário, por sua vez, ostentará um *equitable interest* sobre essa mesma propriedade. A doutrina ainda ensina que, por sua singularidade, seria imperfeita qualquer analogia do *trust* com os institutos previstos no direito brasileiro.[276]

Para muitos, o *trust* se assemelharia aos negócios fiduciários, porém, conforme explica Cláudio Finkelstein, o direito brasileiro contempla diversas modalidades de contrato fiduciário, nenhuma, contudo, com as características do *trust*.[277]

Nesse sentido, o mandato e o usufruto, dentre outros, possuem natureza jurídica semelhante, mas dele se diferenciam, uma vez que nesses instrumentos os bens permanecem acessíveis aos credores, enquanto no *trust* a divisão do direito de propriedade, isto é, os bens formalmente deixam de integrar o patrimônio do *settlor*.

Não obstante, com o intuito de aproximação legislativa do tema entre os países de tradição derivada da *common law* aos de direito romano-germânico, foi celebrada a XV Convenção Internacional de Haia, pela qual buscou-se padronizar o entendimento e a definição internacional do *trust*.

Embora o Brasil não seja signatário dessa Convenção, com base no art. 17 da LINDB, é possível reconhecer o *trust* constituído no exterior

---

atividades, como a constituição de garantias ou a administração de patrimônio por terceiros". (GOMES, Orlando. *Contrato de fidúcia (trust)*. Rio de Janeiro: Forense, 1965. v. 211, p. 12).

[275] CHALHUB, Melhim Namem. *Negócio fiduciário: alienação fiduciária*. 4. ed. Rio de Janeiro: Renovar, 2009.

[276] TEPEDINO, Gustavo. O *trust* no direito brasileiro. *Soluções Práticas*, São Paulo: RT, 2011. v. 2.

[277] FINKELSTEIN, Cláudio. O *trust* e o direito brasileiro. *Revista de Direito Bancário e do Mercado de Capitais*, São Paulo: RT, v. 72, abr./jun. 2016. p. 110.

(ressalvada a possibilidade de se invalidar estipulações que ofendam à ordem pública). Por conta dessa técnica interpretativa – e desde que os efeitos produzidos pelo *trust*, nos termos em que foi constituído, não violem a ordem pública nacional (o que dependerá do conteúdo específico do negócio) –, é possível admitir no Brasil o reconhecimento de *trust* criado no exterior.[278]

Em razão da sua amplitude, dinamismo e flexibilidade, o *trust* pode ser utilizado de incontáveis formas, sempre visando aos objetivos instituídos pelo próprio *settlor*. Para Melhim Namem Chalhub, os direitos a serem atribuídos aos beneficiários no *trust* devem ser explicitamente definidos no ato de sua constituição, podendo ser representados pelo pagamento de uma renda periódica, para fins determinados ou não, pela entrega do bem dado em *trust* ao beneficiário, ao final de certo evento ou de certo tempo, pela realização de determinado propósito, por exemplo, a manutenção de uma instituição. Assim, são vários os formatos do *trust* que podem não se coadunar com as normas internas limitadoras da autonomia privada.[279]

Nesse ponto consiste o segundo problema, uma vez que no direito brasileiro é imposto ao titular de determinado patrimônio uma série de ônus e limitações. Nos termos do art. 1.846 do CC/2002, o proprietário com herdeiros necessários não pode dispor gratuitamente de mais da metade dos seus bens. Por sua vez, o art. 548 do CC/2002 veda a doação da totalidade dos bens sem reservar bens ou renda suficientes para a subsistência do doador. Já o art. 549 do CC/2002 estabelece que é nula a doação quanto à parte que exceder à de que o doador, no momento da liberalidade, poderia dispor em testamento. Igualmente, não pode o testador estabelecer cláusula de inalienabilidade, impenhorabilidade e de incomunicabilidade sobre os bens da legítima, salvo se houver justa causa, declarada no testamento. Igualmente, o proprietário casado, salvo no regime da separação total de bens, não pode, sem autorização do outro, alienar ou gravar de ônus real os bens imóveis, prestar fiança ou aval, fazer doação, não sendo remuneratória, de bens comuns, ou dos que possam integrar futura meação. Outrossim, na sucessão testamentária, o testador não pode beneficiar pessoa incerta, deixando a determinação de sua identidade a cargo de terceiro.[280]

---

[278] TEPEDINO, Gustavo. O *trust* no direito brasileiro. *Soluções Práticas*, São Paulo: RT, 2011. v. 2.
[279] CHALHUB, Melhim Namem. *Negócio fiduciário*: alienação fiduciária. 4. ed. Rio de Janeiro: Renovar, 2009.
[280] CAHALI, Francisco José; HIRONAKA, Giselda Maria Fernandes Novaes. *Direito das sucessões*. 5. ed. São Paulo: RT, 2014.

Todas essas hipóteses podem ser estabelecidas quando da instituição do *trust* no cenário internacional. Assim, é preciso analisar profundamente o tema para aferir as possibilidades de controle da legalidade do *trust* no direito brasileiro. Embora a lei civil não tenha previsão a seu respeito, esse instituto exerce forte influência no direito civil interno e, mesmo sem essa recepção expressa legislativa, aos brasileiros é franqueada a instituição de *trust* em outros países, de maneira que seus efeitos podem ser sentidos no âmbito do direito civil interno.[281]

Em um importante avanço quanto ao tema e suas aplicações práticas, em 29 de setembro de 2020 foi apresentado o Projeto de Lei nº 4.758/2020 (PL), de autoria do Deputado Enrico Misasi, que, de forma inovadora, pretende introduzir no sistema jurídico brasileiro o contrato de fidúcia e um regime de administração de bens de terceiros.[282] Em trâmite na Câmara dos Deputados, a proposta busca, conforme sua justificativa,[283] trazer um instrumento análogo às estruturas de *trust* pela primeira vez no direito brasileiro. Ou seja, haverá um cenário de importante impacto regulatório sobre a positivação expressa de estrutura similar ao *trust* que requer uma análise jurídica prévia para responder alguns questionamentos que certamente surgirão a partir do PL. Como visto, é possível conceber uma ideia geral do *trust*, embora haja uma grande dificuldade para alcançar uma definição amplamente satisfatória.[284]

Na doutrina nacional, o estudo do *trust* já foi realizado, inclusive sob o prisma de sua tradução literal, ou seja, diante do conceito da palavra confiança. A partir dela é que surgiria a declaração de vontade a constituir o *trust*. Por meio dela o instituidor transfere o direito

---

[281] Vide a Lei nº 14.754/23.

[282] "Art. 1º. Esta lei estabelece o regime geral da fidúcia, sem prejuízo das leis especiais que regulamentam relações fiduciárias específicas, às quais a presente lei se aplica subsidiariamente;
Art. 2º. A fidúcia é o negócio jurídico pelo qual uma das partes, denominada fiduciante, transmite, sob regime fiduciário, bens ou direitos, presentes ou futuros, a outra, denominada fiduciário, para que este os administre em proveito de um terceiro, denominado beneficiário, ou do próprio fiduciante, e os transmita a estes ou a terceiros, de acordo com o estipulado no respectivo ato constitutivo". (BRASIL. Projeto de Lei nº 4.758, de 2020. Dep. Enrico Misasi. Dispõe sobre a fidúcia e dá outras providências. *Câmara Legislativa*. Disponível em: https://www.camara.leg.br/proposicoesWeb/prop_mostrarintegra?codteor=1933172. Acesso em 13 abr. 2021).

[283] BRASIL. Projeto de Lei nº 4.758, de 2020. Dep. Enrico Misasi. Dispõe sobre a fidúcia e dá outras providências. *Câmara Legislativa*. Disponível em: https://www.camara.leg.br/proposicoesWeb/prop_mostrarintegra?codteor=1933172. Acesso em 13 abr. 2021.

[284] CHALHUB, Melhim Namem. *Negócio fiduciário*. Rio de Janeiro: Renovar, 1998. p. 29-30.

de propriedade sobre determinados bens a um terceiro, que deverá agir em nome próprio (gestão e administração), mas em benefício de terceiros, conforme o instrumento de declaração de vontade elaborado pelo instituidor, prevalecendo, assim, a confiança do instituidor em relação ao *trustee*.[285]

No Brasil, inexiste figura comparável ao *trust*. Há muito, busca-se nas noções jurídicas internas elementos que se assemelhem a esse instituto. Por meio dessa atividade investigativa, averígua-se, inclusive, se, em algum ponto, o *trust* estrangeiro poderia atentar contra as normas de ordem pública vigentes no país.[286] Atualmente, é por meio de alargamento de figuras como os negócios fiduciários ou pelo fideicomisso que a doutrina tenta alcançar uma aclimatação ou até mesmo inserir o *trust* na ordem jurídica brasileira.

Não obstante seja louvável o esforço doutrinário, não é possível reconfigurar ou reduzir a natureza do *trust* às figuras jurídicas existentes no direito brasileiro (tradicionalmente aquelas que em algum ponto a ele se assemelham), eis que o *trust* é verdadeiramente um instituto jurídico com estrutura e função próprias, e que tem um regime jurídico peculiar em razão de exercer múltiplas funções.[287]

---

[285] FINKELSTEIN, Cláudio. O *trust* e o direito brasileiro. *Revista de Direito Bancário e do Mercado de Capitais*, São Paulo: RT, v. 72, abr./jun. 2016. p. 109.
[286] MARTINS-COSTA, Judith. O trust e o direito brasileiro. *Revista de Direito Civil Contemporâneo*, v. 2, p. 165-209, jul./set. 2017.
[287] MARTINS-COSTA, Judith. O trust e o direito brasileiro. *Revista de Direito Civil Contemporâneo*, v. 2, p. 165-209, jul./set. 2017.

CAPÍTULO 4

OS REQUISITOS DE VALIDADE DO *TRUST* ESTRANGEIRO COMO INSTRUMENTO DE PLANEJAMENTO PATRIMONIAL SUCESSÓRIO SOB A ÓTICA DO DIREITO CIVIL BRASILEIRO

Em decorrência dos anseios familiares-patrimoniais atualmente subsistentes, há uma crescente contratação por brasileiros de *trusts* estrangeiros. A prática demonstra que essa contratação ocorre, muitas vezes, visando preservar o patrimônio, assegurar a manutenção dos negócios, otimizar a gestão, acelerar a transmissão patrimonial, reduzir custos de transmissão, além de proteger familiares e terceiros.

Diante desse cenário em que, de um lado, cresce a utilização desse instituto por brasileiros e cujos efeitos podem incidir diretamente nas relações sociais aqui existentes e, de outro, há uma lacuna no Código Civil brasileiro sobre essa figura, é necessário avaliar quais são e de que maneira os requisitos de validade existentes na ordem civil brasileira devem ser observados na instituição de um *trust* como instrumento do planejamento patrimonial sucessório no Brasil.[288]

---

[288] "É induvidoso, porém, não existir o *trust* no Brasil como instituto geral. Sendo assim, integramos o grupo de países obrigados a realizar exercício de direito comparado, procurando elementos do *trust* dentro de nossas próprias noções jurídicas como passo antecedente à qualificação que permitirá não apenas definir qual a regra de conexão, como também averiguar se a figura não atenta contra normas de ordem pública brasileira". (MARTINS-COSTA, Judith. O trust e o direito brasileiro. *Revista de Direito Civil Contemporâneo*, v. 2, p. 165-209, jul./set. 2017).

4.1 Elementos de conexão para análise da validade do *trust* sob a ótica da lei civil brasileira

A análise da validade das disposições contidas no *trust* à luz do direito civil brasileiro pressupõe a existência de elementos de conexão que atraiam a observância da lei civil nacional (seja a nacionalidade ou o domicílio das partes envolvidas, seja a localização dos bens).

A esse propósito, a busca desses elementos de conexão que conduzem à aplicação da lei nacional brasileira deve se dar em observância às normas contidas na LINDB que, em síntese, compreende o conjunto de regras sobre a forma de aplicação das normas, considerando dois elementos principais: o tempo e o espaço.[289]

Esses elementos, espaço e tempo, são essenciais para ordem jurídica, uma vez que, conforme leciona Miguel Maria de Serpa Lopes, "a pessoa no cenário da vida jurídica gira em torno desses dois pontos: o tempo, através da idade; o espaço, através do domicílio". Ambos têm efeitos absolutos e determinam uma gama infindável de consequências no que toca à atividade jurídica da pessoa.[290]

No âmbito do direito internacional privado, o domicílio é, ao lado da nacionalidade, um dos elementos de conexão capaz de atrair a aplicação de determinada norma interna.[291] Assim, é essencial para a análise da validade de determinado ato jurídico, incluindo a contratação de um *trust*, a situação das partes e dos bens envolvidos nesses dois âmbitos.

O CC/2002 define o domicílio da pessoa natural como o lugar onde ela estabelece sua residência com ânimo definitivo.[292] Traz, dessa forma, a união do elemento material ou psíquico, ou seja, a residência (estado de fato) e o ânimo de nela permanecer (elemento subjetivo).[293] Embora, na linguagem coloquial, possa existir certa confusão em relação às noções de domicílio e residência, empregando-as, muitas vezes, como expressões sinônimas, seus conceitos jurídicos não se confundem.[294]

---

[289] LOPES, Miguel Maria de Serpa. *Comentários à Lei de Introdução ao Código Civil*. 2. ed. Rio de Janeiro: Livraria Freitas Bastos, 1959. p. 9.

[290] LOPES, Miguel Maria de Serpa. *Comentários à Lei de Introdução ao Código Civil*. 2. ed. Rio de Janeiro: Livraria Freitas Bastos, 1959. p. 9.

[291] LOPES, Miguel Maria de Serpa. *Comentários à Lei de Introdução ao Código Civil*. 2. ed. Rio de Janeiro: Livraria Freitas Bastos, 1959. p. 9.

[292] BRASIL. Código Civil (2002). "Art. 70. O domicílio da pessoa natural é o lugar onde ela estabelece a sua residência com ânimo definitivo".

[293] PEREIRA, Caio Mário da Silva. *Instituições de direito civil*: parte geral. 22. ed. Rio de Janeiro: Forense, 2007. v. 1.

[294] GOMES, Orlando. *Introdução ao direito civil*. Edvaldo Brito (Coord.); Reginalda Paranhos de Brito (atual.). 22. ed. Rio de Janeiro: Forense, 2019.

Nesse contexto, é relevante a definição de Washington de Barros Monteiro, para quem o domicílio é a "sede jurídica da pessoa, onde ela se presume presente para efeitos de direito e onde pratica habitualmente seus atos e negócios jurídicos".[295] A residência, por outro lado, é o local em que se habita com a intenção de permanecer, ainda que dela o indivíduo se afaste temporariamente.[296]

A importância do domicílio é salutar, porquanto dele se depreendem diversas implicações nas relações jurídicas da pessoa. Tem ele, portanto, o condão de definir a fixação do indivíduo no espaço para fins das relações jurídicas por ele realizadas e realizáveis. Daí decorre a sua importância para o direito civil, pois ele perfaz a sede jurídica da pessoa.[297] Ou seja, configura o domicílio o local de exercício dos direitos e cumprimento das obrigações.[298] A LINDB, inclusive, positivou o princípio domiciliar como o elemento de conexão capaz de atrair a observância das normas nacionais em determinadas matérias.[299]

Nesse contexto, a norma em referência estabelece que a lei do país em que domiciliada a pessoa é que regerá as questões acerca do começo e do fim da personalidade, do nome, da capacidade e dos direitos de família.[300] Portanto, estando determinado sujeito domiciliado no Brasil, a análise dos pressupostos de validade dos atos por ele praticados (sua capacidade civil e demais normas do direito de família) deve se dar sob o prisma do CC/2002.

Especificamente em relação ao regime de bens, o art. 7º, §4º, da LINDB estabelece: "O regime de bens, legal ou convencional, obedece à lei do país em que tiverem os nubentes domicílio, e, se este for diverso, a do primeiro domicílio conjugal". A esse propósito, o art. 1.569 do CC/2002 dispõe: "O domicílio do casal será escolhido por ambos os

---

[295] MONTEIRO, Washington de Barros. *Curso de direito civil*: parte geral. 38. ed. São Paulo: Saraiva, 2001. p. 136.

[296] GOMES, Orlando. *Introdução ao direito civil*. Edvaldo Brito (Coord.); Reginalda Paranhos de Brito (atual.). 22. ed. Rio de Janeiro: Forense, 2019.

[297] DINIZ, Maria Helena. *Curso de direito civil brasileiro. Teoria geral do direito civil*. 40. ed. São Paulo: Saraiva, 2023. v. 1.

[298] LOPES, Miguel Maria de Serpa. *Comentários à Lei de Introdução ao Código Civil*. 2. ed. Rio de Janeiro: Livraria Freitas Bastos, 1959. p. 273.

[299] DINIZ, Maria Helena. *Lei de Introdução às Normas do Direito Brasileiro interpretada*. 19. ed. São Paulo: Saraivajur, 2017. p. 233.

[300] "Art. 7º. A lei do país em que domiciliada a pessoa determina as regras sobre o começo e o fim da personalidade, o nome, a capacidade e os direitos de família". (BRASIL. Decreto-Lei nº 4.657, de 4 de setembro de 1942. Lei de Introdução às Normas do Direito Brasileiro (LINDB). Redação dada pela Lei nº 12.376, de 2010. *Diário Oficial da União*, Rio de Janeiro, 09 set. 1942, retificado em 08 out. 1942 e em 17 jun. 1943. Disponível em: https://www.planalto.gov.br/ccivil_03/Decreto-Lei/Del4657.htm. Acesso em 14 mar. 2023).

cônjuges, mas um e outro podem ausentar-se do domicílio conjugal para atender a encargos públicos, ao exercício de sua profissão, ou a interesses particulares relevantes".

Assim, no que toca às questões patrimoniais dizentes ao casamento, quanto ao regime de bens e suas decorrências – seja acerca do regime legal (na ausência de previsão própria elaborada pelos nubentes) seja o estabelecido em convenção própria (pacto antenupcial) –, será observada a lei do domicílio dos nubentes (antes da celebração do casamento), ou sendo eles domiciliados em locais distintos, prevalecerá o local do primeiro domicílio conjugal.

Em relação às obrigações, a LINDB consagra a regra do *locus regit actum*, portanto, aplicar-se-á às leis do local em que as obrigações foram constituídas.[301]

Por sua vez, em relação aos bens, prescreve o art. 8º da LINDB que deve ser aplicada a norma do local em que esses se situam (*lex rei sitiae*). Não obstante, aplica-se a lei do domicílio do proprietário, quando se tratar de bens móveis transportados (art. 8º, §1º, da LINDB).

Ademais, há previsão específica acerca da aplicação da norma do país do último domicílio do *de cujus* em caso de sucessão por morte ou por ausência (*lex domicilii*).[302] Dessa forma, tanto na sucessão por morte, quanto por ausência, deve-se observar a legislação do país do domicílio do falecido (ou do ausente), independentemente da natureza e da situação dos bens.[303] Relevante consignar que o STJ já decidiu que, embora o Brasil possa ser o domicílio de determinado autor da herança, aplicar-se-á a lei da situação da coisa na sucessão de bem imóvel situado no exterior.[304]

No mais, conforme consta do art. 10, §3º, da LINDB, a capacidade para suceder deve observar a lei e o domicílio do herdeiro ou legatário. Sobre o tema, o CC/2002 estabelece que tem capacidade sucessória "todas as pessoas nascidas ou já concebidas no momento da abertura

---

[301] "Art. 9º. Para qualificar e reger as obrigações, aplicar-se-á a lei do país em que se constituírem". (BRASIL. Decreto-Lei nº 4.657, de 4 de setembro de 1942. Lei de Introdução às Normas do Direito Brasileiro (LINDB). Redação dada pela Lei nº 12.376, de 2010. *Diário Oficial da União*, Rio de Janeiro, 09 set. 1942, retificado em 08 out. 1942 e em 17 jun. 1943. Disponível em: https://www.planalto.gov.br/ccivil_03/Decreto-Lei/Del4657.htm. Acesso em 14 mar. 2023).

[302] BRASIL. Código Civil (2002). "Art. 1.785. A sucessão abre-se no lugar do último domicílio do falecido".

[303] GONÇALVES, Carlos Roberto. *Direito civil*: parte geral. 25. ed. São Paulo: Saraiva, 2018. p. 33.

[304] BRASIL. Superior Tribunal de Justiça. REsp nº 1.362.400/SP, Rel. Min. Marco Aurélio Bellizze, j. 28.04.2015, *DJe* 05.06.2015.

da sucessão", isto é, não são legitimadas a suceder apenas as pessoas expressamente excluídas pela norma.

Dessa forma, independentemente do negócio jurídico celebrado (testamento, pacto antenupcial, contrato de doação, *trust* etc.), deve-se observar o quanto previsto pela norma do lugar e do tempo em que dito negócio jurídico estiver atrelado, inclusive para produzir efeitos em qualquer outro local.[305] Em relação a esse ponto, o art. 7º, §1º, da LINDB estabelece que, se o contrato celebrado no exterior deve produzir efeitos no Brasil, este dependerá da forma essencial prevista na lei brasileira, admitindo-se, contudo, as peculiaridades da lei estrangeira quanto aos requisitos extrínsecos do ato.[306]

Assim, a venda de bem imóvel situado no Brasil que é pactuada no exterior deve observar os requisitos existentes na legislação brasileira, por exemplo, se há outorga conjugal, em se tratando de vendedor casado sob o regime da comunhão universal de bens (arts. 1.647 e 1.649 do CC/2002) e se houve a elaboração de escritura pública (art. 108 do CC/2002).[307]

Portanto, a análise das disposições contidas no *trust*, ainda que celebrado em país estrangeiro, deve se dar sob a ótica da lei civil brasileira, quando houver elemento de conexão que atraia a observância da lei nacional. Por fim, importa lembrar Clóvis Beviláqua acerca da eficácia extraterritorial da lei pessoal de determinado indivíduo:

> A lei terá eficácia extraterritorial, sempre que tiver por fim principal a proteção dos indivíduos. É o que se chama lei pessoal. São leis pessoais as que se referem ao estado e à capacidade das pessoas, às relações de família e à transmissão dos bens mortis causa.[308]

---

[305] DINIZ, Maria Helena. *Lei de Introdução às Normas do Direito Brasileiro interpretada*. 19. ed. São Paulo: Saraivajur, 2017. p. 258.

[306] "Art. 9º, §1º. Destinando-se a obrigação a ser executada no Brasil e dependendo de forma essencial, será esta observada, admitidas as peculiaridades da lei estrangeira quanto aos requisitos extrínsecos do ato". (BRASIL. Decreto-Lei nº 4.657, de 4 de setembro de 1942. Lei de Introdução às Normas do Direito Brasileiro (LINDB). Redação dada pela Lei nº 12.376, de 2010. *Diário Oficial da União*, Rio de Janeiro, 09 set. 1942, retificado em 08 out. 1942 e em 17 jun. 1943. Disponível em: https://www.planalto.gov.br/ccivil_03/Decreto-Lei/Del4657.htm. Acesso em 14 mar. 2023).

[307] BRASIL. Código Civil (2002). "Art. 108. Não dispondo a lei em contrário, a escritura pública é essencial à validade dos negócios jurídicos que visem à constituição, transferência, modificação ou renúncia de direitos reais sobre imóveis de valor superior a trinta vezes o maior salário-mínimo vigente no País".

[308] BEVILÁQUA, Clóvis. *Teoria geral do direito civil*. 3. ed. São Paulo: Red Livros, 2001. p. 62-63.

Assim, será determinante e regerá a situação dos indivíduos a sua lei pessoal ainda no âmbito internacional, ou seja, terá eficácia a lei pessoal do indivíduo mesmo diante de um *trust* contratado em país estrangeiro.

4.1.1 O *status* (estado) familiar do instituidor do *trust*

No contexto da análise da validade das disposições contidas no *trust* tem relevância a verificação do estado individual e familiar das partes envolvidas.

O *status* (estado) de uma determinada pessoa pode ser definido como o seu modo particular de existir.[309] Trata-se de um atributo da personalidade (assim como o nome e o domicílio), um direito subjetivo[310] (direito ao estado), absoluto, que se dirige a todos. Nas palavras de Miguel Maria de Serpa Lopes, o estado é "uma situação jurídica na qual a ordem pública é interessada".[311] Ele nasce de certos fatos jurídicos, como o nascimento, a filiação e, igualmente, de atos jurídicos, como o casamento, e pode ser decretado judicialmente, como na ação de divórcio ou na ação de interdição.[312]

O estado é regulado por preceitos de ordem pública e tem como traços característicos a sua indivisibilidade (embora ostentando múltiplos aspectos, apresenta-se como conjunto unitário que traduz a qualificação jurídica do indivíduo), indisponibilidade (ninguém pode ceder ou alienar seu estado) e imprescritibilidade (não se adquire ou se perde o estado pelo transcurso do tempo).[313]

O estado pode ser político, familiar ou individual. O primeiro se caracteriza pela posição do indivíduo na sociedade, sendo ele nacional ou estrangeiro. O segundo, pelo estado de casado, solteiro, viúvo, divorciado. O terceiro, pela qualidade da situação individual da pessoa, como maior ou menor de idade, interdito ou emancipado.[314]

---

[309] BEVILÁQUA, Clóvis. *Teoria geral do direito civil*. 3. ed. São Paulo: Red Livros, 2001. p. 126.
[310] Não obstante, na doutrina, alguns defendem que o estado não está no rol dos direitos da personalidade, eis que a ele não corresponderia um dever do indivíduo para com as outras pessoas. (DANTAS, San Tiago. *Direito de família e das sucessões*. Rio de Janeiro: Forense, 1991. p. 181).
[311] LOPES, Miguel Maria de Serpa. *Curso de direito civil*: introdução, parte geral e teoria dos negócios jurídicos. Rio de Janeiro: Livraria Freitas Bastos, 1953. p. 242.
[312] AMARAL, Francisco. *Direito civil – introdução*. 9. ed. São Paulo: Saraiva, 2018. p. 342.
[313] AMARAL, Francisco. *Direito civil – introdução*. 9. ed. São Paulo: Saraiva, 2018. p. 343.
[314] BRASIL. Código Civil (2002). "Art. 1.647. Ressalvado o disposto no art. 1.648, nenhum dos cônjuges pode, sem autorização do outro, exceto no regime da separação absoluta:

Para o direito civil, importa fixar o estado da pessoa nas suas relações familiares (*status familiae*), que pode ter como origem um fato natural, como o nascimento com vida e a aquiescência de um ato jurídico. Também importa para o direito civil a condição individual do sujeito (*status personalis*), que pode ser alterada se houver um fator etário (maioridade ou menoridade), um ato jurídico (emancipação) ou uma enfermidade incapacitante.[315]

O estado familiar é a situação jurídica da pessoa no âmbito da família. Nela, alguém pode se encontrar por duas situações: a conjugalidade ou a parentalidade (incluindo a afetiva). O parentesco pode ser de ordem consanguínea ou afim, decorrendo, no primeiro caso, de "laço de sangue", na segunda hipótese, estabelecido entre um dos cônjuges e os parentes do outro.[316]

O estado familiar é totalmente relevante, na medida em que se mostra o pressuposto de inúmeros direitos e deveres especiais, e pode até limitar o poder de agir, conforme o grau e a fonte. Assim como o estado individual, o estado familiar identifica a pessoa e dá ciência das suas condições a terceiros, portanto, delimita e informa seus direitos e deveres à coletividade (*e.g.* como casado, necessita da outorgada do outro cônjuge para alienar imóveis ou como interdito, não pode alienar bens imóveis sem autorização judicial).[317]

É diante da relevância do estado individual e familiar que se exige a inscrição em registro público de nascimento, casamento, óbito, emancipação, interdição, ausência e de morte presumida, bem como da averbação em registro público das sentenças de divórcio e anulação de casamento.[318]

I – alienar ou gravar de ônus real os bens imóveis; II – pleitear, como autor ou réu, acerca desses bens ou direitos; III – prestar fiança ou aval; IV – fazer doação, não sendo remuneratória, de bens comuns, ou dos que possam integrar futura meação".

[315] PEREIRA, Caio Mário da Silva. *Instituições de direito civil*: introdução ao direito civil – teoria geral do direito civil. 34. ed. São Paulo: Grupo GEN, 2022. v. I.

[316] GOMES, Orlando. *Introdução ao direito civil*. Edvaldo Brito (Coord.); Reginalda Paranhos de Brito (atual.). 22. ed. Rio de Janeiro: Forense, 2019.

[317] DINIZ, Maria Helena. *Curso de direito civil brasileiro. Teoria geral do direito civil*. 40. ed. São Paulo: Saraiva, 2023. v. 1.

[318] BRASIL. Código Civil (2002). "Art. 9º. Serão registrados em registro público: I – os nascimentos, casamentos e óbitos; II – a emancipação por outorga dos pais ou por sentença do juiz; III – a interdição por incapacidade absoluta ou relativa; IV – a sentença declaratória de ausência e de morte presumida. Art. 10. Far-se-á averbação em registro público: I – das sentenças que decretarem a nulidade ou anulação do casamento, o divórcio, a separação judicial e o restabelecimento da sociedade conjugal; II – dos atos judiciais ou extrajudiciais que declararem ou reconhecerem a filiação".

Nesse escopo, para atestar a constituição do *trust* no direito brasileiro, é necessário considerar o estado familiar e individual de uma determinada pessoa. Isso se justifica porque, se ela for casada (ou mantiver união estável), poderá haver limitações ao direito de dispor (art. 1.647 do CC/2002).[319] Igualmente, se houver parentes deste indivíduo até um determinado grau, poderá ser estabelecida a reserva obrigatória da herança (arts. 1.829 e 1.839 do CC/2002).[320]

Portanto, para controlar a legalidade do *trust* no direito brasileiro, é necessário averiguar o estado do titular de patrimônio (*e.g.* se é capaz, se mantém união estável ou se é casado, em ambas as hipóteses em qual regime de bens, se tem herdeiros necessários ou não, dentre outras condições).

4.2 A validade do *trust* como instrumento de planejamento sucessório sob a ótica do direito civil brasileiro

Acerca da teoria do negócio jurídico, importa recordar Antônio Junqueira de Azevedo ao afirmar que a análise de determinado negócio jurídico deve percorrer três planos de forma progressiva: 1º existência, 2º validade e 3º eficácia.

Assim, inicia-se essa análise pelo plano da existência, verificando se o negócio existe ou é inexistente; em segundo lugar, avalia-se o plano da validade, se o negócio jurídico é válido ou inválido (subdividindo a invalidade em nulo e anulável); por fim, em terceiro lugar, perquire-se o plano da eficácia, se o negócio é ineficaz ou eficaz.[321]

---

[319] BRASIL. Código Civil (2002). "Art. 1.647. Ressalvado o disposto no art. 1.648, nenhum dos cônjuges pode, sem autorização do outro, exceto no regime da separação absoluta: I – alienar ou gravar de ônus real os bens imóveis; II – pleitear, como autor ou réu, acerca desses bens ou direitos; III – prestar fiança ou aval; IV – fazer doação, não sendo remuneratória, de bens comuns, ou dos que possam integrar futura meação. Parágrafo único. São válidas as doações nupciais feitas aos filhos quando casarem ou estabelecerem economia separada".

[320] BRASIL. Código Civil (2002). "Art. 1.829. A sucessão legítima defere-se na ordem seguinte (Vide Recursos Extraordinários nº 646.721 e nº 878.694) I – aos descendentes, em concorrência com o cônjuge sobrevivente, salvo se casado este com o falecido no regime da comunhão universal, ou no da separação obrigatória de bens (art. 1.640, parágrafo único); ou se, no regime da comunhão parcial, o autor da herança não houver deixado bens particulares; II – aos ascendentes, em concorrência com o cônjuge; III – ao cônjuge sobrevivente; IV – aos colaterais;"; "Art. 1.839. Se não houver cônjuge sobrevivente, nas condições estabelecidas no art. 1.830, serão chamados a suceder os colaterais até o quarto grau".

[321] [...] "o negócio jurídico, examinado no plano da existência, precisa de elementos para existir; no plano da validade, de requisitos, para ser válido; e, no plano da eficácia, de fatores de eficácia, para ser eficaz. Elementos, requisitos e fatores de eficácia são respectivamente os

O plano da existência pressupõe averiguar a exteriorização de uma vontade, plano no qual é irrelevante a validade ou a eficácia do negócio jurídico. Afinal, investiga-se tão somente o seu existir, se houve um suporte suficiente com a presença dos elementos que lhe dão forma. Conforme exemplifica Antônio Junqueira de Azevedo, um testamento só passa a existir quando a manifestação de vontade se faz, "isto é, no momento em que a manifestação, dotada de forma e conteúdo, se caracteriza como declaração de vontade".[322] Portanto, somente com os dados mínimos de natureza material haverá a existência do negócio jurídico.[323]

Nesse passo, para que um negócio jurídico exista devem estar presentes alguns elementos: (i) gerais intrínsecos (forma, objeto e circunstâncias negociais); (ii) extrínsecos ou pressupostos (agente, lugar e tempo do negócio); e (iii) categoriais (decorrentes da estrutura normativa acerca de cada tipo de negócio jurídico).[324]

No que toca ao segundo plano, investiga-se a presença dos requisitos de validade. Para Francisco Cavalcanti Pontes de Miranda, para determinado ato jurídico "valer", é necessário que o mundo jurídico o tenha por apto. Concebe-se, então, uma autorização para ele atuar e permanecer no mundo jurídico.[325] É diante dos requisitos de validade que se coloca "o papel maior ou menor da vontade, a causa, os limites da autonomia privada quanto à forma e quanto ao objeto".[326]

Assim, para se atestar a validade de um determinado negócio jurídico, é preciso averiguar a observância dos requisitos que determinam a sua vigência, a presença de seus elementos constitutivos em conformidade com o ordenamento legal, sendo válido o negócio jurídico quando se ateve a esses requisitos legais.[327]

---

caracteres de que necessita o negócio jurídico para existir, valer e ser eficaz". (AZEVEDO, Antônio Junqueira. *Negócio jurídico*: existência, validade e eficácia. 4. ed. São Paulo: Saraiva, 2002. p. 63).

[322] AZEVEDO, Antônio Junqueira. *Negócio jurídico*: existência, validade e eficácia. 4. ed. São Paulo: Saraiva, 2002. p. 24.

[323] BETTI, Emilio. *Teoria geral do negócio jurídico*. Coimbra: Coimbra, 1979. p. 66.

[324] AZEVEDO, Antônio Junqueira. *Negócio jurídico*: existência, validade e eficácia. 4. ed. São Paulo: Saraiva, 2002. p. 42.

[325] PONTES DE MIRANDA, Francisco Cavalcanti. *Tratado de direito privado*. 3. ed. São Paulo: RT, 1984. t. 4, p. 61.

[326] AZEVEDO, Antônio Junqueira. *Negócio jurídico*: existência, validade e eficácia. 4. ed. São Paulo: Saraiva, 2002. p. 42.

[327] VELOSO, Zeno. Nulidade do negócio jurídico. *In*: ARRUDA ALVIM; CÉSAR, Joaquim Portes de Cerqueira; ROSAS, Roberto (Coord.). *Aspectos controvertidos do novo Código Civil*: escritos em homenagem ao Ministro José Carlos Moreira Alves. São Paulo: RT, 2003. p. 597.

Haverá invalidade do negócio jurídico, portanto, quando não se observar determinados preceitos legais. A esses atos a nulidade será aplicada como sanção, com o intuito de restabelecer o equilíbrio da ordem jurídica,[328] conforme exemplifica Francisco Cavalcanti Pontes de Miranda:

> Se alguém vende ao filho sem o assentimento dos outros filhos, viola a regra jurídica do art. 1.132 do CC/1916 (LGL\1916\1), para cuja violação a sanção é a nulidade do contrato de compra-e-venda. Pode ser que A não venda ao filho, mas venda a estranho, que doe ao filho ou venda ao filho. É a violação indireta. É a *fraus legis*. Não se trata de simulação, mas de fraude à lei. Não há por onde se procurar o *intuitus*; basta a infração mesma. Não é preciso que o intuito de violar haja existido; a infração da lei verifica-se objetivamente.[329]

Do gênero invalidade, distingue-se suas duas espécies: nulidade e anulabilidade. A nulidade se consubstancia em altiva sanção decorrente da inobservância de normas cogentes (ordem pública e interesse social). A anulabilidade é cominação menos rigorosa decorrente da afronta a interesses particulares.

Nesse sentido afirma Enzo Roppo:

> Enquanto a anulabilidade, como veremos, está geralmente disposta à tutela dos interesses particulares de uma das partes do contrato, em regra a lei comina a nulidade todas as vezes em que dar atuação ao negócio jurídico contraria exigências de caráter geral, ou o interesse público.[330]

A nulidade consubstancia sanção de tão elevado grau que sequer se sujeita aos prazos prescricionais ou decadenciais, é matéria de ordem pública que pode ser reconhecida de ofício, independentemente de provocação da parte interessada.[331]

---

[328] BEVILÁQUA, Clóvis. *Teoria geral do direito civil*. 3. ed. São Paulo: Red Livros, 2001. p. 345.
[329] PONTES DE MIRANDA, Francisco Cavalcanti. *Tratado de direito privado*. 3. ed. São Paulo: RT, 2002. t. 39, p. 162.
[330] ROPPO, Enzo. *O contrato*. (Trad. Ana Coimbra e M. Januário C. Gomes). Coimbra: Almedina, 1986.
[331] [...] "reconhecimento da nulidade é matéria de ordem pública, não estando sujeito à prescrição, decadência ou preclusão. A nulidade prescinde de ação para ser reconhecida judicialmente, reconhecimento esse que tem de ser feito *ex officio* pelo juiz, independentemente de provocação da parte ou do interessado, a qualquer tempo e grau de jurisdição, inclusive por meio de objeção de executividade no processo de execução". (PONTES DE MIRANDA, Francisco Cavalcanti. *Tratado de direito privado*. 3. ed. São Paulo: RT, 1984. t. 39, p. 81).

Assim, diante dessa notável sanção e havendo elementos de conexão que atraiam a aplicação da lei civil brasileira, deve-se perquirir a validade das disposições contidas no *trust*, no âmbito do planejamento patrimonial sucessório.

4.2.1 A vedação ao pacto de *succendendo* (contrato sucessório)

A declaração de vontade pela qual um indivíduo dispõe e regula sua sucessão denomina-se *acto mortis causa*.[332] Os *actos inter vivos*, por seu turno, compreendem todos os outros atos – permuta, doação, venda, promessa de venda etc. –, relacionados ou não com a transmissão de bens e direitos em vida.[333] Nos *actos inter vivos*, nem mesmo o condicionamento dos efeitos ao falecimento lhes retira essa natureza. A morte não figura como causa do ato (ex. promessa de venda e compra exigível por ocasião da morte do promitente).[334]

Dentre as espécies de atos *mortis causa* está o pacto sucessório, denominação empregada para aquelas contratações ou convenções cujo objeto é a sucessão de um ou de ambos os contratantes.

Segundo o autor português Guilherme Braga da Cruz:

> Emprega-se a expressão "pacto sucessório", em sentido restrito, para designar a convenção ou contrato que tem por objeto a sucessão dum ou de ambos os contraentes. Em sentido amplo, porém, a expressão abrange não só as convenções que têm por objeto a sucessão dum dos contraentes como todo e qualquer contrato sobre a herança duma pessoa viva.[335]

O pacto sucessório (pacto *de succendendo*) é, em regra, ato bilateral, e pode ter por objeto a designação de sucessores (a título singular ou universal), a sucessão de um dos contratantes ou de terceiros e o destino dessa, atribuindo-a a outros que a aceitam.[336]

---

[332] TELLES, Inocêncio Galvão. *Direito das sucessões*: noções fundamentais. Lisboa, Coimbra: Ed. Imprenta, 1973. p. 102.
[333] TELLES, Inocêncio Galvão. *Direito das sucessões*: noções fundamentais. Lisboa, Coimbra: Ed. Imprenta, 1973. p. 102.
[334] TELLES, Inocêncio Galvão. *Direito das sucessões*: noções fundamentais. Lisboa, Coimbra: Ed. Imprenta, 1973. p. 102.
[335] CRUZ, Guilherme Braga da. Pacto sucessório na história do direito português. *Revista da Faculdade de Direito da Universidade de São Paulo (USP)*, v. 60, São Paulo, 1965.
[336] TELLES, Inocêncio Galvão. *Direito das sucessões*: noções fundamentais. Lisboa, Coimbra: Ed. Imprenta, 1973. p. 106.

Não obstante o pacto de *succendendo* seja sua principal forma, é possível depreender outras duas concepções desse tipo de contratação: aquelas em que alguém dispõe dos direitos hereditários antes do advento da morte, disposição de herança futura ou sucessão não aberta (*hereditare tertii*), e aquelas em que uma pessoa renuncia à sucessão de pessoa viva (pacto renunciativo ou de *non succedendo*). Em todas as modalidades, a causa do ato é a morte/sucessão.[337]

A contratação do pacto sucessório é vedada em diversos ordenamentos jurídicos,[338] o que ocorre, essencialmente, em razão de aspectos de ordem jurídica e moral.

Como fundamento jurídico dessa vedação, é costumeiramente veiculada uma suposta afronta ao sistema sucessório dualista (sucessão legítima e testamentária), bem como uma afronta aos princípios da liberdade de testar e da revogabilidade do testamento, pois o contrato sucessório teria força obrigatória, vinculando as partes e impossibilitando sua posterior alteração ou revogação. Adiciona-se a essa justificação da ordem jurídica o potencial lesivo de dispor de uma situação cuja medida econômica ainda não se pode aferir, havendo um potencial lesivo aos contratantes (não se sabe o valor da herança, somente por ocasião do falecimento é que se quantifica).[339]

O fundamento moral, por sua vez, decorreria do fato de que, pactuar em vida a futura sucessão de um indivíduo teria o condão de criar para uma das partes um sentimento (um desejo) de morte do outro contratante (*votum alicujus mortis*), cogitando-se, inclusive, a possibilidade de um dos contratantes contribuir para esse evento ocorrer.[340]

O ordenamento jurídico brasileiro, ainda que sem a devida análise crítica, positivou a vedação ao contrato sucessório (art. 426 do CC/2002), para estabelecer que "não pode ser objeto de contrato a herança de pessoa viva". Esses atos são considerados inválidos, portanto, cominados de nulidade (tanto porque o seu objeto seria ilícito,

---

[337] OLIVEIRA, Arthur Vasco Itabaiana de. *Direito das sucessões*. 3. ed. Rio de Janeiro: Livraria Jacintho, 1936. v. I, p. 67.
[338] "De acordo com a tradição jurídica alemã e contrariando a atitude negativa do direito romano, que ainda hoje se mantém nos países de família jurídica romana, o Código Civil adoptou, assim, a instituição do contrato de herança, que tem a sua origem nas transações legais entre pessoas vivas após a morte, e que de acordo com a lei alemã, são consideradas válidas". (REIMANN, Wolfgang; BENGEL, Manfred; MAYER, Jörg. *Testment und Erbvertrag*. Luchterhand: Neuwied, 2006. p. 845 (tradução livre)).
[339] SILVA, Rafael Cândido da. *Pactos sucessórios e contratos de herança. Estudo sobre a autonomia privada na sucessão causa mortis*. Salvador: JusPodivm, 2019. p. 182.
[340] MADALENO, Rolf. *Sucessão legítima*. 2. ed. Rio de Janeiro: Forense, 2020.

quanto por não haver cominação de sanção própria no artigo que prevê a sua vedação) (art. 166, II e VII, do CC/2002).

É fácil apreender que a norma abordou genericamente o contrato sucessório, sem a necessária delimitação das exceções então autorizadas – e que serão demonstradas a seguir. Essa abordagem legal poderia sugerir uma interpretação de que todas as formas dessa contratação seriam inválidas. Essa presunção genérica e indistinta da invalidade dos contratos sucessórios, contudo, mostra-se juridicamente equivocada e não guarda relação com os contornos jurídicos atuais.[341]

Não obstante, em razão da genérica previsão legal (e a despeito dela), é necessário analisar se será inválida toda e qualquer contratação envolvendo o evento morte e sucessão de pessoa cujo passamento ainda não se verificou, incluindo o *trust*.

A resposta, de imediato, mostra-se negativa. A norma civil não veda de forma absoluta a celebração de todo e qualquer negócio jurídico que tenha a morte como fator de eficácia.[342] Como exemplo, cita-se a autorização normativa para contratar doação de bens em vida com reserva de usufruto vitalício. O usufruto consiste em um direito real que permite ao seu titular desfrutar de um determinado bem na totalidade de suas relações, sem lhe alterar a substância.[343] Nas palavras de Francisco Cavalcanti Pontes de Miranda, o usufruto "é o direito real limitado de tirar à coisa utilidades e proveitos, sem lhe alterar a substância ou lhe mudar o destino".[344]

A instituição desse direito real pressupõe a existência de dois centros de interesse, o do usufrutuário e o do nu-proprietário, cabendo ao primeiro o proveito da coisa. Trata-se de um direito real temporário, cuja duração não pode se prolongar além da vida do usufrutuário (pode, contudo, o tempo de sua duração ser inferior a ela ou prolongar durante a vida de mais de um usufrutuário que ostente esse direito de forma cumulativa).

---

[341] LOPES, Miguel Maria de Serpa. *Curso de direito civil*. 6. ed. Rio de Janeiro: Livraria Freitas Bastos, 1996. v. III, p. 77-78; MADALENO, Rolf. *Sucessão legítima*. 2. ed. Rio de Janeiro: Forense, 2020; SILVA, Rafael Cândido da. *Pactos sucessórios e contratos de herança. Estudo sobre a autonomia privada na sucessão causa mortis*. Salvador: JusPodivm, 2019. p. 182.

[342] ZANETTI, Cristiano de Souza. Comentários aos artigos 421 a 480. *In*: NANI, Giovanni Ettore. *Comentários ao Código Civil*: direito privado contemporâneo. 2. ed. São Paulo: Saraiva, 2021. p. 438.

[343] GOMES, Orlando. *Direitos reais*. 21. ed. São Paulo: Grupo GEN, 2012. p. 317.

[344] PONTES DE MIRANDA, Francisco Cavalcanti. *Tratado de Direito Privado. Parte Especial*. 3. ed. Direito das coisas. Usufruto. Uso. Habitação. Renda sobre imóvel. São Paulo: RT, 1952. t. 19, p. 13.

Por ocasião da extinção do usufruto, consolida-se a propriedade plena na pessoa do nu-proprietário (agora pleno proprietário, que pode fruir e dispor livremente do bem). Assim, se o usufruto pode ser vitalício, extinguindo-se apenas com o falecimento do usufrutuário, nessa hipótese, os efeitos da doação (transmissão patrimonial gratuita) estarão vinculados à morte (fato jurídico).

Da mesma forma ocorre com a doação da nua-propriedade de um bem para uma pessoa e a instituição do direito real do usufruto desse mesmo bem para outra pessoa. Nessa hipótese, a consolidação da propriedade (que permitirá a fruição e a disposição plena do bem pelo nu-proprietário) estará atrelada ao falecimento de uma terceira parte que não o instituidor/doador.

Em ambas as hipóteses, não se elimina, de forma alguma, o suposto "fator de ordem moral" que se buscou preservar com a proibição das contratações sucessórias – desejo e expectativa de morte do outro contratante ou contratação em vida de transmissão patrimonial gratuita vinculada ao falecimento.[345]

Destaca-se que o usufruto pode, inclusive, recair sobre "um patrimônio inteiro". É o que dispõe o art. 1.390 do CC/2002, ou seja, o que contradiz em maior grau a suposta *ratio legis*. Ainda no campo do direito real de usufruto, é lícita a estipulação do direito de acrescer entre os usufrutuários simultâneos (usufruto conjuntivo). Portanto, se houver o falecimento de um dos usufrutuários, acrescerá o direito de usufruto da parte falecida aos demais usufrutuários (art. 1.411 do CC/2002).

Assim, a transmissão da plena propriedade ao nu-proprietário está vinculada a mais de um evento morte (ao falecimento de mais de uma pessoa), ou seja, há pactuação múltipla do evento morte como fator de eficácia do negócio jurídico.

Por oportuno, menciona-se a autorização legislativa para contratar doação *inter vivos* com cláusula de reversão (art. 547 do CC/2002). Nessa hipótese, as partes estipulam que os bens doados ao donatário deverão retornar ao patrimônio do doador por ocasião do falecimento do donatário. Significa dizer que, além de se vincular a transmissão patrimonial ao falecimento, o negócio jurídico tem o condão de limitar

---

[345] "A proibição do contrato sucessório é fundada na proteção dos bons costumes. Acredita-se que a celebração de tais contratos possa estimular maus sentimentos e levar os contratantes a contribuírem, de modo comissivo ou omissivo, para o passamento da pessoa sobre cuja sucessão pactuaram". (ZANETTI, Cristiano de Souza. Comentários aos artigos 421 a 480. In: NANI, Giovanni Ettore. *Comentários ao Código Civil*: direito privado contemporâneo. 2. ed. São Paulo: Saraiva, 2021. p. 438).

o patrimônio a ser sucedido por terceiros (os herdeiros necessários do donatário não irão receber os bens, eis que eles retornarão ao patrimônio do doador). Assim, é certo que ocorreu de fato a contratação da transmissão de patrimônio com efeitos temperados para após o falecimento de uma das partes.

De outro lado, o CC/2002 autoriza aos contratantes alterarem voluntariamente os efeitos de um determinado negócio jurídico, mediante aposição de condições, encargos ou termos (arts. 121, 131 e 136 do CC/2002).

O termo pode ser definido com uma data futura, de ocorrência certa, e que determina o início ou a extinção da eficácia do negócio jurídico. Para Zeno Veloso, termo "é a cláusula que subordina o começo ou a extinção da eficácia do negócio jurídico a um evento futuro e certo". Havendo o termo inicial, ocorrerá a suspensão do exercício do direito, mas não a sua aquisição.[346]

Nesse contexto, o ordenamento jurídico não veda determinados negócios jurídicos vincularem o início ou a extinção de seus efeitos à data da morte (*e.g.* contrato de compra e venda em que o pagamento das prestações se extinguirá com o falecimento ou a compra de determinado serviço que se dará com a ocorrência do falecimento). Significa dizer que, ainda que se trate de contratação a causa de morte, não incide a vedação do art. 426 do CC/2002.

Da mesma forma, é possível citar o art. 1.028, I, do CC/2002, que disciplina a possibilidade de o sócio, ainda em vida, eleger no contrato social que, em caso de falecimento, seus herdeiros ingressarão nos quadros societários da sociedade. O ingresso dos herdeiros na sociedade é exceção somente permitida em caso de acordo em vida entre os sócios (art. 1.028, I, do CC/2002) ou acordo *post mortem* entre os sócios e os herdeiros da sociedade (art. 1.028, III, do CC/2002).

Ou seja, para as sociedades simples ou sociedades limitadas com regência supletiva das sociedades simples – as quais se regem pela regra do art. 1.028 do CC/2002 – o sócio, ainda em vida, já pode estabelecer como se dará a sucessão quanto às suas quotas, independentemente da disposição específica em testamento.

É claro que os herdeiros podem decidir não ingressar na sociedade após o falecimento do sócio. Afinal, obrigá-los a se manterem contratados seria até mesmo inconstitucional (art. 5º XX, da CF/1988). Nessa hipótese, e sendo a sociedade de prazo indeterminado, basta

---

[346] VELOSO, Zeno. *Condição, termo e encargo*. São Paulo: Malheiros, 1997. p. 83.

ao herdeiro exercer o seu direito de retirada (art. 1.029 do CC/2002) para, então, serem apurados os seus haveres. Contudo, o herdeiro terá assumido a posição de sócio e se retirado na sequência da sociedade.[347] No entanto, os sócios remanescentes não poderão se recusar a admitir os herdeiros na sociedade se houver disposição no contrato social autorizando a entrada na sociedade.[348]

Ademais, o art. 2.018 do CC/2002 prevê a possibilidade de os genitores, por ato entre vivos, partilharem aos seus descendentes seu patrimônio ("[é] válida a partilha feita por ascendente, por ato entre vivos ou de última vontade, contanto que não prejudique a legítima dos herdeiros necessários"). Essa partilha pode ocorrer tanto por ato entre vivos quanto por disposição de última vontade. Na primeira hipótese, a transmissão patrimonial já se opera aos herdeiros. Verifica-se, assim, que a proibição não é de forma alguma absoluta no ordenamento jurídico brasileiro.[349]

Francisco Cavalcanti Pontes de Miranda já acentuava que se determinada contratação integra um todo, sendo a passagem por morte uma secundariedade, então, não se está diante da hipótese legal que veda a contratação de herança de pessoa viva.[350]

A esse propósito, afirma-se, *a priori*, que não é vedada a contratação de um *trust* como instrumento de planejamento sucessório, ainda que voltado à transmissão patrimonial a determinados beneficiários após

---

[347] Nessa hipótese, a apuração dos seus haveres deverá considerar a data-base do sexagésimo dia após a sua retirada (art. 605, II, Lei nº 13.105/2015) e não a data do falecimento do sócio (art. 605, I, Lei nº 13.105/2015).

[348] Nesse sentido, inclusive, já se manifestou a jurisprudência: "Ação de dissolução parcial de sociedade empresária limitada ajuizada por esta contra espólio de sócio falecido. Sentença de improcedência. Apelação. O art. 1.028, I, do Código Civil, dispõe que os herdeiros do sócio falecido poderão ingressar na sociedade limitada, caso autorizados pelo contrato social. Hipótese dos autos em que há cláusula que o permite, independentemente do consentimento dos demais sócios. Doutrina de Alfredo Gonçalves de Assis Neto. Ausência, ademais, de qualquer prova de desentendimento entre os quotistas e os herdeiros do sócio remanescente que prejudique o exercício da atividade pela sociedade. Manutenção da sentença recorrida. Apelação a que se nega provimento". (BRASIL. Tribunal de Justiça do Estado de São Paulo. Apelação Cível nº 1006361-85.2020.8.26.0011, Rel. Cesar Ciampolini; 1ª Câmara Reservada de Direito Empresarial do TJSP, j. 16.12.2022).

[349] [...] "existem exceções de contratos relacionados à morte que escapam à proibição do art. 426 do CC/2002, como a doação de bens em vida com reserva de usufruto (CC, art. 2.018), os contratos societários contemplando a substituição do sócio falecido por seus herdeiros, o testamento, a partilha em vida, a conta corrente e o depósito bancário, o seguro de vida, a previdência privada, o fideicomisso, o negócio fiduciário ou *trust*". (MADALENO, Rolf. *Sucessão legítima*. 2. ed. Rio de Janeiro: Forense, 2020).

[350] PONTES DE MIRANDA, Francisco Cavalcanti. *Tratado de direito privado*. 3. ed. São Paulo: RT, 1984. t. 8, p. 356. Pontes de Miranda admite, inclusive, a validade da "doação com o têrmo ou a condição morte do doador".

o falecimento do instituidor. Nesse contexto, reitera-se a existência de diversas formas de *trust* e de uma infindável gama de usos para os quais ele pode ser criado. Trata-se, portanto, de instituto infinitamente variável, que não guarda conformação única. Dada essa versatilidade e funcionalidade múltipla, o *trust* desempenha sozinho papel reservado para inúmeros institutos do direito civil.[351]

Ainda que se limite a análise ao *trust* expresso (*express trust*), que é a forma largamente utilizada para o planejamento patrimonial sucessório, a conclusão permanece inalterada.

O *trust* expresso se qualifica como negócio jurídico no qual a transmissão da propriedade dos bens encontra conformação funcional a um escopo determinado pelo seu instituidor. Essa é a causa do ato, e não a morte ou a herança. Ainda que a morte possa ter uma função secundária no ato (se, e somente se, ela constituir fator de implemento de determinadas disposições), essa peculiaridade não tem o condão de transmutar a causa do negócio jurídico.

Ademais, o *setllor*, ao instituir o *trust*, encontra-se no âmbito de sua liberdade de disposição patrimonial, podendo estabelecer o que lhe aprouver acerca dos seus bens. Não se trata de contratação de herança, porque nesse momento herança não há. Tampouco há qualquer ato a implicar a renúncia de herança pelo *setllor* (pacto renunciativo ou de *non sucedendo*). Nesse sentido pontua José Fernando Simão: "Não há herança de pessoa viva. Simplesmente, antes da morte de certa pessoa existe o sujeito titular de um patrimônio. Herança pressupõe o fato jurídico morte. Se meu pai está vivo, herança não há. Há patrimônio apenas".

Na mesma linha são as observações de Lacerda de Almeida:

> O patrimônio assim considerado é uma cousa variável em objecto e valor enquanto vive o indivíduo, acompanha-o, lhe è inhérente, e só delle se destaca, só se fixa e torna se determinado com a morte e desde a morte. A herança è pois o patrimônio do morto (tal a noção objectiva da successão hereditaria), o conjunto dos direitos e obrigações que se transmittem ao herdeiro ou aos herdeiros.[352]

---

[351] [...] "pela incrível versatilidade desse instituto, o qual pode revestir mais de uma estrutura e promover múltiplas funções, o que torna demasiadamente difícil e temerária a tarefa de defini-lo abstratamente". (OLIVA, Milena Donato. O trust e o direito brasileiro patrimônio separado e titularidade fiduciária. *Revista Semestral de Direito Empresarial*, n. 6, jan./jun. 2010).

[352] ALMEIDA, Francisco de Paula Lacerda. *Successões*: exposição doutrinária desta parte do direito civil. Rio de Janeiro: Livraria Cruz, 1915. p. 31.

Para Francisco Cavalcanti Pontes de Miranda, a regra jurídica "veda que seja objeto de contrato a herança de pessoa viva. A herança, e não coisa que se ache no patrimônio de alguém".[353]

Assim, a contratação de um *trust* em vida, ainda que com objeto de planejamento sucessório (voltado à transmissão e preservação patrimonial para determinados beneficiários) não teria como ensejar violação ao disposto no art. 426 do CC/2002.

Pontua-se, também, que a instituição do *trust* independe de qualquer manifestação de seus beneficiários, pois despicienda sua aceitação por parte deles. Não há deveras qualquer obrigação de o beneficiário ser informado de sua nomeação pelo *settlor*, ou seja, não há como se presumir da contração de herança viva pelo *settlor* e pelo beneficiário.

Nota-se que o *trust* pode conter disposições acerca da entrega de bens a determinada pessoa, inclusive, mantendo a administração com o *trustee*. Contudo, é certo que essa estipulação não daria ensejo à aplicação do art. 426 do CC/2002, em razão de sua identidade funcional à doação com reserva de usufruto.

Portanto, mesmo diante da genérica previsão legal acerca da invalidade de contratos sucessórios, não é inválida toda e qualquer contratação envolvendo o evento morte e sucessão de pessoa cujo passamento ainda não se verificou, incluindo o *trust*.

4.2.2   A doação indireta

No CC/2002, a doação[354] é disciplinada como o contrato, firmado por escritura pública ou instrumento particular,[355] em que uma pessoa, por liberalidade, transfere do seu patrimônio bens ou vantagens para outra (arts. 538 e 541 do CC/2002).

---

[353] PONTES DE MIRANDA, Francisco Cavalcanti. *Tratado de direito privado*. 3. ed. São Paulo: RT, 1984. t. 46, p. 298.

[354] "*Donum* é dom, o que se recebe, sem contraprestação. O *dare* contém ato mais simples, porque se abstrai de causa e serve, pois, a qualquer causa de atribuição. O que vende e adimple – dá; o que paga – dá; o que empresta – dá; o que faz apenas tradição – dá. E dá o que doa. Mas o próprio doar tem dois sentidos: um largo, que abrange qualquer liberalidade; outro, estreito, que só se refere à liberalidade com a coisa". (PONTES DE MIRANDA, Francisco Cavalcanti. *Tratado de direito privado*. 3. ed. São Paulo: RT, 1984. t. 46, p. 269).

[355] Não obstante seja admitida a forma verbal, quando se tratar de bens móveis de pequeno valor (realizando-se, necessariamente, a "incontinenti a tradição). BRASIL. Código Civil (2002). Art. 541, parágrafo único.

Da definição legal, é possível afirmar que os três principais elementos caracterizadores do contrato de doação são a forma, a liberalidade e a atribuição de direitos de ordem patrimonial – o primeiro é um dos seus requisitos de validade.

A forma é requisito de validade também em legislações estrangerias, como na França ("tous actes portant donation entre vifs seront passés devant notaires dans la forme ordinaire des contrats ; et il en restera minute, sous peine de nullité")[356] e na Itália ("la donazione deve essere fatta per atto pubblico, sotto pena di nullità"),[357] não obstante seja a forma o requisito mais acentuado nesses países (a doação deve se dar por escritura pública, sob pena de nulidade).

As espécies de doações comumente citadas pela doutrina nacional são a doação pura, a condicional, a modal, a termo, a remuneratória, a mista, com cláusulas de reversão, com reserva de usufruto, subvenção periódica, conjuntiva, e em contemplação a casamento futuro.

No CC/2002, contudo, há certos atos que implicam efeitos semelhantes aos do típico contrato de doação e que independem da observância dos requisitos para esse negócio jurídico, por exemplo, o caso da assunção de dívida gratuita ("É facultado a terceiro assumir a obrigação do devedor, com o consentimento expresso do credor, ficando exonerado o devedor primitivo, salvo se aquele, ao tempo da assunção, era insolvente e o credor o ignorava"), da remissão das dívidas ("A remissão da dívida, aceita pelo devedor, extingue a obrigação, mas sem prejuízo de terceiro"), do adimplemento do débito por terceiro não interessado ("qualquer interessado na extinção da dívida pode pagá-la, usando, se o credor se opuser, dos meios conducentes à exoneração do devedor").[358] Verifica-se, portanto, espécies de "liberalidade" disciplinadas expressamente na lei civil, mas que se diferenciam da doação.[359]

A despeito disso, há outra forma categórica de doação, a doação indireta – pouco enfatizada em âmbito nacional –, a qual, segundo parte da doutrina brasileira, ocorreria, independentemente da forma prevista em lei, quando houvesse manifestação declarada da liberalidade

---

[356] Art. 931. FRANÇA. *Código Civil*. Disponível em: https://www.legifrance.gouv.fr/codes/section_lc/LEGITEXT000006070721/LEGISCTA000006150545/#LEGISCTA000006150545. Acesso em 08 jul. 2023.

[357] Art. 782. ITÁLIA. *Código Civil*. Disponível em: https://www.altalex.com/documents/codici-altalex/2015/01/02/codice-civile. Acesso em 8 jul. 2023.

[358] Também são exemplos: cessão de crédito e construção e plantação em terreno de terceiro sem indenização.

[359] STANICIA, Sergio Tuthill. *Liberalidade e gratuidade no âmbito da doação*. Tese (Doutorado em Direito Civil). Universidade de São Paulo (USP), São Paulo, 2016.

em configuração díspar do contrato de doação e que atribuiria a determinada ou determinável indivíduo benefícios por via reflexa.[360]

Assim, nesses atos de liberalidade, haveria um empobrecimento de uma das partes sem o correspectivo enriquecimento de outro indivíduo ("A atribuição patrimonial a que não corresponda diminuição do patrimônio do doador não é doação").[361] Admite-se, dessa forma, a aposição da doação em outras espécies de contratos.[362] A esse propósito, seria possível tipificar a doação como contrato próprio e, ao mesmo tempo, como a realização dessa atribuição patrimonial por meio de figuras outras.[363]

A doação indireta é uma das formas possíveis de se interpretar o *trust* em países cujo ordenamento jurídico deriva da tradição romano-germânica, a exemplo da Itália e da França.

Importante lembrar que não há ilicitude na doação indireta e, desta feita, inexiste impositiva nulidade ou anulabilidade, não obstante possam os contratantes se utilizar dela para fins antijurídicos (fraude à lei imperativa). Difere-se, ademais, a doação indireta da doação simulada, celebração em que, muitas vezes, a gratuidade do ato não resta aparente ou cujos efeitos são diversos daqueles manifestados no ato.

Conforme pontua Tullio Ascarelli, o efeito dessa contratação é, muitas vezes, "análogo ao de outro negócio, mais frequentemente sem forma típica própria num determinado ordenamento".[364]

Imperioso notar que, para as doações indiretas, não se observam as regras relativas à forma deste típico contrato, contudo, observam-se as regras de fundo (disposições substanciais, conforme apontava Tullio

---

[360] GOMES, Orlando. *Contratos*. 28 ed. São Paulo: Forense, 2022. p. 248.

[361] "Há, todavia, um ponto que precisa ser esclarecido. Fala-se de enriquecimento de um e correspondente empobrecimento de outrem. O objeto, que A entende doar a B, pode não ter valor venal, nem ser, sequer, útil a A. Ora, o não ser útil a A pode acontecer, também, com objeto de valor venal, que não justifique levá-lo à cidade para que alguém o compre, tanto mais quanto pode bem ser que A, sem resultado, haja posto anúncio nos jornais. Se B dá valor (= acha que lhe é útil) o que A reputa inútil, há doação. Porque A tinha a propriedade e a atribuiu a B, que recebeu o objeto. Bem relativo, portanto, o conceito de empobrecimento de um e enriquecimento do outro. Acrescente-se que A pode pensar que o objeto nada valha, e seja de valor, ou, até mesmo, valiosíssimo, e B, que aceita a doação, creia que tem valor o que A lhe doa e, para os outros, ou talvez para todos, incluído B, nada valha". (PONTES DE MIRANDA, Francisco Cavalcanti. *Tratado de direito privado*. 3. ed. São Paulo: RT, 1984. t. 46, p. 274).

[362] NERY JÚNIOR, Nelson. Doação pura, preliminar de doação e contratos de gestão. *Revista de Direito Privado*, v. 25, p. 7-58, jan./mar. 2006.

[363] PONTES DE MIRANDA, Francisco Cavalcanti. *Tratado de direito privado*. 3. ed. São Paulo: RT, 1984. t. 46, p. 194-234.

[364] ASCARELLI, Tullio. Contrato misto, negócio indireto, *negotium mixtum cum donatione*. *Doutrinas Essenciais Obrigações e Contratos*, v. 3, p. 437-453, jun. 2011.

Ascarelli).³⁶⁵ Significa dizer que se verifica a proteção à porção legítima dos bens de determinado indivíduo, o consumo da disponível, legitimando aos interessados a persecução das medidas judiciais cabíveis para remediar eventuais infrações. É o que avalia Nelson Nery Júnior:

> As regras de forma, para a doação indireta, não se aplicam. As regras de fundo, entretanto, se aplicam (proteção da legítima, fraude contra credores etc.). Especialmente, no caso concreto, a da proteção da legítima dos herdeiros necessários, cuja tutela se dará, entretanto, após a morte do doador, pelos diferentes meios e instrumentos que o direito coloca à disposição dos eventuais lesados. Desde o instituto da colação até a ação de doação inoficiosa.³⁶⁶

Segundo Zeno Veloso, há o dever do herdeiro de trazer à colação as doações recebidas, ainda que se trate de doação indireta.³⁶⁷ Dessa forma, embora se entenda que o *trust*, tal como atualmente compreende a jurisprudência italiana, possa ter feições de uma doação indireta, haverá o dever de respeitar a porção legítima dos herdeiros necessários.

Nesse contexto, para parte da doutrina italiana, o reconhecimento do *trust* como doação indireta (não obstante o negócio jurídico seja de tipo diverso) tem fins puramente econômicos e não jurídicos, mas, ainda assim, é necessário aplicar a norma de ordem pública para as reduções necessárias, preservando o ato.³⁶⁸

A doação indireta, embora admitida pela doutrina brasileira, não foi positivada no CC/2002, diversamente do ocorrido na França e na Itália, países que reconheceram expressamente a possibilidade de redução das doações indiretas que violarem a porção legítima reservada a determinado herdeiro (art. 920 do Código Civil francês e art. 809 do Código Civil italiano).

Embora pertinente a crítica de parte da doutrina italiana de que a validação jurídica de atos de liberalidade, sem a observância da forma solene prevista na lei daquele país, teria o condão de criar dificuldades de ordem lógica – porque ao mesmo tempo em que se prevê uma

---

[365] ASCARELLI, Tullio. Contrato misto, negócio indireto, *negotium mixtum cum donatione*. Doutrinas Essenciais Obrigações e Contratos, v. 3, p. 437-453, jun. 2011.
[366] NERY JÚNIOR, Nelson. Doação pura, preliminar de doação e contratos de gestão. *Revista de Direito Privado*, v. 25, p. 7-58, jan./mar. 2006.
[367] VELOSO, Zeno. Comentários ao Código Civil – parte especial. Do direito das sucessões; da sucessão testamentária; do inventário e da partilha (artigos 1.857 a 2.027). *In*: AZEVEDO, Antônio Junqueira de. *Comentários ao Código Civil*. São Paulo: Saraiva, 2003. v. 21, p. 412-413.
[368] GENNARO, Gino de. *I contratti misti*: delimitazione, classificazione e disciplina. Negotia mixta cum donatione. Padova: CEDAM, 1934, p. 102.

forma solene para um ato cuja inobservância lhe retirará a validade, será concedida validade para aqueles que contratarem esse mesmo ato sem a observância de referida solenidade[369] –, a validação desses atos nos quais não se observou a solenidade decorre de um necessário reconhecimento do efeito prático-econômico das novas formas de contratação sucessória[370] para tutelar os atuais interesses da sociedade. Assim, preservam-se os negócios úteis na esfera econômica e social, ainda que a despeito da inobservância da forma prevista em lei.

Nesse sentido, é possível interpretar o *trust* contratado em jurisdição estrangeira com a finalidade de planejamento patrimonial sucessório como forma de uma doação indireta, enquadramento jurídico que não lhe retira a validade.

No entanto, ao se utilizar da doação indireta como uma possível interpretação do *trust*, devem ser observados outros requisitos de validade previstos no CC/2002, como as normas atinentes à capacidade da parte e as normas de ordem pública acerca da legítima dos herdeiros necessários.

4.2.3 A capacidade das partes no *trust*

A análise da validade do *trust* estrangeiro utilizado como instrumento de planejamento patrimonial sucessório pressupõe a verificação da capacidade dos indivíduos envolvidos.

Toda pessoa[371] é dotada de personalidade jurídica, portanto, apta genericamente a adquirir direitos e contrair obrigações.[372] Decorre da

---

[369] GATT, Lucilla. Onerosità e liberalità. *Rivista di Diritto Civile*, Padova, n. 49, 2003. p. 655-662.

[370] "El Código prescribe el empleo de la forma solemne para el acto destinado a verificar el contrato de donación; pero la donación no es necesariamente un acto jurídico determinado. Una donación puede resultar de cualquier operación jurídica en la que una persona, movida por una intención de realizar una liberalidad, transmite a otra un elemento de su patrimonio. En este sentido, la donación es, como hemos visto, un fenómeno económico". (RIPERT, Georges; BOULANGER, Ripert. *In*: GAGLIANO, Pablo Stolze. *O contrato de doação*. 4. ed. São Paulo: Saraiva, 2014).

[371] "Pessoa vem do latim persona-ae, que por sua vez tem a origem no verbo *personare* (per + sonare), que quer dizer soar com intensidade. Servia aquele vocábulo inicialmente para designar a máscara usada pelos atores teatrais, graças à qual lhes era assegurado o aumento do volume da voz. Por analogia, passou a palavra a ser utilizada no Direito para designar o ser humano, enquanto desempenha o seu papel no teatro da vida jurídica. Isto se deu na Idade Média, pois, no Direito Romano, a ideia correspondente era expressa pelo vocábulo caput. Em Filosofia, pessoa é a substância natural dotada de razão. Em suma, é o ente humano. Em ciência jurídica, pessoa é o sujeito dos direitos, isto é, o ente capaz de adquirir direitos e de contrair obrigações". (FRANÇA, Rubens Limongi. *Instituições de direito civil*. 5. ed. São Paulo: Saraiva, 1999. p. 41).

[372] VALLADÃO, Haroldo. Capacidade de direito. *In*: FRANÇA, Rubens Limongi (Org.) *Enciclopédia Saraiva do Direito*. São Paulo: Saraiva, 1977. v. 13, p. 34.

ideia de personalidade jurídica, tanto o reconhecimento da capacidade de se adquirir direitos, quanto a aptidão para o seu exercício.[373] A capacidade, portanto, é "a extensão dada aos poderes de ação contidos na personalidade".[374] Contudo, ela não se confunde com personalidade, eis que é possível existir personalidade sem existir capacidade.[375]

Dessa forma, a personalidade pode ser considerada um valor ético, a projeção desse valor pelo ordenamento jurídico.[376] Ademais, pode se subdividir em duas modalidades: a primeira, a capacidade de direito (capacidade de gozo), aquela que pressupõe a titularidade de direitos e deveres (desfrutada pelo seu titular); a segunda, a capacidade de exercício (capacidade de fato), aquela traduzida na aptidão do indivíduo para exercer direitos e deveres (ou seja, para adquirir, modificar ou extinguir relações jurídicas).[377] Essa noção decorre da doutrina francesa, mas conforme leciona Clóvis Beviláqua, há uma gradação naquele país:

> Na doutrina francesa, há uma distinção semelhante entre o gozo e o exercício dos direitos. Gozo de um direito é a aptidão legal de uma pessoa para se utilizar das vantagens reconhecidas ou sancionadas pela lei. Exercício de um direito é realização efetiva do gozo. Gozar de um direito é ser titular dele, exercê-lo é extrair dele as vantagens que possa fornecer. Assim, a ideia de gozo corresponde à de capacidade de direito; e a de exercício não corresponde à da capacidade de fato, mas a pressupõe.[378]

Muito embora a capacidade de direito não possa ser suprimida do indivíduo ("sob pena de se negar sua qualidade de pessoa"), a capacidade de fato pode sofrer restrições de ordem jurídica.[379] Por exemplo, ao nascer, uma pessoa pode ser titular do direito de propriedade sobre um determinado bem imóvel. Contudo, essa mesma pessoa, em razão de determinadas condições preestabelecidas pela norma jurídica, não poderá exercer pessoalmente os direitos decorrentes dessa propriedade (*e.g.* alienar o bem).

---

[373] BEVILÁQUA, Clóvis. *Teoria geral do direito civil*. 3. ed. São Paulo: Red Livros, 2001. p. 29.
[374] BEVILÁQUA, Clóvis. *Teoria geral do direito civil*. 3. ed. São Paulo: Red Livros, 2001. p. 81.
[375] AMARAL, Francisco. *Direito civil – introdução*. 9. ed. São Paulo: Saraiva, 2018. p. 456.
[376] AMARAL, Francisco. *Direito civil – introdução*. 9. ed. São Paulo: Saraiva, 2018. p. 322.
[377] DINIZ, Maria Helena. *Curso de direito civil brasileiro. Teoria geral do direito civil*. 40. ed. São Paulo: Saraiva, 2023. v. 1, p. 59.
[378] BEVILÁQUA, Clóvis. *Teoria geral do direito civil*. 3. ed. São Paulo: Red Livros, 2001. p. 81.
[379] DINIZ, Maria Helena. *Curso de direito civil brasileiro. Teoria geral do direito civil*. 40. ed. São Paulo: Saraiva, 2023. v. 1, p. 59.

Nesse sentido, se um indivíduo não ostentar certos requisitos materiais para dirigir com liberdade e autonomia os atos da vida civil, a ordem jurídica restringirá o seu poder de autodeterminação e sua aptidão para o exercício de direitos, outorgando-lhes a intervenção de uma outra pessoa (em representação, assistência ou como apoio).[380] Assim, a ausência desses requisitos materiais previstos na legislação poderá importar a declaração de incapacidade.[381]

A esse propósito, é somente em decorrência de lei que se restringe à pessoa natural sua capacidade de exercício. Afinal, a capacidade é regra e a incapacidade a exceção.[382]

O regime da capacidade é preceito legal de ordem pública, a ser observado sob pena de nulidade.[383] Distingue-se, no entanto, nesse regime legal da capacidade, as incapacidades absoluta e relativa. A incapacidade absoluta consiste em uma impossibilidade total do exercício dos atos da vida civil, ligando-se por vezes às condições biológicas e à idade de um indivíduo. Por sua vez, a incapacidade relativa está limitada a certos atos da vida civil ou forma de seu exercício (também diante da idade ou de questões biológicas):

> Absolutamente incapazes são aqueles que o direito afasta, inteiramente, da atividade jurídica, pondo, ao seu lado, alguém que os represente, e, em nome deles, exerça os atos da vida civil. [...] Relativamente incapazes são os que podem praticar, por si, os atos da vida civil, que não lhes são vedados, devendo praticar todos os demais, autorizados por outrem.[384]

É a norma jurídica quem define quais os casos em que será restringida, total ou parcialmente, a possibilidade de exercício dos direitos civis.

Essencialmente no que diz respeito à incapacidade absoluta, o ordenamento jurídico optou por adotar uma premissa – nem sempre verdadeira –, de conceber uma proteção integral a determinados indivíduos, em prol de uma segurança e estabilidade das relações jurídicas. Entendia-se que, ao "interditar a possibilidade de os incapazes

---

[380] Tomada de decisão apoiada.
[381] PEREIRA, Caio Mário da Silva. *Instituições de direito civil*: introdução ao direito civil – teoria geral do direito civil. 34. ed. São Paulo: Grupo GEN, 2022. v. I, p. 224.
[382] DINIZ, Maria Helena. *Curso de direito civil brasileiro. Teoria geral do direito civil*. 40. ed. São Paulo: Saraiva, 2023. v. 1, p. 59.
[383] GOMES, Orlando. *Introdução ao direito civil*. Edvaldo Brito (Coord.); Reginalda Paranhos de Brito (atual.). 22. ed. Rio de Janeiro: Forense, 2019. p. 122.
[384] BEVILÁQUA, Clóvis. *Teoria geral do direito civil*. 3. ed. São Paulo: Red Livros, 2001. p. 81.

exercerem pessoalmente direitos e se comprometerem juridicamente, previne-se eventuais dúvidas sobre a validade e a eficácia dos atos que pratiquem nesta condição".[385]

Nessa esteira, era vedado, indistintamente, o exercício de direitos à pessoa que se enquadrasse no rol preestabelecido pela norma jurídica, sempre em razão de uma suposta e presumida segurança nas relações. Assim, visando a preservar os interesses de partes supostamente vulneráveis, tolheu-lhes direitos antecipadamente.

Hoje, contudo, sabe-se que, sem a presunção inicial de uma capacidade jurídica plena, há manifesta redução da possibilidade de desenvolvimento e de exercício das potencialidades pelo ser humano (ferindo sua dignidade).[386] A esse propósito, menciona-se a evolução normativa havida no último século acerca do regime da capacidade.

O CC/1916 incluía no rol dos absolutamente incapazes os "menores de dezesseis anos", "loucos de todo o gênero" e "surdos-mudos, que não puderem exprimir a sua vontade". Havia, portanto, um critério etário e biológico. A partir do CC/2002, houve uma significativa alteração no rol daqueles que seriam considerados incapazes, sem alterar, contudo, os critérios biológicos e etários.

Assim, o legislador optou pela permanência dos "menores de dezesseis anos"[387] no rol dos absolutamente incapazes, mas alterou o critério biológico para constar que são absolutamente incapazes os "que, por enfermidade ou deficiência mental, não tivessem o necessário discernimento para a prática dos atos da vida civil", e os "que, mesmo por causa transitória, não pudessem exprimir sua vontade".

Não obstante essa sensível alteração, apenas em 6 de julho de 2015 é que foi promulgada a Lei nº 13.146/2015 (Lei Brasileira de Inclusão da Pessoa com Deficiência, conhecida como "Estatuto da Pessoa com Deficiência"), destinada a assegurar e a promover, em condições de igualdade, o exercício dos direitos e das liberdades fundamentais pela

---

[385] MIRAGEM, Bruno. *Teoria geral do direito civil*. Rio de Janeiro: Forense, 2021. p. 158.
[386] SEGALLA, Juliana Izar Soares da Fonseca. *Inclusão não é favor nem bondade*. São Paulo: Matrioska, 2023.
[387] "Até certa idade, presume-se que o homem não possui o discernimento indispensável ao exercício pessoal dos direitos. A determinação do limite no qual essa presunção não deve mais vigorar varia nas legislações. Dois critérios podem ser adotados para a sua fixação: o fisiológico e o social. Pelo primeiro, a incapacidade absoluta deveria cessar com a puberdade. Pelo segundo, o que se leva em conta é a experiência dos negócios (Oertmann). Presume-se que o homem a adquira ao atingir certa idade, em vista do seu desenvolvimento mental. Até essa idade deve ficar afastado da atividade jurídica". (GOMES, Orlando. *Introdução ao direito civil*. Edvaldo Brito (Coord.); Reginalda Paranhos de Brito (atual.). 22. ed. Rio de Janeiro: Forense, 2019. p. 123).

pessoa com deficiência, visando à sua inclusão social. Retirou-se, então, as condições biológicas como causas de restrição da capacidade para estabelecer apenas um critério etário, restando apenas os menores de dezesseis anos no rol dos absolutamente incapazes.[388]

Em que pese a secular reforma havida no regime das capacidades, a capacidade do sujeito se mantém como primeiro requisito de validade do negócio jurídico (Art. 104. "A validade do negócio jurídico requer: I – agente capaz"). Segundo o art. 166 do CC/2002, é nulo o negócio jurídico entabulado por indivíduo absolutamente incapaz. Para além disso, a declaração judicial desta nulidade produz efeitos *ex tunc*, ensejando o retorno do *status quo ante*.[389] Assim, o absolutamente incapaz somente exerce seus direitos por meio de representação,[390] a qual, segundo Francisco Amaral, consiste na

> atuação jurídica em nome de outrem. Concretiza o poder que uma pessoa tem, o representante, de praticar atos jurídicos em nome e, geralmente, no interesse do representado, de modo que os efeitos do

---

[388] A respeito da iniciativa do Estatuto em conferir capacidade à pessoa com deficiência: "Não se pode mais admitir uma incapacidade legal absoluta que resulte em morte civil da pessoa, com a transferência compulsória das decisões e escolhas existenciais para o curador. Por mais grave que se pronuncie a patologia, é fundamental que as faculdades residuais da pessoa sejam preservadas, sobremaneira as que digam respeito às suas crenças, valores e afetos, num âmbito condizente com o seu real e concreto quadro psicofísico. Ou seja, na qualidade de valor, o status personae não se reduz à capacidade intelectiva da pessoa, posto funcionalizada à satisfação das suas necessidades existenciais, que transcendem o plano puramente objetivo do trânsito das titularidades". (ROSENVALD, Nelson. *A responsabilidade civil da pessoa com deficiência qualificada pelo apoio e de seus apoiadores*. Disponível em: https://www.nelsonrosenvald.info/single-post/2018/03/06/A-ResponsabilidadeCivil-da-Pessoa-com-Defici%C3%AAncia-qualificada-pelo-Apoio-e-de-seusApoiadores. Acesso em 25 mai. 2023).

[389] "É nulo de pleno direito o negócio jurídico celebrado com absolutamente incapaz. – A ação reivindicatória é de natureza petitória e deve fundar-se essencialmente no domínio do autor e na posse injusta do réu. – A declaração de nulidade do ato jurídico praticado por agente absolutamente incapaz enseja a restituição das partes ao estado em que antes dele se achavam". (BRASIL. Superior Tribunal de Justiça. AREsp nº 1127897 MG 2017/0157897-5, Rel. Min. Luis Felipe Salomão, Public. 06.09.2017). No mesmo sentido: "APELAÇÃO CÍVEL. AÇÃO DE INDENIZAÇÃO POR DANOS MORAIS. TELEFONIA. CELEBRAÇÃO DE ALTERAÇÃO CONTRATUAL DE PLANO PRÉ-PAGO PARA PÓS-PAGO COM MENOR ABSOLUTAMENTE INCAPAZ. AUSÊNCIA DE PARTICIPAÇÃO DE REPRESENTANTE DO MENOR NO ATO DA NEGOCIAÇÃO. NEGÓCIO JURÍDICO NULO QUE NÃO PRODUZ EFEITOS. INEXIGIBILIDADE DO DÉBITO DERIVADO DA CONTRATAÇÃO NULA". (BRASIL. Tribunal de Justiça do Estado do Paraná. APL nº 16317929 PR 1631792-9 (Acórdão), Rel. Des. Sigurd Roberto Bengtsson, j. 4.7.2018, 11ª Câmara Cível, Public. 25.07.2018).

[390] "Os menores de 16 anos são, pelo direito pátrio, afastados da atividade jurídica. Seus interesses são dirigidos por um representante legal, pai, mãe ou tutor, que, em nome deles, realiza todos os atos da vida civil, sem que os mesmos intervenham". (BEVILÁQUA, Clóvis. *Teoria geral do direito civil*. 3. ed. São Paulo: Red Livros, 2001. p. 81).

ato se verifiquem na esfera deste. É uma verdadeira legitimação para agir por conta de outrem. Representante é quem pode agir em nome de outrem, o representado, permanecendo estranho aos efeitos do ato por ele praticado. Difere do núncio, porta-voz, que apenas transmite uma vontade pessoal. Esse poder nasce da lei, no caso da representação legal, que é a dos pais, tutores, curadores, síndicos, administradores etc., ou decorre de negócio jurídico específico, a procuração.[391]

Portanto, os absolutamente incapazes serão representados por seus pais (em decorrência do poder familiar) e, na impossibilidade ou falta dos genitores, caberá a representação aos tutores.[392] O exercício da representação legal deve se dar sempre no interesse do representado, embora seja possível defender que basta a representação para a validade do negócio jurídico.[393]

Não obstante a significativa alteração do regime da capacidade havida, permanece vigente no ordenamento jurídico o instituto da curatela. Isso, porque a norma civil ainda prevê que são considerados "incapazes relativamente a certos atos ou à maneira de os exercer, aqueles que, por causa transitória ou permanente, não puderem exprimir sua vontade".[394]

Assim, esses indivíduos que, por qualquer motivo, não puderem exprimir conscientemente sua vontade, permanecem sujeitos à curatela,[395] um múnus público[396] conferido a determinada pessoa (ou pessoas) para gerenciar questões pessoais e patrimoniais do indivíduo impossibilitado para tanto.[397]

---

[391] AMARAL, Francisco. *Direito civil – introdução*. 9. ed. São Paulo: Saraiva, 2018. p. 456.
[392] BRASIL. Código Civil (2002). "Art. 1.747. Compete mais ao tutor: I – representar o menor, até os dezesseis anos, nos atos da vida civil, e assisti-lo, após essa idade, nos atos em que for parte";
[393] LARENZ, Karl. *Allgemeiner Teil des Bürgerlichen Rechts*. Manfred Wolf (atual.). München: C. H. Beck, 2004, p. 509.
[394] BRASIL. Código Civil (2002). "Art. 4º. São incapazes, relativamente a certos atos ou à maneira de os exercer: I – os maiores de dezesseis e menores de dezoito anos";
[395] BRASIL. Código Civil (2002). "Art. 1.767. Estão sujeitos a curatela: I – aqueles que, por causa transitória ou permanente, não puderem exprimir sua vontade".
[396] "MÚNUS. S. m. (Lat. *munus*) Encargo, emprego ou função que o indivíduo tem a exercer ou executar. Pessoal, quando a função é indelegável, ou deva ser exercida pela própria pessoa. Público, quando o encargo é imposto por lei". (SIDOU, José Maria Othon. *Dicionário jurídico*. 11. ed. Rio de Janeiro: Forense, 2016. p. 411).
[397] PONTES DE MIRANDA, Francisco Cavalcanti. *Tratado de direito privado*. 3. ed. São Paulo: RT, 1984. t. 8, p. 426.

Nas palavras de Rubens Limongi França:

> Curatela ou curadoria é um instituo de proteção à personalidade, semelhante à tutela, outorgado pela autoridade judicial ou diretamente pela lei, a sujeitos capazes, com o escopo de gerir a pessoa e bens, ou apenas os bens, ordinariamente de maiores, que por si não o possam fazer.[398]

Esclarece-se que, a possibilidade ou não de manifestação de vontade é o elemento determinante para se instituir a curatela (por exemplo, nas situações de coma, estado de inconsciência prologando, estágio avançado da doença de Alzheimer, dentre outras doenças ou fatores), não obstante seja possível avaliar o grau de discernimento do indivíduo para expressar a vontade. A simples presença de fatores físicos ou genéticos (embora importem um déficit de ordem cognitiva) não impõe a curatela.[399] Havendo absolutamente incapaz ou pessoa sujeita à curatela, as disposições contidas no *trust*, seja quanto ao seu instituidor, seja quanto aos beneficiários, devem observar as normas em referência, sob pena de nulidade.

É de suma importância a verificação da capacidade das partes envolvidas no *trust* conforme a lei pessoal, ainda que o *trust* seja celebrado em jurisdição estrangeira. Isso porque, em questões dessa ordem, prevalece a lei pessoal do indivíduo, ainda que no país de sua instituição seja distinto o regime da capacidade.[400] Nesse sentido,

---

[398] FRANÇA, Rubens Limongi. *Instituições de direito civil*. 5. ed. São Paulo: Saraiva, 1999. p. 300.

[399] Essa questão se mostra superada pelo instituto da tomada de decisão apoiada que "Curatela Interditando cego, em decorrência de diabete mellitus. Ausência de incapacidade permanente ou transitória que afete a manifestação da vontade. Laudo pericial que aponta pelo discernimento do periciando. Caso em que não se verifica incapacidade relativa, o que desautoriza o estabelecimento de curatela. Limitação de direitos da pessoa sobre sua própria gestão que, com a introdução das alterações realizadas pelo Estatuto da Pessoa com Deficiência, se tornou medida excepcionalíssima. Hipótese em que outros meios jurídicos, como o mandato ou tomada de decisão apoiada, se mostram mais adequados. Sentença mantida. Recurso improvido". (BRASIL. Tribunal de Justiça do Estado de São Paulo. Apelação Cível nº 0056408-81.2012.8.26.0554. Rel. Des. Eduardo Sá Pinto Sandeville, 6ª Câmara de Direito Privado, j. 2.6.2016). "Ação de interdição. Deficiente visual bilateral não impedido, temporária ou permanentemente, de exprimir sua vontade. Impossibilidade de aplicação da curatela. Inteligência da Lei nº 13.146/2015, que revogou o artigo 1.780 do Código Civil. Possibilidade, ademais, de que se recorra ao instituto da Tomada de Decisão Apoiada, mais consentâneo com a situação do requerido. Sentença mantida. Recurso não provido". (BRASIL. Tribunal de Justiça do Estado de São Paulo. Apelação Cível nº 1004401-73.2018.8.26.0073, Rel. José Eduardo Marcondes Machado, 1ª Câmara de Direito Privado, j. 27.05.2020).

[400] "Alguns Códigos, como o argentino (art. 127), distinguem os menores impúberes dos púberes, com total abstenção dos atos da vida civil até 14 anos. O alemão (art. 104) considera absolutamente incapaz o que não atingiu 7 anos e acima dessa idade confere-lhe o exercício

relevante recordar as lições de Clóvis Beviláqua acerca da prevalência da lei pessoal, ainda que no âmbito extraterritorial.[401]

A esse propósito, prevê o CC/2002 que, havendo incapaz ou curatelado, a prática de determinados atos (por aqueles legalmente legitimados para tanto), deve se dar mediante prévia autorização judicial. Dentre esses atos, é possível aceitar herança, quitar dívidas, transigir, dar bens em comodato e alienar bens móveis (cuja conservação não convier).[402]

Não fosse isso, com o objetivo de preservar os interesses do incapaz e do curatelado, estarão os genitores,[403] os tutores e os curadores (assim como os demais familiares) impossibilitados de promover atos de alienação ou disposição de bens (salvo quando houver manifesta vantagem, mediante prévia avaliação judicial e aprovação do juiz).[404]

---

do direito com limitações (art. 106), necessitando do consentimento de seus representantes até atingir 18 anos (lei alemã de reforma da maioridade, de 31-7-1974) para praticar atos na vida civil. O Código francês não faz qualquer distinção entre capacidade absoluta e relativa dos menores, deixando que o juiz verifique se já chegaram ou não à idade do discernimento. O italiano de 1865 seguia a esteira do francês, mas o atual (de 1942) faz cessar a incapacidade absoluta aos 18 anos, salvo em casos especiais de leis que estabelecem uma idade superior, ou seja, a de 21 anos (arts. 2º e 3º)". (DINIZ, Maria Helena. *Curso de direito civil brasileiro*. Teoria geral do direito civil. 40. ed. São Paulo: Saraiva, 2023. v. 1, p. 61).

[401] "A lei terá eficácia extraterritorial, sempre que tiver por fim principal a proteção dos indivíduos. É o que se chama lei pessoal. São leis pessoais as que se referem ao estado e à capacidade das pessoas, às relações de família e à transmissão dos bens *mortis causa*". (BEVILÁQUA, Clóvis. *Teoria geral do direito civil*. 3. ed. São Paulo: Red Livros, 2001. p. 62-63).

[402] BRASIL. Código Civil (2002). "Art. 1.748. Compete também ao tutor, com autorização do juiz: I – pagar as dívidas do menor; II – aceitar por ele heranças, legados ou doações, ainda que com encargos; III – transigir; IV – vender-lhe os bens móveis, cuja conservação não convier, e os imóveis nos casos em que for permitido; V – propor em juízo as ações, ou nelas assistir o menor, e promover todas as diligências a bem deste, assim como defendê-lo nos pleitos contra ele movidos. Parágrafo único. No caso de falta de autorização, a eficácia de ato do tutor depende da aprovação ulterior do juiz".

[403] "O que o legislador buscou foi a proteção do patrimônio dos filhos em razão de uma eventual má administração dos pais que implicasse a redução do patrimônio dos menores. As restrições relativas à alienação e ao gravame de ônus reais dizem respeito somente aos bens imóveis dos filhos". (CARVALHO FILHO, Milton Paulo de. Comentários aos artigos 1.511 a 1.783. *In*: PELUSO, Cezar. *Código Civil comentado*: doutrina e jurisprudência. 16. ed. São Paulo: Manole, 2022. p. 1.934).

[404] Agravo de instrumento. Ação de interdição alvará judicial. Curador provisório. Incapaz. Autorização para venda de imóvel da curatelada. Manifesta vantagem não comprovada. Prévia avaliação judicial. Necessidade. Provimento. A autorização judicial para alienação de bem pertencente ao interdito pauta-se pelo melhor interesse do curatelado, sob a perspectiva econômico-financeira e somente deve ser concedida em situação de excepcional necessidade. Não basta a ausência de prejuízo, mas a presença de manifesta vantagem, consoante a dicção do art. 1.750 do CC. O ordenamento jurídico vigente erigiu a avaliação judicial e aprovação prévias do juiz como requisito de validade para a venda de bem de incapaz. No caso concreto, além de não ter restado satisfatoriamente comprovado que a alienação dos imóveis em questão, que contempla 10 lotes, proporcionará manifesta

A alienação de bens imóveis e a disposição gratuita de bens do absolutamente incapaz ou daqueles sujeitos à curatela são vedadas pela norma civil e ensejam a nulidade do ato. A disposição gratuita de bens do incapaz é vedada mesmo que precedida de autorização judicial.[405] Vê-se, de imediato, que a própria instituição do *trust*, por configurar ato de disposição patrimonial, deve pressupor a verificação da capacidade do instituidor, sob pena nulidade.

Não obstante a limitação imposta aos atos de disposição patrimonial do incapaz e do curatelado, a utilização de recursos desses indivíduos se limitará ao custeio de despesas ordinárias (alimentação, educação e conservação de bens); igualmente, a administração dos bens e rendas dessas pessoas se limitará à gestão ordinária.

Nesse passo, na hipótese de um *trustee* administrar o patrimônio conferido ao *trust* em benefício de um indivíduo absolutamente incapaz (menor de 16 anos, segundo o CC/2002) ou de pessoa sujeita à curatela (em razão da impossibilidade de manifestação própria de vontade), há de se verificar, casuisticamente, o direito de propriedade e a titularidade dos bens envolvidos, porque, havendo um reconhecimento de que os bens pertencem ao incapaz ou ao curatelado (segundo o que for determinado pelo *settlor* no ato de instituição do *trust*), os atos praticados relativamente aos seus respectivos patrimônios devem observar as normas contidas no CC/2002, sob pena de invalidade.

Sobre as disposições que conferem ao beneficiário tão somente proveitos econômicos (*e.g.* deverá o *trustee* destinar os dividendos da sociedade A para pagamento das despesas do meu filho com aluguel, moradia, educação; ou na hipótese de minha genitora ser acometida por doença grave, como Alzheimer, os aluguéis do conjunto comercial

---

vantagem à curatelada, a autorização não foi precedida de avaliação judicial, conforme exige a lei. (TJMG, AgInst nº 1.0000.20.029660-6/001, Rel. Des. Carlos Levenhagen, *j.* 10.06.2021). A lei impõe algumas limitações ao poder de administração dos pais em relação ao patrimônio dos filhos menores. Os pais não poderão alienar, gravar de ônus real os bens imóveis dos menores não emancipados, nem contrair obrigações que ultrapassem os limites do poder de administração que detêm.

[405] BRASIL. Código Civil (2002). "Art. 1.749. Ainda com a autorização judicial, não pode o tutor, sob pena de nulidade: II – dispor dos bens do menor a título gratuito". Nesse sentido é a jurisprudência: "Apelação. Alvará judicial. Requerimento de autorização judicial para doação de imóvel de interditado, com reserva de usufruto e promessa dos donatários (filhos) de arcar com todas as despesas do doador. Inadmissibilidade. Vedação legal à doação de bem do incapaz, ainda que com autorização judicial (art. 1.749, II c.c. art. 1.781 do CC). Além da impossibilidade legal, inexistência de utilidade ao incapaz na realização do negócio. Recurso improvido. (BRASIL. Tribunal de Justiça do Estado de São Paulo. AC nº 10044724920168260072 SP 1004472-49.2016.8.26.0072, Rel. Enéas Costa Garcia, 1ª Câmara de Direito Privado, *j.* 7.10.2019).

Y deverão ser destinados ao pagamento das despesas dela com saúde), ou o uso de determinados bens (*e.g.* meu filho A poderá utilizar o imóvel de veraneio, situado na cidade X, independentemente do pagamento de alugueis, ou meu filho C poderá utilizar a embarcação Z, duas vezes ao ano), não haverá a incidência das normas protetivas ao absolutamente incapaz ou ao curatelado e, por consequência, a invalidade do ato, pois eles não são proprietários dos bens. Havendo tão somente benefícios a essas pessoas, é possível traçar um paralelo com a previsão legal acerca das liberalidades puras (realizadas sem restrições ou condições) à pessoa absolutamente incapaz. Nessa hipótese, fica dispensada até mesmo aceitação.[406]

Importante consignar, contudo, que a instituição do *trust* se aperfeiçoa independentemente de manifestação do beneficiário, ou seja, não é necessária a sua aceitação. Inclusive, o beneficiário nem mesmo precisa ter conhecimento da sua nomeação, já que ele figura como um mero terceiro em favor de quem se estipula um benefício ou liberalidade, sem ostentar a condição de proprietário ou titular imediato do patrimônio.

Nesse diapasão, questiona-se em que momento o beneficiário será considerado titular ou proprietário dos bens conferidos ao *trust* (ou de parte deles) para aferir a validade dos atos em relação a ele.

Algumas hipóteses são por ocasião do falecimento do *settlor*, quando verificadas todas as condições suspensivas previstas relativamente ao acesso dos beneficiários ao patrimônio (*e.g.* meu filho A receberá as quotas da empresa X quando concluir uma universidade), no implemento dos termos estabelecidos (*e.g.* meu filho A receberá as quotas da empresa X quando completar 25 anos de idade).

O implemento de todas as condições contidas no *trust* ou a caducidade de eventuais restrições teriam por si o condão de automaticamente alterar a titularidade do bem (ou dos bens), uma vez que o

---

[406] BRASIL. Código Civil (2002). "Art. 543. Se o donatário for absolutamente incapaz, dispensa-se a aceitação, desde que se trate de doação pura". Nesse sentido já decidiu o Conselho Superior da Magistratura do Tribunal de Justiça de São Paulo: "A propósito, a regra do art. 543 do CC, em se tratando de doação pura, sem encargo, dispensa a aceitação dos donatários, se absolutamente incapazes. Não faz sentido, portanto, à luz dessa diretriz normativa, condicionar a validade (ou mesmo a eficácia) da doação à obtenção de um alvará judicial. A condição pessoal dos donatários, menores impúberes, está, no caso, caracterizado por uma simples liberalidade, a dispensar sua participação no ato, mesmo que representados por (ou um dos) seus genitores. Suas manifestações de vontade, a serem exteriorizadas por meio de seus representantes legais, são prescindíveis". (BRASIL. Tribunal de Justiça do Estado de São Paulo. Apelação Cível, processo nº 1055983-36.2015.8.26.0100. Rel. Paulo de Tarso Vieira Sanseverino, *DJe* 8.6.2016).

beneficiário pode optar pela manutenção desse acervo *in trust*. Nessa hipótese, o beneficiário deverá ser considerado efetivo proprietário dos bens, ainda que mantidos no *trust*. Sendo ele absolutamente incapaz ou sujeito à curatela, devem ser observadas as normas que regem as duas situações jurídicas.

Igualmente, deve ocorrer na hipótese de o beneficiário ostentar poderes especiais sobre o patrimônio conferido ao *trust* (seja poder de revogação, seja poder de alteração dos beneficiários, seja, ainda, poderes absolutos de disposição). Nessa hipótese, ele também deverá ser considerado, para todos os fins de direito, o titular do direito de propriedade, portanto, estar sujeito às normas referidas.[407]

Assim, a análise da validade do *trust* estrangeiro utilizado como instrumento de planejamento patrimonial sucessório pressupõe verificar a capacidade dos indivíduos envolvidos conforme sua lei pessoal. Na hipótese de ser a lei brasileira, é necessário observar tanto as disposições acerca da aptidão para o exercício de direitos, quanto as limitações para esse exercício.

4.2.4 A porção legítima dos bens do *settlor*

Não obstante a crítica veiculada em capítulo próprio, sob a ótica do direito civil brasileiro, a análise da higidez do *trust* instituído como instrumento do planejamento patrimonial implica observar a parcela legalmente reservada à categoria de herdeiros obrigatórios (porção legítima).

Segundo Francisco Cavalcanti Pontes de Miranda, ainda sob a égide do CC/1916, aquele que deixa descendente ou ascendente sucessível não pode dispor a causa de morte de mais de metade dos seus bens.[408] No CC/2002 vigente, é o que dispõe o art. 1.846, ao estabelecer que pertence aos herdeiros necessários, de pleno direito, a metade dos bens da herança.[409] Por herdeiros necessários[410] deve se compreender

---

[407] CARVALHO NETO, Pythagoras Lopes de. Quem é o dono do *trust*? Uma análise do *trust* à luz do direito civil brasileiro. *Revista dos Tribunais*, São Paulo, v. 995, p. 351-381, set. 2018.
[408] PONTES DE MIRANDA, Francisco Cavalcanti. *Tratado de direito privado*. 3. ed. São Paulo: RT, 1984. t. 55, p. 256.
[409] BRASIL. Código Civil (2002). "Art. 1.846. Pertence aos herdeiros necessários, de pleno direito, a metade dos bens da herança, constituindo a legítima".
[410] "Diferencia-se legítimos de necessários: herdeiros legítimos são aqueles relacionados na vocação hereditária, que vem a ser a relação preferencial ordenada pela lei, das pessoas chamadas a suceder o finado, enquanto os herdeiros necessários, legitimários ou reservatários, são aqueles a quem a lei assegura, obrigatoriamente, uma parcela do

os descendentes, os ascendentes, o cônjuge e o companheiro (1.845 do CC/2002).[411] Em alguns casos, a reserva legitimária pode representar verdadeiro limite à validade das disposições de transmissão patrimonial veiculadas no *trust*, uma vez que tanto a conferência, em vida, de bens, ao *trust* em valor que ultrapasse a porção disponível e, portanto, adentre a porção do patrimônio reservado aos herdeiros necessários, como as disposições que vinculem a atribuição patrimonial à ocorrência do falecimento, poderão ensejar pretensões declaratórias de nulidade ou anulatórias.

Conforme mencionado, ainda que o *trust* seja instituído em país estrangeiro, a sucessão de pessoa domiciliada no Brasil será regida pela norma civil brasileira (art. 10 da LINDB).[412] Nesse sentido, estando o instituidor do *trust* sujeito à aplicação da lei civil brasileira, há que se observar as normas que garantem aos herdeiros necessários a parcela legitimária dos bens do *de cujus*, uma vez que a violação da legítima, em regra, tem o condão de invalidar o ato.

A validade, como visto, deve ser aferida na qualidade do ato que, ao entrar no mundo jurídico, deve se conformar às regras postas.

---

patrimônio do *de cujus*. Os herdeiros necessários são considerados concomitantemente herdeiros legítimos, mas nem todo herdeiro legítimo é herdeiro necessário, pois os colaterais não são necessários (obrigatórios), mas são herdeiros legítimos e facultativos". (MADALENO, Rolf. *Sucessão legítima*. 2. ed. Rio de Janeiro: Forense, 2020. p. 382).

[411] O companheiro deve figurar na categoria de herdeiros necessários diante do julgamento de inconstitucionalidade do art. 1.790, Recurso Extraordinário nº 878.694-MG, Rel. Min. Roberto Barroso, admitido com repercussão geral (Tema 809): "No sistema constitucional vigente, é inconstitucional a distinção de regimes sucessórios entre cônjuges e companheiros prevista no art. 1.790 do CC/2002, devendo ser aplicado, tanto nas hipóteses de casamento quanto nas de união estável, o regime do art. 1.829 do CC/2002. Segundo Francisco José Cahali: "Por sua vez, a sucessão, no direito brasileiro, obedece ao sistema da divisão necessária, pelo qual a vontade do autor da herança não pode afastar certos herdeiros – herdeiros necessários –, entre os quais deve ser partilhada, no mínimo, metade da herança, em quotas ideais (CC, arts. 1.789, 1.845 e 1.846). Herdeiro necessário, assim, é o parente com direito a uma parcela mínima de 50% do acervo, da qual não pode ser privado por disposição de última vontade, representando a sua existência uma limitação à liberdade de testar. Esta classe é composta pelo cônjuge, descendentes e ascendentes do *de cujus* (CC, 1.845), sem limitação de graus quanto aos dois últimos (filhos, netos, bisnetos etc., e pais, avós, bisavós etc.). São os sucessores que não podem ser excluídos da herança por vontade do testador, salvo em casos específicos de deserdação, previstos em lei. "Se não for este o caso, o herdeiro necessário terá resguardada sua parcela, caso o autor da herança decida fazer testamento, restringindo-se, desta forma, a extensão da parte disponível para transmissão de apenas metade do patrimônio do *de cujus*". (CAHALI, Francisco José; HIRONAKA, Giselda Maria Fernandes Novaes. *In*: CAMBLER, Everaldo Augusto (Coord.). *Curso avançado de direito civil – direito das sucessões*. 2. ed. São Paulo: RT, 2003. v. 6, p. 57).

[412] CAHALI, Francisco José; HIRONAKA, Giselda Maria Fernandes Novaes. *Direito das sucessões*. 5. ed. São Paulo: RT, 2014. p. 10.

Isso porque, se é dado às partes criar direitos, obrigações e outros efeitos jurídicos por meio dos inúmeros negócios jurídicos – formando, assim, o conteúdo da declaração de vontade – essa manifestação deve se conformar a todo ordenamento jurídico e às normas ali postas. É certo que o ato será considerado eivado de nulidade quando atingir interesse público superior e, anulável, quando contrário a interesses particulares, legalmente tutelados.[413]

A nulidade opera de pleno direito, não admite conformação, não se sujeita a prazo prescricional ou decadencial, pode ser arguida pelas partes, por terceiro interessado, ou declarada de ofício pelo juiz.[414] O ato anulável, por seu turno, não se opera de pleno direito e só pode ser alegado pelos legítimos interessados. Ademais, a sentença que o reconhece tem natureza desconstitutiva e sua arguição se sujeita aos prazos decadenciais.

Embora sejam infindáveis as formas pelas quais se possa constituir um *trust*, a análise da integridade legitimária como requisito de validade deve ocorrer com base em alguns aspectos principais: (i) a instituição de *trust* visando destinar bens a determinados beneficiários antes do falecimento de seu instituidor; (ii) a instituição de *trust* visando entregar bens a determinados beneficiários após o falecimento do *settlor*; (iii) a instituição de *trust* que se perpetue no tempo, com a fruição dos bens por diversos indivíduos sucessivamente, mas sem a entrega efetiva dos bens; (iv) a instituição do *trust* com disposições restritivas à disposição dos bens pelos beneficiários.

4.2.4.1 A proteção legitimária *post mortem*

A obrigatória participação de determinada classe de herdeiros na sucessão do *de cujus* decorre tanto do direito constitucional à herança quanto da proteção conferida pela lei ordinária a essa classe de pessoas (*e.g.* parentes em linha reta, cônjuge e companheiro).[415] O CC/2002 não

---

[413] AZEVEDO, Antônio Junqueira. *Negócio jurídico*: existência, validade e eficácia. 4. ed. São Paulo: Saraiva, 2002. p. 42.

[414] BRASIL. Código Civil (2002). "Art. 168. As nulidades dos artigos antecedentes podem ser alegadas por qualquer interessado, ou pelo Ministério Público, quando lhe couber intervir. Parágrafo único. As nulidades devem ser pronunciadas pelo juiz, quando conhecer do negócio jurídico ou dos seus efeitos e as encontrar provadas, não lhe sendo permitido supri-las, ainda que a requerimento das partes";
"Art. 169. O negócio jurídico nulo não é suscetível de confirmação, nem convalesce pelo decurso do tempo".

[415] MAIA JÚNIOR, Mairan Gonçalves. *Sucessão legítima*: as regras da sucessão legítima, as estruturas familiares contemporâneas e a vontade. São Paulo: RT, 2018. p. 250.

só determina os beneficiários obrigatórios de uma sucessão e o percentual dos bens a eles reservados, como estabelece uma ordem, segundo a qual a herança há de se deferir (ordem de vocação).[416]

A ordem de vocação hereditária consiste no rol progressivo de herdeiros que serão chamados obrigatoriamente à sucessão – os primeiros elencados progressivamente excluem os subsequentes (ou seja, a existência de descendente(s) exclui o(s) ascendente(s) da sucessão).[417] Nem mesmo por disposição testamentária esses herdeiros podem ser afastados voluntariamente da sucessão (excetuadas as causas de exclusão por indignidade ou deserdação).[418] Assim, na existência dessa classe de herdeiros obrigatórios, há a impositiva reserva da metade do patrimônio (legítima) para entrega a esses sucessores em partilha. No Decreto nº 1.839/1907 já havia a fixação da legítima no patamar de 50% da herança[419] (anteriormente, contudo, essa reserva alcançava um terço dos bens do *de cujus*).[420] Referida fixação foi mantida nos Códigos Civis supervenientes (em 1916 e 2002) e vigora até então.

---

[416] FRANÇA, Rubens Limongi. *Instituições de direito civil*. 5. ed. São Paulo: Saraiva, 1999. p. 837.

[417] FRANÇA, Rubens Limongi. *Instituições de direito civil*. 5. ed. São Paulo: Saraiva, 1999. p. 837.

[418] "Para que se efetive a deserdação será preciso testamento válido com expressa declaração do fato que a determina, ocorrido, obviamente, antes da morte do testador. Se nulo for o testamento, será a deserdação. A lei retira do arbítrio do testador a decisão quanto aos motivos da deserdação, devido à gravidade do fato. Logo, imprescindível será que o disponente, sob pena de nulidade, especifique a causa legal que levou a deserdar herdeiro necessário. Necessário será que haja comprovação da causa legal alegada pelo testador para decretar a deserdação, feita pelo herdeiro instituído ou por aquele a quem ela aproveita, por meio de ação ordinária, a ser proposta dentro do prazo decadencial de quatro anos, contado da data da abertura do testamento". (DINIZ, Maria Helena. *Código Civil anotado*. 14. ed. São Paulo: Saraiva, 2008. p. 1.360).

[419] "Art. 2º O testador que tiver descendente ou ascendente succesivel só poderá dispor de metade dos seus bens, constituindo a outra metade a legitima daquelles, observada a ordem legal". (BRASIL. Decreto nº 1.839, de 31 de dezembro de 1907. Regula o deferimento da herança no caso da successão *ab intestate*. *Diário Oficial da União*, Rio de Janeiro, 03 jan. 1908. Disponível em: https://www2.camara.leg.br/legin/fed/decret/1900-1909/decreto-1839-31-dezembro-1907-580742-publicacaooriginal-103597-pl.html. Acesso em 14 mar. 2024).

[420] Antes, contudo, o percentual legitimário era de uma terça parte do patrimônio, por advento das Ordenações Filipinas. "TÍTULO LXXXII Quando no testamento o pai não faz menção do filho, ou o filho do pai, e dispõe sobre a terça. Se o pai, ou mãe fizerem testamento, e sabendo que tem filhos, ou filha, tomarem a terça de seus bens, e a deixarem a quem lhes aprouver, ou mandarem distribuir depois de suas mortes; como fôr sua vontade posto que no testamento não sejam os filhos expressamente instituídos, ou deserdados, mandamos que tal testamento valha, e tenha effeito. Por quanto pois, tomou a terça de seus bens no testamento, e sabia que tinha filhos, parece que as duas partes quiz deixar aos filhos, e os instituído nelas posto que dellas não faça expressa menção, e assim devem ser havidos por instituídos herdeiros, como se expressamente o fossem em favor do testamento". (Disponível em: https:// https://www2.senado.leg.br/bdsf/item/id/242733 Acesso em 19 jun. 2023.)

Conquanto, antes da sua morte, o indivíduo seja inequivocamente o titular de seu patrimônio (inexistindo então a sua herança) e desta feita possa deles dispor da forma que lhe aprouver até o último momento de sua vida (ressalvados os limites das hipóteses de disposições gratuitas e a necessária manutenção de patrimônio mínimo),[421] após o seu falecimento, deixando-lhe a personalidade jurídica, o patrimônio, "passa a condição jurídica de herança, cujo titular é, não mais o *de cujus*, senão os seus herdeiros legítimos e testamentários".[422]

Nas palavras de Inocêncio Galvão Teles,

> Com a morte, concorre e colabora sempre um facto designativo, que forma com ela um facto complexo de produção gradual, imprimindo orientação subjectiva ao fenômeno sucessório, indicando os seus destinatários. Esse facto designativo é umas vezes assinalado pela lei que fala através dele, puro facto involuntário ou trato como tal, e serão sucessíveis os que se encontrarem em determinada posição dele decorrente: relação de parentesco, relação matrimonial, relação de supremacia política. Outras vezes o facto designativo é uma declaração de vontade do próprio autor da sucessão que livremente escolhe quem há de suceder.[423]

Assim, havendo o falecimento, defere-se a herança aos herdeiros e, aos necessários, a porção legítima. A reserva legitimária tutela os interesses dos herdeiros obrigatórios, protegendo-os de atos de disposição gratuita em vida e de atos de disposição *causa mortis*. Zela, portanto, por todos os atos que possam reduzi-la, restringi-la ou eliminá-la, conforme sublinha Mairan Gonçalves Maia Júnior:

---

[421] BRASIL. Código Civil (2002). "Art. 548. É nula a doação de todos os bens sem reserva de parte, ou renda suficiente para a subsistência do doador". Nesse sentido já decidiu o STJ: "O art. 548 do Código Civil estabelece ser nula a doação de todos os bens sem reserva de parte, ou renda suficiente para a subsistência do doador. A ratio da norma em comento, ao prever a nulidade da doação universal, foi a de garantir à pessoa o direito a um patrimônio mínimo, impedindo que se reduza sua situação financeira à miserabilidade. Nessa linha, acabou por mitigar, de alguma forma, a autonomia privada e o direito à livre disposição da propriedade, em exteriorização da preservação de um mínimo existencial à dignidade humana do benfeitor, um dos pilares da Carta da República e chave hermenêutica para leitura interpretativa de qualquer norma. É possível a doação da totalidade do patrimônio pelo doador, desde que remanesça uma fonte de renda ou reserva de usufruto, ou mesmo bens a seu favor, que preserve um patrimônio mínimo à sua subsistência (CC, art. 548). Não se pode olvidar, ainda, que a aferição da situação econômica do doador deve ser considerada no momento da liberalidade, não sendo relevante, para esse efeito, o empobrecimento posterior do doador". (BRASIL. Superior Tribunal de Justiça. REsp nº 1.183.133/RJ, Rel. Min. Luis Felipe Salomão, Quarta Turma, j. 17.11.2015, DJe 1º.2.2016).

[422] FRANÇA, Rubens Limongi. *Instituições de direito civil*. 5. ed. São Paulo: Saraiva, 1999. p. 822.

[423] TELLES, Inocêncio Galvão. *Direito das sucessões*: noções fundamentais. Lisboa, Coimbra: Ed. Imprenta, 1973. p. 103.

A legítima restringe não somente o direito de dispor do patrimônio por manifestação de última vontade (testamento), mas também limita os atos de disposição realizados em vida, quando afetarem a parte da herança destinada aos seus beneficiários, a saber, os herdeiros legítimos necessários.[424]

Por força do art. 1.847 do CC/2002, a legítima é calculada sobre o valor de todos os bens existentes na data da abertura da sucessão. No entanto, ela não constitui uma reserva de bens específicos, mas um direito de ordem quantitativa, uma quota parte do patrimônio.[425]

Perquire-se a legítima por meio de uma operação aritmética sobre o patrimônio deixado pelo *de cujus*.[426] Apura-se um patrimônio líquido (ativo menos passivo).[427] Dessa herança líquida será feita a divisão em duas metades que, respectivamente, compreenderão a porção legítima e a porção disponível. Verificado o montante que perfaz a legítima, acrescenta-se nessa conta os bens colacionáveis, isto é, aqueles recebidos pelos descentes e pelo cônjuge por doação em vida do *de cujus* como adiantamento de legítima.

É nesse montante apurado que se verificam eventuais violações de ordem quantitativa à legítima, sem prejuízo de serem averiguadas disposições restritivas à sua plena disponibilidade. A esse propósito, os bens que compõem a porção legítima cabem de pleno direito aos herdeiros necessários. Em regra, é vedado gravar-lhe restrições, condições, termos ou encargos, ou apor qualquer limitação a sua plena disponibilidade. Assim, a disposição que indevidamente limitar ou inobservar a parcela reservada aos herdeiros necessários, configurando violação da legítima, poderá ser declarada nula.

Nesse contexto, o *trust* não tem o condão de violar qualquer norma acerca da proteção legitimária, seja de ordem quantitativa ou restritiva. Não obstante, em algumas espécies de *trust* (a exemplo do *trust* expresso e do testamentário), é possível que seu instituidor, com eventuais disposições patrimoniais analisadas em um contexto global, possa encampar bens que deveriam compor a porção legítima de herdeiros necessários (o que por si só não lhe retira a validade).

---

[424] MAIA JÚNIOR, Mairan Gonçalves. *Sucessão legítima*: as regras da sucessão legítima, as estruturas familiares contemporâneas e a vontade. São Paulo: RT, 2018. p. 250.
[425] BIANCA, Massimo. *Diritto civile*: la famiglia – Le successioni. 4. ed. Milano: Giuffrè, 2005. v. II, p. 172.
[426] Também são deduzidos os débitos com funeral do falecido.
[427] A despeito da ausência de menção na norma, no cálculo da legítima, primeiramente deve-se apurar a meação de eventual cônjuge ou companheiro sobrevivente.

Nesse sentido, imperioso avaliar quais e em que medida as disposições contidas em um *trust* podem privar os herdeiros necessários da porção que lhe é reservada pela lei civil.

Imagina-se a hipótese de um indivíduo domiciliado no Brasil, com herdeiros necessários, todos brasileiros, que possui patrimônio tanto no Brasil quanto no exterior. O valor total dos bens desse indivíduo no Brasil representa 70% de seu patrimônio e, no exterior, 30% dele. No intuito de planejar sua sucessão, esse indivíduo confere a um *trust* todo o seu patrimônio no exterior (30% do total dos seus bens), determinando que o *trustee* (pessoa estrangeira) administre esses bens para entregá-los aos beneficiários do *trust*. Nesse cenário, com o falecimento desse indivíduo, seria possível alegar violação à porção legítima garantida pela lei civil brasileira? Em princípio, a resposta seria negativa, mas essa assertiva depende da avalição de diversos fatores.

De imediato, haveria a possibilidade de se aplicar a lei brasileira, porque, embora o patrimônio esteja situado no exterior, o *trust* tenha sido constituído no exterior e o *trustee* seja pessoa estrangeira, o *settlor* era domiciliado no Brasil, o que faz incidir a regra do art. 10 da LINDB ("A sucessão por morte ou por ausência obedece à lei do país em que domiciliado o defunto ou o desaparecido, qualquer que seja a natureza e a situação dos bens"). Assim, seria possível perquirir a validade das disposições deste *trust* sob o ângulo das normas que preceituam a legítima no ordenamento jurídico brasileiro.

Passando à análise da atribuição patrimonial havida, inicialmente, é possível afirmar que não haveria qualquer violação à legítima se o instituidor estabelecesse que os beneficiários do *trust* são os seus herdeiros necessários e que, por ocasião de seu falecimento, eles terão plena disposição do patrimônio *in trust* (em partes iguais). Nessa hipótese, apenas ocorrerá a entrega dos quinhões hereditários cabentes a esses herdeiros por intermédio de um *trust*, inexistindo qualquer afronta às normas sucessórias brasileiras.

Por outro lado, se o instituidor tivesse deixado testamento válido no Brasil e, por meio dele, atribuído bens a terceiros (que não os seus herdeiros necessários) em patamar superior a 20% do patrimônio no Brasil (hipótese em que, somadas as disposições do *trust* com as liberalidades no Brasil haveria atribuição patrimonial superior a 50% dos seus bens), seria cogitada a violação da legítima, se os beneficiários do *trust* não fossem seus herdeiros necessários.

Igualmente, seria possível cogitar da violação da porção legítima em todas as hipóteses nas quais quantitativamente não se observa a reserva legal dos bens aos herdeiros necessários ou que nessa parcela houvesse um desbalanceamento da porção legítima cabente a cada um deles. Isso pois, se houver mais de um herdeiro necessário, a legítima deverá ser por eles dividida em partes rigorosamente iguais.

Nesse contexto, considerando que o patrimônio é uma universalidade composta por todos os bens e direitos do seu titular, tanto no país em que é domiciliado quanto no exterior, a porção legítima deve ser calculada tendo em vista toda essa universalidade.[428]

Em outro enfoque, seria possível cogitar da inobservância à reserva obrigatória (metade da herança), na constituição de *trust* discricionário em que a decisão acerca da entrega do patrimônio *in trust* aos beneficiários caiba exclusivamente ao *trustee*, segundo seus critérios próprios (se nessa hipótese também estivermos diante de um *trust* que toca à porção legítima dos bens, assim considerados universalmente).

Portanto, a análise de eventual violação da legítima havida por meio da instituição de *trust* depende de averiguação global das disposições e atribuições patrimoniais realizadas pelo *de cujus*.

---

[428] "Agravo de Instrumento – inventário – testamento público aberto e registrado por sentença – determinação para a parte autora retificar o plano de partilha, observando-se as normas brasileiras, especialmente no que diz respeito à legítima – insurgência – admissibilidade – configurada decadência da impugnação à validade do testamento, nos termos do art. 1.859 do CC – reconhecimento de que os bens no exterior devem ser computados apenas para fins de equalização da legítima, com base em precedentes do Superior Tribunal de Justiça (REsp 275985) e deste E. Tribunal – decisão reformada para reconhecer a higidez da disposição testamentária, impondo-se a homologação da partilha já apresentada – Recurso provido". (BRASIL. Tribunal de Justiça do Estado de São Paulo. AI nº 21996875520228260000 SP 2199687-55.2022.8.26.0000, Rel. Moreira Viegas, 5ª Câmara de Direito Privado, j. 30.9.2022, Public. 30.09.2022). "INVENTÁRIO DECISÃO QUE DETERMINOU AO INVENTARIANTE RETIFICASSE AS PRIMEIRAS DECLARAÇÕES, EXCLUINDO OS BENS LOCALIZADOS NO EXTERIOR E O VGBL DE TITULARIDADE DA VIÚVA MEEIRA INOBSTANTE A DETERMINAÇÃO NO SENTIDO DE QUE A PARTILHA DOS BENS DO CASAL LOCALIZADOS NO EXTERIOR DEVA SER REALIZADA, EM PRINCÍPIO, PERANTE A AUTORIDADE ESTRANGEIRA, NADA OBSTA QUE, NO QUE SE REFERE AOS BENS SITUADOS NO BRASIL, SEJAM AQUELES VALORES CONSIDERADOS, DE MODO A EQUALIZAR AS COTAS PATRIMONIAIS DE CADA UMA DAS PARTES, OBSERVADA A LEGISLAÇÃO INTERNACIONAL APLICÁVEL – VALORES DEPOSITADOS A TÍTULO DE VGBL/PGBL QUE NÃO SE SUJEITARIAM AO PROCESSO DE INVENTÁRIO – A JURISPRUDÊNCIA VEM ADOTANDO ENTENDIMENTO NO SENTIDO DE AFERIR, EM CADA CASO, A NATUREZA DA OPERAÇÃO REALIZADA, OU SEJA, SE É BUSCADA DE FATO INDENIZAÇÃO SECURITÁRIA OU SE O INVESTIMENTO REVESTE-SE DE CARÁTER DE MERA APLICAÇÃO FINANCEIRA/AUSÊNCIA DE BENEFICIÁRIO – VULTOSA QUANTIA MOVIMENTADA QUE APROXIMA A PREVIDÊNCIA DE UM INVESTIMENTO PRECEDENTE – AGRAVO DE INSTRUMENTO PROVIDO PARA LIBERAR O INVENTARIANTE DE RETIFICAR AS PRIMEIRAS DECLARAÇÕES. (BRASIL. Tribunal de Justiça do Estado de São Paulo. Agravo de Instrumento nº 2012466-60.2021.8.26.0000; Rel. Theodureto Camargo; 8ª Câmara de Direito Privado; Foro Central Cível. 5ª Vara da Família e Sucessões, j. 1.9.2021; Registro 2.9.2021).

Ademais, ainda que esteja preservada quantitativamente a porção legítima a ser entregue aos herdeiros necessários, verifica-se se as disposições contidas no *trust* conferem aos herdeiros necessários a plena disposição do patrimônio, na hipótese de o *trust* ser utilizado como forma de entrega de bens para compor a porção legítima.

A esse propósito, ainda que estejam definidos os herdeiros necessários como beneficiários e haja previsão de fruição dos bens e até mesmo recebimento de rendimentos por eles, é possível que o patrimônio (ou parte dele) permaneça *in trust* (ou seja, no âmbito da esfera patrimonial e com administração pelo *trustee*), mesmo após o falecimento de seu instituidor.

Isso pois, em algumas jurisdições, é possível estabelecer a manutenção do *trust* de forma perpétua. Da mesma forma, poderá o instituidor nomear beneficiários sucessivos que irão usufruir dos bens após o falecimento dos beneficiários primários, impedindo então que esses últimos tenham plena disponibilidade e que até mesmo possam dar a destinação sucessória que lhe convir. Ainda, o instituidor pode estabelecer condições e termos para o recebimento parcial do patrimônio por determinado beneficiário ou a gestão temporária e vitalícia dos bens.

Nessa hipótese, ou seja, havendo restrições, condições ou termos, designação de gestão ou qualquer outra forma que impeça a plena disponibilidade patrimonial dos bens provenientes da legítima pelos herdeiros necessários, poderá se aventar da violação ao princípio da intangibilidade da legítima.[429]

---

[429] Segundo Clóvis do Couto e Silva, a intangibilidade da legítima não é tão rigorosa em todos os sistemas jurídicos: "Nem todos os sistemas jurídicos têm a mesma concepção a respeito da cota reservada aos herdeiros necessários, admitindo-se, em muitos deles, possa o testador exercer certa liberdade nas suas disposições, interferindo, mais amplamente, nos bens que são destinados aos seus herdeiros forçados. [...] Tal rigor no conceber a legítima não é comum em outros sistemas jurídicos, em que se permite seja instituído o usufruto excedente à própria legítima e até mesmo a compensação das disposições que superem a parte disponível com benefícios a serem retirados da mesma parte disponível. No Direito italiano, por exemplo, sustenta-se a possibilidade de estabelecer usufruto sobre a legítima e, também, por força do art. 550 do CC italiano, admite-se a compensação da lesão à legítima, com a afetação de bens pertencentes à cota disponível ao herdeiro forçado. A razão, para isso, é antiga e fundamenta-se na circunstância de que, em certa época do Direito Romano, podia-se estabelecer o usufruto sobre a legítima com a afetação de bens incluídos na disponível aos herdeiros, princípio que foi reproduzido em parte no art. 550 do CC italiano. Com algumas variantes, essa mesma disposição permaneceu em alguns sistemas jurídicos atuais, mas, entre nós, é inadmissível todo e qualquer tipo de lesão à legítima, independentemente de compensação". (SILVA Clóvis do Couto e. Testamento público. *In*: *Doutrinas Essenciais Família e Sucessões*, v. 6, p. 769-790, ago. 2011).

A esse propósito, Francisco José Cahali pontua:

Prepondera em nosso atual ordenamento jurídico a preservação integral do direito dos herdeiros necessários à parcela legítima do patrimônio, vislumbrando-se, como regra, a sua entrega livre e desembaraçada aos beneficiários imediatos do direito sucessório.[430]

A porção legítima, portanto, é intangível não somente no que se refere à vedação legal de privar os herdeiros necessários de seu recebimento (de forma quantitativa), mas igualmente intangível no sentido de impedir que gravames, restrições, condições, termos ou designação de administradores recaiam sobre ela indevidamente. Decorre também da intangibilidade da legítima a vedação à designação de substitutos para os herdeiros necessários.

A substituição de herdeiros é designação feita pelo testador para hipótese de um determinado herdeiro (ou legatário) ter falecido antes da data da abertura da sucessão, ou para quando um herdeiro não quiser ou não puder aceitar a herança. Para essas hipóteses, estabelece o testador pessoa (ou pessoas) para receber o quinhão do anterior herdeiro (em substituição).[431]

A substituição pode ser singular (quando houver apenas um herdeiro como substituto), coletiva (quando o testador nomeia mais de um herdeiro como substitutos), recíproca (quando os herdeiros já designados substituirão uns aos outros, reciprocamente).[432]

Embora tenha certa similitude com o direito de representação (art. 1.851 do CC/2002),[433] a substituição e a representação não são sinônimas. Vale, portanto, diferenciá-las.

O direito de representação ocorre quando um herdeiro ocupa o lugar de outro herdeiro que já tenha falecido ao tempo da abertura da

---

[430] CAHALI, Francisco José. Comentários aos artigos 1.784 a 2.027. In: NANNI, Giovanni Ettore (Coord.). Comentários ao Código Civil: direito privado contemporâneo. 2. ed. São Paulo: Saraiva, 2021. p. 1.405.

[431] BRASIL. Código Civil (2002). "Art. 1.947. O testador pode substituir outra pessoa ao herdeiro ou ao legatário nomeado, para o caso de um ou outro não querer ou não poder aceitar a herança ou o legado, presumindo-se que a substituição foi determinada para as duas alternativas, ainda que o testador só a uma se refira"; "Art. 1.948. Também é lícito ao testador substituir muitas pessoas por uma só, ou vice-versa, e ainda substituir com reciprocidade uns sem ela".

[432] NONATO, Orosimbo. Estudos sobre sucessão testamentária. Rio de Janeiro: Forense, 1957. v. 3, p. 146-149.

[433] BRASIL. Código Civil (2002). "Art. 1.851. Dá-se o direito de representação, quando a lei chama certos parentes do falecido a suceder em todos os direitos, em que ele sucederia, se vivo fosse".

sucessão (*e.g.* herdam os netos por representação do filho pré-morto). Nessa hipótese, há uma substituição legal (imposta pela lei), que independe da vontade do *de cujus* ("não podendo ou não querendo herdar o herdeiro necessário, a sua legítima se transfere àqueles que a lei determina, e na ordem que estabelece").[434] Na substituição, por outro lado, é o *de cujus*, no testamento, quem determinou e estabeleceu quais herdeiros irão substituir os pré-falecidos ou os que não queriam ou possam receber a herança.

A lei prevê ainda outra espécie de substituição – ainda que nela não exista de fato a figura da substituição.[435] Trata-se da substituição fideicomissária ou fideicomisso (art. 1.951 do CC/2002).[436]

Nesse instituto, são três os sujeitos: (i) o testador (fideicomitente) que atribui determinado bem ou quinhão a determinadas pessoas; (ii) o fiduciário, aquele que receberá o bem (de forma intermediária), por prazo determinado, ou em até o implemento de determinada condição ou ainda até o seu falecimento; e (iii) o fideicomissário, a quem o testador estabelece a transmissão do bem, por ocasião do implemento da condição ou termo, ou após o falecimento do fiduciário. Na substituição fideicomissária, portanto, o testador deposita confiança "no fiduciário, a quem entrega os bens, com a obrigação de transmiti-los ao fideicomissário".[437] Ao fiduciário cabe a propriedade resolúvel e restrita da herança ou legado (art. 1.953 do CC/2002).[438]

A lei civil, contudo, somente autoriza a instituição dessa modalidade de substituição em favor dos herdeiros que ainda não estejam concebidos ao tempo da morte do testador (prole eventual). Ademais,

---

[434] NONATO, Orosimbo. *Estudos sobre sucessão testamentária*. Rio de Janeiro: Forense, 1957. v. 3, p. 141.

[435] O testamento estabelece nesse instituto duas pessoas simultâneas, não uma em substituição a outra. Toca a propriedade resolúvel ao fiduciário e, após o seu falecimento, consolida-se essa propriedade na pessoa do fideicomissário. Há uma transitoriedade, mas não uma substituição. Nesse sentido, Francisco José Cahali argumenta: "Diversamente da substituição antes prevista, a fideicomissária estabelece a convocação imediata de duas pessoas (e não uma ou outra)". (CAHALI, Francisco José. Comentários aos artigos 1.784 a 2.027. *In*: NANNI, Giovanni Ettore (Coord.). *Comentários ao Código Civil*: direito privado contemporâneo. 2. ed. São Paulo: Saraiva, 2021. p. 1.430).

[436] BRASIL. Código Civil (2002). "Art. 1.951. Pode o testador instituir herdeiros ou legatários, estabelecendo que, por ocasião de sua morte, a herança ou o legado se transmita ao fiduciário, resolvendo-se o direito deste, por sua morte, a certo tempo ou sob certa condição, em favor de outrem, que se qualifica de fideicomissário".

[437] MONTEIRO, Washington de Barros. *Curso de direito civil*: parte geral. 38. ed. São Paulo: Saraiva, 2001. p. 220.

[438] BRASIL. Código Civil (2002). "Art. 1.953. O fiduciário tem a propriedade da herança ou legado, mas restrita e resolúvel".

para preservar valores de ordem social e econômica, a lei civil só autoriza a substituição fideicomissária até o segundo grau (art. 1.959 do CC/2002), ou seja, a propriedade somente poderá ser restringida ao fiduciário e ao fideicomissário (respectivamente, primeiro e segundo grau). É inválida a nomeação de substituto para o fideicomissário. Igualmente, os bens que componham a porção legítima não podem ser objeto de fideicomisso.[439]

Ademais, a lei civil veda a conversão dos bens da legítima em outros de espécie diversa.[440] A conversão dos bens da legítima pode ser concebida, de forma prática, como uma disposição testamentária que estabeleça, por exemplo, a venda de determinados bens que iriam compor a porção legítima de um herdeiro necessário para aquisição de outros de administração mais fácil ou que importassem menor custo de manutenção (*e.g.* determino que o quinhão de meu herdeiro A seja preenchido com a aeronave X, mas que dita aeronave seja alienada e que, com o produto da venda, seja adquirido um imóvel residencial).[441] Assim é que, embora no Código Civil de 1916 houvesse autorização para tal conversão, a norma civil vigente veda referida transformação de bens quando se tratar da porção disponível.

Assim, diante de todas essas vedações expressas, se determinado herdeiro necessário receber seu quinhão legitimário por meio do *trust*, poderão ser invalidadas tanto as disposições que prevejam a substituição desse herdeiro, quanto as que nomeiam sucessores sucessivos e que restringem a disponibilidade do patrimônio que lhe pertença por direito próprio, ou aquelas que estabeleçam a conversão dos bens da legítima.

Embora sejam muitas as restrições às disposições acerca da porção legitimária, a norma civil estabelece algumas exceções a essa

---

[439] DINIZ, Maria Helena. *Curso de direito civil brasileiro*: direito das sucessões. São Paulo: Saraiva, 2023. v. 6, p. 86.

[440] BRASIL. Código Civil (2002). "Art. 1.848. Salvo se houver justa causa, declarada no testamento, não pode o testador estabelecer cláusula de inalienabilidade, impenhorabilidade, e de incomunicabilidade, sobre os bens da legítima.
§1º Não é permitido ao testador estabelecer a conversão dos bens da legítima em outros de espécie diversa.
§2º Mediante autorização judicial e havendo justa causa, podem ser alienados os bens gravados, convertendo-se o produto em outros bens, que ficarão sub-rogados nos ônus dos primeiros".

[441] "Suprime-se a possibilidade de conversão de bens móveis em imóveis, ou vice-versa, de dinheiro em bens, de imóveis urbanos em rurais ou vice-versa, de ações nominativas em preferenciais, e assim por diante". (LEITE, Eduardo de Oliveira. *Comentários ao Novo Código Civil*. 3. ed. Rio de Janeiro: Forense, 2003. p. 274).

regra, uma delas, contida no art. 1.848 do CC/2002, que autoriza a imposição pelo testador de taxativas restrições ao patrimônio deixado aos seus herdeiros necessários. Assim, testador e doador poderão estabelecer cláusulas de inalienabilidade, impenhorabilidade e de incomunicabilidade. Para tanto, caberá a ele determinar um motivo justo para sua aposição.

A cláusula de inalienabilidade retira do beneficiário de uma liberalidade (doação ou herança) o direito de dispor sobre o bem recebido, vedando todas as formas e títulos de alienação.[442] Fica restrita, portanto, a faculdade de "vender, dar, doar, permutar e ou transferir a propriedade".[443]

A cláusula de incomunicabilidade, segundo Francisco Cavalcanti Pontes de Miranda, "tem a consequência característica de vedar que, por força do casamento, passe a ser meeiro o outro cônjuge".[444] Para

---

[442] [...] "a proibição de alienar os bens da legítima é insustentável, pois pertence ela aos herdeiros necessários, devendo passar a eles nas condições em que se encontram no poder do autor da herança, pois constituem reserva inalterável, devendo transferir tal e qual se encontrem". (GIORGIS, José Carlos Teixeira. A justa causa no novo testamento. *In*: RÉGIS, Mário Luiz Delgado; ALVES, Jones Figueirêdo (Org.). *Questões controvertidas no novo Código Civil*. São Paulo: Método, 2006. v. 2, p. 148). Segundo Zeno Veloso, essa cláusula é admitida com inúmeras ressalvas na doutrina estrangeira: "Na França, durante muito tempo, a inalienabilidade, temporária ou vitalícia – e, com maior razão, a perpétua –, foi considerada nula e de nenhum efeito. Depois, a jurisprudência foi abrandando o radicalismo inicial. Finalmente, o art. 900-1 do Código Napoleão, introduzido pela Lei nº 71-526, de 3 de junho de 1971, estabelece que as cláusulas de inalienabilidade inseridas numa doação ou num testamento somente são válidas quando sejam temporárias e justificadas por um interesse sério e legítimo. Na Itália, enquanto a cláusula de inalienabilidade, estabelecida por contrato, é admitida pelo art. 1.379 do Código Civil, devendo ser temporária e corresponder a interesse apreciável de uma das partes, em se tratando de testamento, o art. 692, parte final, do mesmo Código, em sua redação originária, declarava nula qualquer proibição do testador para que o herdeiro aliene bens hereditários. Mas esse artigo foi modificado pela Lei nº 151, de 19 de maio de 1975 (*riforma del diritto di famiglia*), desaparecendo aquela proibição. A doutrina predominante expõe que a cláusula de inalienabilidade constante em testamento é válida, com a restrição que se aplica à que for estabelecida nos contratos: precisa ser temporária; mas o requisito de a cláusula corresponder a um interesse apreciável (ou qualificado) não é de ser exigido, dada a índole do ato de última vontade (Cf.: ROCCA, Giuseppe *apud* ALMEIDA COSTA, Mário Júlio de. *Cláusulas de inalienabilidade*. Coimbra: Coimbra Ed., 1992. p. 20). Em Portugal, encerrando esta rápida visita ao direito comparado, o art. 2.295, 1, do Código Civil afirma que são havidas como fideicomissárias as disposições pelas quais o testador proíba o herdeiro de dispor dos bens hereditários, seja por ato entre vivos, seja por ato de última vontade. Neste caso, são havidos como fideicomissários os herdeiros legítimos do fiduciário". (VELOSO, Zeno. *Novo Código Civil comentado*. São Paulo: Saraiva, 2006).

[443] CAHALI, Francisco José. Comentários aos artigos 1.784 a 2.027. *In*: NANNI, Giovanni Ettore (Coord.). *Comentários ao Código Civil*: direito privado contemporâneo. 2. ed. São Paulo: Saraiva, 2021. p. 1.405.

[444] PONTES DE MIRANDA, Francisco Cavalcanti. *Tratado de direito privado*. 3. ed. São Paulo: RT, 1984. t. 8, p. 383.

Carlos Alberto Dabus Maluf, a "cláusula de incomunicabilidade visa a proteger e garantir o herdeiro contra as incertezas do futuro".[445]

A impenhorabilidade, por sua vez, consiste na proteção ao bem (ou bens) com ela gravado, impedindo que este seja objeto de penhora, apreendido por dívidas contraídas pelo herdeiro.[446]

A aposição de ditos vínculos restritivos na porção legítima dos bens, conforme esclarecido, não decorre da simples vontade do testador, e sua inclusão no testamento é condicionada à existência de justo motivo.[447] Conquanto a designação "justo motivo" seja absolutamente genérica,[448] sua previsão tem como razão proteger o direito sucessório do herdeiro necessário, destinatário da parcela legítima dos bens, evitando estabelecer gravames por livre arbítrio e sem uma necessidade real.[449] Exemplos comuns verificados na doutrina acerca do justo motivo são prodigalidade, perdulariedade, dependência química, alcoolismo, manifesta vulnerabilidade, ausência de discernimento e presença de condições incapacitantes.[450]

---

[445] MALUF, Carlos Alberto Dabus. *Cláusulas de inalienabilidade, incomunicabilidade e impenhorabilidade*. 4. ed. São Paulo: RT, 2006. p. 52.

[446] MALUF, Carlos Alberto Dabus. *Cláusulas de inalienabilidade, incomunicabilidade e impenhorabilidade*. 4. ed. São Paulo: RT, 2006. p. 61.

[447] "Há exigência de declaração obrigatória da justa causa no testamento para o exercício do direito do testador de estabelecer cláusula restritiva sobre a legítima. Logo, não mais prevalece a nua vontade do testador, mas o justo motivo para validar e tornar efetiva a disposição de última vontade restritiva da legítima, pois o testador é obrigado a indicar a razão pela qual limita a legítima, podendo o órgão judicante averiguar se a causa apontada é justa ou não, tendo-se, então, discricionariedade judicial na apreciação do caso. Deveras, a justa causa alegada (p. ex., perdulariedade, toxicomania) poderá ser discutida posteriormente em juízo, em ação proposta pelo herdeiro necessário que se sentir prejudicado". (DINIZ, Maria Helena. *Curso de direito civil brasileiro*: direito das sucessões. São Paulo: Saraiva, 2023. v. 6, p. 84).

[448] Álvaro Villaça de Azevedo há muito já criticava a expressão: "De reprovar-se, aí, a generalidade da expressão". (AZEVEDO, Álvaro Villaça de. Cláusula de inalienabilidade, impenhorabilidade e incomunicabilidade. *Enciclopédia Saraiva de Direito*, São Paulo: Saraiva, 1977. v. 15, p. 59). Zeno Veloso foi além e teceu severas críticas: "Por que impor ao testador ao constrangimento de afirmar, justamente no ato de disposição de última vontade, que estabelece a inalienabilidade porque seu filho é gastador, um perdulário e que, provavelmente, vai arruinar ou dilapidar o patrimônio que receberá, ficando na miséria? Ou que ordena a impenhorabilidade porque o herdeiro é viciado no jogo, em bebidas ou em tóxicos, e vai assumir dívidas comprometendo os bens de sua legítima? Ou que determina a incomunicabilidade porque seu filho casou com uma aventureira, que só do marido apaixonado e lerdo consegue esconder o objetivo de enriquecer, dando o golpe do baú? Mas não só isso! O Código exige que a causa seja justa, e a questão vai ser posta quando o estipulante já morreu, abrindo-se uma discussão interminável, exigindo uma prova diabólica, dado o subjetivismo do problema. (VELOSO, Zeno. *Novo Código Civil comentado*. São Paulo: Saraiva, 2006. p. 1.721-1.722).

[449] MADALENO, Rolf. *Sucessão legítima*. 2. ed. Rio de Janeiro: Forense, 2020; DINIZ, Maria Helena. *Curso de direito civil brasileiro*: direito das sucessões. São Paulo: Saraiva, 2023. v. 6, p. 84.

[450] VELOSO, Zeno. *Novo Código Civil comentado*. São Paulo: Saraiva, 2006.

Diante do exposto, concebe-se que, no *trust*, o *settlor* poderá estipular determinadas disposições que, eventualmente, possam limitar os poderes de disposição patrimonial de determinado herdeiro obrigatório que receba seu quinhão por meio do *trust*. Para tanto, deverá esclarecer em que medida essas disposições importam uma necessária proteção ou preservação da herança exclusivamente na pessoa do herdeiro beneficiado, demonstrando, assim, os motivos que as justifiquem (art. 1.848 do CC/2002).

Como visto, as disposições do *trust* que visam a transmissão patrimonial a determinados beneficiários com efeitos para depois do falecimento não devem ser individualmente analisadas.

A aferição de sua eventual invalidade por inobservância das normas protetivas da legítima (tanto de ordem quantitativa quanto de ordem não restritiva) deve ocorrer sempre considerando a universalidade dos bens (no Brasil e no exterior), todas as atribuições patrimoniais e os atos de disposição.

4.2.4.2 A proteção legitimária *inter vivos*

No ordenamento jurídico brasileiro, prepondera a preservação da porção legítima ainda que de forma precedente à abertura da sucessão (portanto, em vida). O CC/2002, ao restringir a possibilidade de se realizar liberalidades em vida além do limite da porção disponível dos bens (art. 549 do CC/2002),[451] uma vez mais limita o direito de disposição patrimonial do indivíduo como forma de tutelar as expectativas patrimoniais dos herdeiros necessários.[452]

Embora a regra geral seja a de livre disposição onerosa pelo titular de um determinado patrimônio, o legislador optou por prescrever, no âmbito dos atos gratuitos, restrições variadas (*e.g.* restrição ao patrimônio mínimo para subsistência contida no art. 548 do CC/2002), visando sopesar o princípio da autonomia privada com a solidariedade familiar.

Por meio dessa norma, o legislador deu tratamento equânime à disposição patrimonial gratuita *inter vivos* (art. 549 do CC/2002) e *causa*

---

[451] "Determinando a lei que o doador resguarde as legítimas de seus herdeiros necessários (descendentes, ascendentes, cônjuge), limita a liberalidade àquilo de que possa dispor por testamento no momento do contrato". (PEREIRA, Caio Mário da Silva. *Instituições de direito civil*: contratos. 19. ed. Rio de Janeiro: Forense, 2007. v. 3, p. 283).

[452] GUERRA, Alexandre. Comentários aos artigos 2.028 a 2.046. *In*: NANNI, Giovanni Ettore. *Comentários ao Código Civil*: direito privado contemporâneo. 2. ed. São Paulo: Saraiva, 2021.

mortis (art. 1.967 do CC/2002), limitando em ambas as hipóteses as disposições gratuitas à metade do patrimônio. A doação (ou as doações) que ultrapasse(m) esse limite obrigatório determinado por lei será(ão) considerada(s) inoficiosa(s).[453]

Ainda que não se possa afirmar que a instituição do *trust* tenha natureza de doação – eis que a doação é um negócio jurídico por meio do qual o doador transfere bens, móveis ou imóveis, para o patrimônio do donatário, que deve manifestar sua aceitação "animado pelo propósito de beneficência ou liberalidade como elemento causal da avença", pois negócio jurídico unilateral que impõe obrigação apenas para o doador[454] –, a disposição patrimonial que ultrapassar a porção disponível pode configurar violação à legítima, levando à sua invalidade.

Embora a invalidade decorrente da realização de inoficiosa liberalidade tenha sido considerada pelo CC/1916 como anulável,[455] o CC/2002 traz expressamente que é "nula" a disposição patrimonial gratuita que exceder a parcela disponível dos bens,[456] ou seja, maculando esse ato com a nulidade absoluta, por afrontar norma de ordem pública (preservação da legítima).[457]

Embora essa consequência seja de fácil aferição pela interpretação direta da lei, a consequência para essa invalidade (nulidade absoluta) não é pacífica na doutrina contemporânea. Alguns consideram o ato anulável, com prazo decadencial para sua desconstituição de 2 (dois) anos. A esse propósito, José Fernando Simão traz os posicionamentos atuais sobre o tema:

> Paulo Luiz Netto Lôbo entende que a nulidade é absoluta, e não apenas relativa, não havendo prazos para a sua decadência ou prescrição.

---

[453] "CIVIL. PROCESSUAL CIVIL. RECURSO ESPECIAL. DOAÇÃO FEITA A ENTEADO. INOFICIOSIDADE. EXISTÊNCIA. I. A doação dos pais aos filhos importa adiantamento da legítima; II. Doação anterior, feita a herdeiros legítimos, deve ser computada como efetivo patrimônio do doador para efeitos de aferição de possível invasão da legítima, em nova doação, sob pena de se beneficiarem, os primeiros donatários, para além da primazia que já tiveram. III. Raciocínio diverso obrigaria o doador a praticar todos os atos de liberalidade que quisesse praticar em vida, ao mesmo tempo, ou ao revés, contemplar os herdeiros legítimos apenas ao final, sob risco de, pela diminuição patrimonial própria da doação, incorrer em doação inoficiosa. IV. Recurso provido". (BRASIL. Superior Tribunal de Justiça. REsp nº 1642059 RJ 2015/0017305-4, Rel. Min. Nancy Andrighi, Terceira Turma, j. 15.12.2016, *DJe* 10.02.2017).

[454] GAGLIANO, Pablo Stolze. *Contrato de doação*. 5. ed. São Paulo: Saraiva, 2021.

[455] BRASIL. Supremo Tribunal Federal. REsp nº 151.935/RS, *j*. 25.6.1998.

[456] BRASIL. Código Civil (2002). "Art. 549. Nula é também a doação quanto à parte que exceder à de que o doador, no momento da liberalidade, poderia dispor em testamento".

[457] GAGLIANO, Pablo Stolze. *Contrato de doação*. 5. ed. São Paulo: Saraiva, 2021.

Em idêntico sentido, Maria Helena Diniz Carvalho Santos informa que se trata de nulidade absoluta por sanção imposta pela lei contra a violação do direito dos herdeiros necessários à legítima e que a ação pode ser intentada ainda em vida do doador ou depois de sua morte. Sílvio de Salvo Venosa entende que haveria um prazo de 20 anos para a prescrição da ação da anulação de doação inoficiosa. No mesmo sentido, Sílvio Rodrigues entende que a anulação da doação está sujeita a prazo prescritivo. Portanto, se a ação está sujeita a prazos, podemos concluir que a nulidade a que se refere o art. 549 seria apenas relativa e não absoluta, já que a declaração da nulidade absoluta não está sujeita a prazo prescricional ou decadencial.[458]

Inobstante essa controvérsia acerca da nulidade ou anulabilidade do ato, o art. 2.007 do CC/2002 estabelece: estão "sujeitas à redução as doações em que se apurar excesso quanto ao que o doador poderia dispor, no momento da liberalidade", ou seja, não há invalidação integral do ato.

Para parte da doutrina, dessa disposição decorre a modificação pelo legislador dos efeitos da nulidade para emprestar a ela "efeito de reduzir a liberalidade aos limites justos que não prejudiquem a legítima dos herdeiros necessários".[459] Assim, seria nula a doação tão somente na parte inoficiosa na qual, inclusive, caberia a sua redução.

O STJ, em julgamento recente sobre a questão, após amplo debate entre os Ministros da Terceira Turma, entendeu uma vez mais que a sanção imposta para a doação inoficiosa é de nulidade absoluta, contudo, que ela se sujeita a prazo prescricional (no atual CC/2002 de 10 anos).[460]

Esclarece-se que, ao se verificar o excesso de atribuição patrimonial, por consequência, o consumo da disponível deverá ser apurado por ocasião da liberalidade realizada. É irrelevante a variação patrimonial ocorrida após o ato de disposição gratuita.

---

[458] SIMÃO, José Fernando. *Novo Código Civil*: questões controvertidas no direito das obrigações e dos contratos. São Paulo: Método, 2005. v. 4, p. 369.

[459] SANTOS, João Manoel de Carvalho. *Código Civil brasileiro interpretado*: Direito das obrigações. 2. ed. Rio de Janeiro: Freitas Bastos, 1938. v. XVI, p. 404.

[460] RECURSO ESPECIAL. DIREITO CIVIL. AÇÃO ANULATÓRIA. DOAÇÃO INOFICIOSA. PRAZO PRESCRICIONAL. TERMO INICIAL. REGISTRO DO ATO. 1. Recurso especial interposto contra acórdão publicado na vigência do Código de Processo Civil de 2015 (Enunciados Administrativos nº 2 e 3/STJ). 2. O Superior Tribunal de Justiça há muito firmou entendimento no sentido de que, no caso de ação anulatória de doação inoficiosa, o prazo prescricional é vintenário e conta-se a partir do registro do ato jurídico que se pretende anular. Precedentes. 3. Na hipótese, tendo sido proposta a ação mais de vinte anos após o registro da doação, é de ser reconhecida a prescrição da pretensão autoral. 4. Recurso especial provido. (BRASIL. Superior Tribunal de Justiça. REsp nº 1755379 RJ 2018/0189785-0, Rel. Min. Moura Ribeiro, j. 24.09.2019, Terceira Turma, Public. 10.10.2019).

Nesse sentido, recentemente, o STJ estabeleceu que "o eventual excesso de doação que porventura comprometa a legítima dos herdeiros necessários deverá ser aferido no exato momento do ato de liberalidade e não no momento do falecimento do doador".[461]

Assim, ainda que o *trust* não configure a típica figura do contrato de doação (não obstante possa se cogitar de uma liberalidade indireta), deve-se verificar se as atribuições patrimoniais realizadas por seu instituidor com herdeiros necessários (todos brasileiros e aqui domiciliados, inclusive o próprio *settlor*), ultrapassam o limite estabelecido por lei para disposições gratuitas (metade do patrimônio). Caso essas atribuições ao *trust* superem a porção disponível, haveria a possibilidade de os herdeiros pleitearem a sua redução.

Igualmente poderia haver essa redução na hipótese de um *trust* testamentário conter disposições que excedem a parte disponível dos bens do *testator*, reduzindo-se estas aos limites da disponível (art. 1.967[462] – verifica-se nessa hipótese disposição meramente ineficaz),[463] não obstante, nessa hipótese, se tratar de disposição *causa mortis* e não ato *inter vivos*.

---

[461] "CIVIL. PROCESSUAL CIVIL. NULIDADE DE DOAÇÃO. MOMENTO DA AFERIÇÃO DO AVANÇO SOBRE A LEGÍTIMA. DATA DA LIBERALIDADE. INCIDÊNCIA DO ART. 549 DO CC/2002. EXISTÊNCIA DE BENS NA DATA DO FALECIMENTO DO DOADOR, REVERSÃO DOS BENS EXISTENTES AOS HERDEIROS E INCLUSÃO DOS BENS NO ACERVO HEREDITÁRIO. IRRELEVÂNCIA. 1– Ação distribuída em 31.03.2008. Recurso especial interposto em 03.08.2021 e atribuído à Relatora em 21.07.2022. 2 – O propósito recursal consiste em definir se é a data da liberalidade ou a data do falecimento do doador que determina se a doação por ele realizada avançou sobre a legítima dos herdeiros necessários e se, na hipótese, a doação realizada é nula. 3 – Na esteira da sólida jurisprudência desta Corte, firmada tanto sob a ótica do art. 1.176 do CC/1916, quanto também sob a égide do art. 549 do CC/2002, o excesso caracterizador da doação inoficiosa deve ser considerado no momento da liberalidade e não no momento do falecimento do doador e da abertura da sucessão. Precedentes. 4 – No contexto do exame da doação inoficiosa, é irrelevante saber se os demais bens existentes ao tempo do ato de liberalidade foram, ou não, efetivamente revertidos em favor dos herdeiros necessários após o falecimento do doador ou se os referidos bens compuseram, ou não, o acervo hereditário. 5 – Hipótese em que são absolutamente incontroversos os fatos: (i) de que a doação do imóvel ocorreu no ano de 2004; (ii) de que, entre os anos de 2003 e 2005, o doador possuía ativos financeiros no exterior em quantia superior a US$2.000.000,00 (dois milhões de dólares); (iii) de que o doador veio a falecer apenas no ano de 2007; (iv) de que o imóvel doado à parte não possuía valor superior a 50% dos ativos financeiros existentes ao tempo da doação. 6 – Recurso especial conhecido e provido, para julgar improcedente o pedido de nulidade da doação, invertendo-se a sucumbência fixada na sentença". (BRASIL. Superior Tribunal de Justiça. Recurso Especial nº 2.026.288-SP, Rel. Min. Nancy Andrighi, j. 18.03.2023).

[462] BRASIL. Código Civil (2002). "Art. 1.967. As disposições que excederem a parte disponível reduzir-se-ão aos limites dela, de conformidade com o disposto nos parágrafos seguintes".

[463] HIRONAKA, Giselda Maria Fernandes Novaes; TARTUCE, Flávio. Planejamento sucessório: conceito, mecanismos e limitações. *Revista Brasileira de Direito Civil – RBDCivil*, Belo Horizonte, v. 21, p. 87-109, jul./set. 2019.

Portanto, se houver elemento de conexão que atraía a aplicação da norma civil brasileira, é possível avaliar a validade das atribuições patrimoniais realizadas ao *trust*, ainda que durante a vida do instituidor.

4.2.4.3 A experiência estrangeira acerca das disposições no *trust* e a violação da legítima

Diante da escassez ou até mesmo de inexistência na jurisprudência nacional de precedentes que tenham efetivamente analisado disposições contidas em um *trust* estrangeiro sob a ótica da norma civil interna, relevante observar o encaminhamento jurisprudencial em outros países, principalmente naqueles em que também há a reserva de uma porção de bens a determinada classe de herdeiros.

A experiência italiana – país que igualmente reserva à classe de herdeiros obrigatórios uma parte da herança – mostra que o *trust* não será declarado nulo em razão da inobservância dessa parcela da herança (o que tanto lá como aqui acarretaria ofensa à ordem pública), mas simplesmente será a disposição redutível ao pedido dos herdeiros na medida em que for necessário para repor a quota a eles reservada.[464]

Essa conclusão foi alcançada por ocasião de um julgamento no Tribunal de Lucca em 23 de setembro de 1997.[465] O caso analisado pela corte italiana abordava um *trust* testamentário, instituído segundo a lei do Estado de Kentucky por um cidadão italiano.[466]

Nesse testamento, o cidadão italiano determinou que todo o seu patrimônio fosse conferido a um *trust*. O *trustee* por ele nomeado deveria administrá-lo conforme seu absoluto e inquestionável critério, durante toda a vida da única filha do falecido e até a conclusão do 25º ano de idade do último de seus netos (descendentes dessa filha). O patrimônio restante após esse período de vigência do *trust* deveria ser dividido em

---

[464] LUPOI, Maurizio. *Aspetti gestori e dominicali, segregazione*: trust e istituti civilistici, nota a Trib. Lucca, 23 settembre 1997. Periodico: Il Foro italiano, anno 1998, v. 121.
[465] TRIBUNALE DI LUCCA; sentenza 23 settembre 1997; Pres. Orsucci, Est. Terrusi; Casani (Aw. Biagiotti) c. Mattei. (Aw, Cattani).
[466] "La causa riguardava una fra le tipologie di trust che un'analisi frettolosa avrebbe rapidamente cassato": l'intero patrimonio del testatore relitto a un trustee, incaricato di provvedere discrezionalmente alle necessita dela figlia del testarore, per turra l avita di questa, di corrispondere assegni, discrezionalmente definiti, ai figli di lei fino a quando l'ultimo raggiunga l'està di venticinque anni, di divdere a quel punto il patrimônio in parti eguali fra i suddetti figli (i nipoti del testatore)". (LUPOI, Maurizio. Sentenza 23 Settembre 1997; Pres. Orsucci, Est. Terrusi; Casani (Avv. Biagiotti) c. Mattei (Avv. Cattani). *Il Foro Italiano*, v. 121, n. 11, p. 3.391/3.392-3.395/3.396, 1998).

partes iguais entre os netos que ainda estivessem vivos. Dispôs ainda que sua filha e netos deveriam receber parte dos rendimentos do *trust* para o sustento.

A filha do falecido impugnou o testamento, alegando que as disposições do falecido seriam nulas por violar a ordem pública interna italiana ao (i) não respeitar a porção reservada a essa herdeira obrigatória, (ii) não observar a proibição de substituição fideicomissória e (iii) não observar as regras sobre as formas de testamentos.

A Corte italiana, contudo, entendeu inexistir as alegadas violações, cabendo à herdeira tão somente agir para obter a redução de disposições:

> La disposizione con cui il testatore dichiara di 'lasciare in eredità' al fiduciario, in proprietà assoluta, ogni suo avere, ma a beneficio della figlia, va interpretata non come una sostituzione fideicommissaria, ma come disposizione istitutiva di trust; la lesione delle aspettative del legittimario non determina nullità del trust, ma la possibilità di applicare le disposizioni di diritto interno strumentali alla reintegrazione della quota riservata ai legittimari.[467]

Em um caso mais recente, o Tribunal de Cassação Italiano (*Corte di Cassazione*) entendeu que o *trust inter vivos*, com efeitos *post mortem*, deveria ser qualificado como doação indireta (nos termos do art. 809 do CC/2002 italiano), uma vez que a atribuição patrimonial aos beneficiários se dá por ato do *trustee*, para quem o instituidor havia transferido o bem, de maneira que a saída do patrimônio do *trust fund* é realizada por ato do *trustee*, o que excluiria o caráter *mortis causa* da operação, ou seja, a morte do instituidor representaria mero termo ou condição da atribuição, sem penetrar na justificação causal dela.[468]

Na hipótese analisada pela Corte, foi constituído um *trust* discricionário que permitia ao *trustee* entregar o capital do *trust fund* a todos os beneficiários ou apenas a um deles (em benefício de todos ou de apenas um), nas proporções e da forma que o *trustee* julgasse conveniente. O *settlor* conferiu ao *trust* participações no capital de sociedades pertencentes todas ao mesmo grupo por ele criado, visando garantir a continuidade de uma gestão unitária e coordenada do grupo de empresas.

---

[467] LUPOI, Maurizio. *Aspetti gestori e dominicali, segregazione*: trust e istituti civilistici, nota a Trib. Lucca, 23 settembre 1997. Periodico: Il Foro italiano, anno 1998, v. 121.
[468] ITÁLIA. *Corte di Cassazione*, sez. II, ord. 17 febbraio 2023 n. 5.073.

Esse fato (discricionariedade do *trust*) justificou o pedido da herdeira-filha de nulidade da instituição do *trust*, uma vez que, por ser discricionário, caberia ao *trustee* a deliberação acerca da distribuição dos ativos do *trust*, o que não lhe garantiria, como herdeira necessária, a quota certa e específica dos bens do *de cujus* (porção legítima).

Por ocasião do julgamento, o Supremo Tribunal de Cassação Italiano entendeu que as reduções necessárias para resguardar os direitos dos herdeiros obrigatórios devem se dar na medida em que as disposições contidas no *trust* as ofenderem. Diante disso, a proteção dos direitos sucessórios dos herdeiros, alegadamente prejudicados por esses atos, estaria assegurada com o exercício da ação de redução, um remédio que determina a mera ineficácia do ato lesivo, mas não a sua nulidade. Ademais, o tribunal entendeu que se o *trust* tiver sido integralmente executado com a transferência completa dos bens a determinados beneficiários, estes beneficiários serão a parte legítima a constar no polo passivo da ação que visa reduzir as disposições. Caso o *trust* não tenha sido plenamente executado, o *trustee* deverá ser o demandado. Ademais, será do *trustee* a legitimidade passiva no caso de *trust* discricionário.[469]

Vale notar que, nesse precedente, segundo a Corte italiana, o tributo relativo à transmissão patrimonial não incide por ocasião da instituição do *trust*, uma vez que a segregação, como efeito natural da afetação da destinação, não implicaria qualquer transferência real ou enriquecimento, o que ocorre apenas em favor dos beneficiários que, posteriormente, serão obrigados ao pagamento proporcional do imposto.

A despeito do encaminhamento jurisprudencial italiano acerca da validade do *trust* e da possibilidade de se reduzir as disposições que eventualmente violarem a legítima, vale citar alguns julgados

---

[469] "In primo luogo, risulta eccessivo il ricorso alla sanzione di nullità rispetto alle esigenze di tutela del legittimario leso o pretermesso, e ciò alla luce della richiamata giurisprudenza che ha ritenuto che la tutela sia appunto accordata in maniera adeguata con un'azione dichiarativa dell'inefficacia delle disposizioni lesive, essendo limitate e residuali le ipotesi in cui debba farsi ricorso alla nullità per la lesione dei diritti del riservatario (artt. 549 e 735 c.c.).Inoltre, a differenza dell'azione di riduzione che in punto di legittimazione attiva ha natura personale, quella di nullità potrebbe essere proposta da chiunque vi abbia interesse (si pensi ai creditori del legittimario), sarebbe imprescrittibile (rendendo oltre modo dubbie la sistemazione e definizione dei rapporti successori), non senza considerare che la pronuncia di nullità travolgerebbe l'attribuzione patrimoniale nella sua interezza, e dunque non soltanto nei limiti necessari ad integrare la legittima (con il rischio di vanificare la volontà del disponente, anche oltre i limiti segnati dalle norme poste a tutela dei legittimari". (ITÁLIA. *Corte di Cassazione*, sez. II, ord. 17 febbraio 2023 n. 5.073).

havidos nos EUA e na Corte de Nova Iorque, estado no qual inexiste a proteção à porção legítima, havendo uma larga possibilidade de disposição patrimonial sucessória, inclusive por meio da utilização de *totten trusts*.[470]

Não fosse essa larga possibilidade, Nova Iorque, como alguns outros estados americanos, possui legislação própria que garante aos americanos e aos estrangeiros o direito de realizar suas disposições de última vontade naquele estado e optar pela prevalência daquela legislação em detrimento da legislação sucessória do país em que é domiciliado ou que tem nacionalidade.[471]

Diante dessa disposição legal, muitos estrangeiros buscaram o estado americano para elaborar suas disposições de última vontade. Em vários casos, não houve a reserva ou observância da porção legítima dos bens que deveria ser destinada aos herdeiros necessários, conforme lei de seu domicílio ou nacionalidade.

Por ocasião do falecimento dessas pessoas, diversos herdeiros buscaram junto à Corte de Nova Iorque invalidar as disposições. Contudo, em parcela significativa dos casos analisados, houve manutenção da disposição testamentária, em razão da prevalência da lei local novaiorquina em detrimento das leis estrangeiras que abarcam a proteção legítima.[472]

Não fosse esse encaminhamento jurisprudencial, em alguns países há legislação específica para abarcar eventuais conflitos de *trusts* quando contraposto com normas de ordem pública da lei pessoal das partes envolvidas (incluindo a regulamentação da capacidade civil, regime de bens e do direito à legítima).

É o caso das Ilhas Cayman, nas quais há expressa norma de barreira que impede as tentativas de invalidação de *trusts* ou de disposições patrimoniais *inter vivos* (havidas naquela jurisdição) fundadas em legislação estrangeira (lei pessoal das partes envolvidas).[473] No

---

[470] Essa modalidade subsiste quando o settlor realiza aplicações ou deposita valores em uma conta bancária cujo saldo, com o seu falecimento, será entregue aos beneficiários por ele nomeados. (ALMEIDA, Veronica Scriptore Freire e. *O direito dos trusts na perspectiva internacional*. São Paulo: Almedina Brasil, 2020).

[471] Article 3, Section 3-5-1(h), Estates, Powes & Trusts – EPT, 1967 (anteriormente Section 47 of the New York Decendent Estate Law).

[472] Nesse sentido: Wyatt vs. Fultrath, Werthein vs. Gotlib e Neto vs. Thorner. Disponíveis em: https://casetext.com/. Acesso em 15 jul. 2023.

[473] Cayman Trusts Law: "91. Subject to the same provisos as are set out in paragraphs (i) to (vi) of section 90, it isexpressly declared that no trust governed by the laws of the Islands and no disposition of property to be held upon the trusts thereof is void, voidable, liable to be set asideor defective in any fashion, nor is the capacity of any settlor to be questioned,

entanto, nos termos dessa mesma legislação, poderão ser acolhidas pretensões acerca da violação da legítima quando se tratar de *trusts* testamentários.[474] Assim, em Cayman, não são possíveis pretensões acerca da violação da legítima por ato *inter vivos*, mas apenas em atos de disposição *causa mortis*.

Em Jersey, a norma de barreira contra pretensões acerca da violação da legítima é ainda mais direta, já que a lei daquele país prevê que, para os *trusts* lá constituídos, não serão consideradas (i) qualquer legislação estrangeira que não reconheça ou vede a constituição de *trust*, (ii) qualquer interesse ou pretensão baseada em legislação estrangeira ou sentença estrangeira acerca do estado pessoal ou referente à proteção legítima:

> The trust or disposition avoids or defeats rights, claims, or interests conferred by any foreign law upon any person by reason of a personal relationship or by way of heirship rights, or contravenes any rule of foreign law or any foreign judicial or administrative order or action intended to recognize, protect, enforce or give effect to any such rights, claims or interests.[475]

Da mesma forma ocorre em Bermudas, onde não são reconhecidas as pretensões fundadas em lei estrangeira nem as sentenças proferidas em outros países que tenham por base a proteção da legítima.

> No foreign law that is excluded under subsection (2) shall apply to the determination of any question concerning a Bermuda trust, including any question concerning – the capacity of a settlor to dispose of property upon the trusts of a Bermuda trust; any right or interest in or to property

---

nor is the trustee, any beneficiary or any other person to be subjected to any liability or deprived of any right, by reason that – (a) the laws of any foreign jurisdiction prohibit or do not recognise the concept of a trust; or (b) the trust or disposition avoids or defeats rights, claims or interests conferred by foreign law upon any person by reason of a personal relationship to the settlor or any beneficiary (whether discretionary or otherwise) or by way of heirship rights, or contravenes any rule of foreign law or any foreign judicial or administrative order or action intended to recognise, protect, enforce or give effect to any such rights, claims or interests. 92. An heirship right conferred by foreign law in relation to the property of a living person shall not be recognised as – (a) affecting the ownership of immovable property in the Islands or movable property wherever situate for the purposes of paragraph (i) of section 90 or for any other purpose; or (b) constituting an obligation or liability for the purposes of the Fraudulent Dispositions Law (1996 Revision) or for any other purpose".

[474] Cayman Trusts Law: "90. [...] (vi) does not validate any testamentary trust or disposition which is invalid according to the laws of the testator's domicile".
[475] Trusts Jersey Law, 1984.

disposed upon the trusts of a Bermuda trust; the validity of a disposition of, or a declaration of trust in respect of, property upon the trusts of a Bermuda trust, including whether any such disposition should be declared void or invalid, rescinded, set aside, varied or amended; or any oblig.[476]

Dessa forma, ainda que se possa aventar da invalidação de um *trust* por inobservância de requisitos de validade previstos no CC/2002, o cumprimento dessa decisão estará sujeito ao reconhecimento da sentença ou da aplicação da norma brasileira no país em que o *trust* foi constituído.

4.2.5 *Trust* como veículo de atribuição patrimonial no testamento e no inventário

Conforme ensina Roberto Ruggiero, de todos os negócios jurídicos patrimoniais não há nenhum que supere o testamento, seja pela importância de sus efeitos, seja pela solenidade das formas que o acompanham, seja pelo especial cuidado que a lei dedica às declarações de última vontade.[477]

O direito de testar teve sua ampliação pela passagem do regime feudal para o industrial diante da preeminência à liberdade individual.[478]

O testamento é um fato designativo negocial que está na base da sucessão testamentária.[479] Trata-se de um ato unilateral revogável, pelo qual uma pessoa dispõe, para depois da morte de todos os seus bens ou de parte deles.

> Es un acto esencialmente revocable: ambulatoria est voluntas defuncti usque ad vitae supremum exitum. El testador pude em cualquier momento variar sus disposiciones o destruir o anular las ya hechas sin sustituirlas por otras. Es, por tanto, nula toda renuncia a la libertad de

---

[476] BERMUDA. *Trusts (special provisions) Act 1989*. Disponível em: http://www.bermudalaws.bm/laws/Consolidated%20Laws/Trusts%20(Special%20Provisions)%20Act%201989.pdf. Acesso em 16 jul. 2023.

[477] RUGGIERO, Roberto de. *Instituciones de derecho civil*. Direito de obligaciones. Derecho de Familia e Derecho hereditario. Traducicion de la 4ª edicion italiana. Madrid: Instituto Editorial Reus, 1931. t. 2, p. 469.

[478] MAXIMILIANO, Carlos. *Direito das sucessões*. 4. ed. São Paulo: Freitas Bastos, 1958. v. I.

[479] PINHEIRO, Jorge Duarte. *O direito das sucessões contemporâneo*. 5. ed. Coimbra: Gestlegal, 2022. p. 95.

revocar o cambiar las disposiciones, careciendo de eficacia toda cláusula o condición contrarias; puede incluso ser anulado el propio testamento si la intervención de un tercero extraño atenta al principio de la espontaneidad t al de la libre revocabilidad, como en el caso de testamento hecho por convención o em del testamento colectivo.[480]

No Brasil, acerca da sucessão testamentária, o art. 1.857 do CC/2002 dispõe que "toda pessoa capaz pode dispor, por testamento, da totalidade dos seus bens, ou de parte deles, para depois de sua morte".

O testamento configura expressão da autonomia privada e pode conter tanto disposições voltadas a regular a distribuição de bens aos herdeiros, quanto abarcar situações outras, tais como o reconhecimento de filhos, a instituição de herdeiros, a gestão de bens e outras disposições de cunho não patrimonial.

Portanto, o testamento não configura somente um ato de disposição de bens. Seu conteúdo patrimonial não é essencial, mas, se existir, o ato pode apresentar extremo detalhamento.[481]

É lícito ao testador, no exercício de sua autonomia, utilizar o instrumento para estabelecer uma completa e pormenorizada regulamentação, detalhando quais bens e direitos cada um dos herdeiros irá suceder e em que medida (plena propriedade, nua-propriedade, usufruto) instituindo elementos acidentais/acessórios (condições, termos e encargos), nomeando gestores para determinados herdeiros (detalhando o âmbito, a forma e a duração dessa gestão).

Conforme ensina Inocêncio Galvão Telles, "se há testamentos curtos, lacônicos, também há os minuciosos, muito trabalhados com a previsão de múltiplas hipóteses e uma rede extensa de disposição ou cláusulas".[482] Segundo o autor, o testamento é "ato de regulamentação sucessória que poderá completar e adaptar a abstratamente contida na

---

[480] RUGGIERO, Roberto de. *Instituciones de derecho civil*. Direito de obligaciones. Derecho de Familia e Derecho hereditario. Traducicion de la 4ª edicion italiana. Madrid: Instituto Editorial Reus, 1931. t. 2, p. 471.
Tradução livre: É um ato essencialmente revogável: *ambulatoria est voluntas defuncti usque ad vitae supremum exitum*. O testador pode, a qualquer momento, alterar as suas disposições ou destruir ou anular as já estabelecidas sem as substituir por outras. Portanto, é nula qualquer renúncia à liberdade de revogar ou alterar as disposições, e qualquer cláusula ou condição contrária é nula; O próprio testamento pode mesmo ser anulado se a intervenção de terceiro estranho violar o princípio da espontaneidade e da livre revogabilidade, como no caso de um testamento feito por convenção ou de um testamento coletivo.
[481] PINHEIRO, Jorge Duarte. *O direito das sucessões contemporâneo*. 5. ed. Coimbra: Gestlegal, 2022. p. 95.
[482] TELLES, Inocêncio Galvão. *Direito das sucessões*: noções fundamentais. Lisboa, Coimbra: Ed. Imprenta, 1973. p. 105.

lei ou modificá-la no que ela não for imperativa, em harmonia com o princípio da autonomia da vontade".[483]

Não há vedação para o testador destinar determinados bens a determinados herdeiros de forma distinta e individualizada. O art. 2.014 do CC/2002 reconhece que "pode o testador indicar os bens e valores que devem compor os quinhões hereditários, deliberando ele próprio a partilha, que prevalecerá, salvo se o valor dos bens não corresponder às quotas estabelecidas".

Ademais, em vida, a conformação do patrimônio do testador cabe exclusivamente a ele. Nesse sentido, por exemplo, não há vedação legal que impeça o testador de incorporar determinados bens em uma pessoa jurídica (*e.g.* em uma *holding*) e no testamento destinar as quotas dessa sociedade aos seus herdeiros para pagamento de seus quinhões hereditários (inclusive a porção legítima).

Dito isso, não se vislumbra impedimento legal para que o quinhão hereditário (legítima e disponível) possa ser destinado a um determinado herdeiro via estrutura situada no exterior que melhor otimize a sucessão (a exemplo do *trust*).

A esse propósito, ao testador é lícito dispor em seu ato de última vontade que determinado herdeiro receberá o seu quinhão por meio de um *trust* (por consequência receberá os bens que integrarem o *trust fund*) ou, ainda, que a entrega dos bens a esse herdeiro observará as disposições do *trust*.

Vê-se, então, que o pagamento do quinhão hereditário cabente ao herdeiro poderá ser realizado por meio de um *trust* do qual ele seja beneficiário (ou por meio de *trust* a ser constituído tal como determinado pelo testador), pois em matéria de testamento são autorizadas toda e qualquer disposição não contrária à lei, conforme pontua Orlando Gomes:

> Regra em matéria de testamento é que ele pode conter todas as disposições que não sejam contrárias à lei ou aos bons costumes, e não sacrifiquem exageradamente a liberdade pessoal do instituído ou mesmo sua liberdade patrimonial.[484]

Nota-se, igualmente, que o quinhão proveniente da porção legítima que caberia a determinado herdeiro necessário poderá ser entregue

---

[483] TELLES, Inocêncio Galvão. *Direito das sucessões*: noções fundamentais. Lisboa, Coimbra: Ed. Imprenta, 1973. p. 105.

[484] GOMES, Orlando. *Novas questões de direito civil*. São Paulo: Saraiva, 1979. p. 372.

via *trust*, eis que sendo esse herdeiro beneficiário do *trust*, ele de fato receberá esse patrimônio.

No que se refere a essa parcela, contudo, não poderá haver restrições à plena disponibilidade ao herdeiro, ou seja, não é possível condicioná-la ou vinculá-la a determinado termo. Deve existir pronta disponibilidade mesmo que o herdeiro decida pela manutenção do bem (ou integralidade do quinhão) no *trust fund*. Assim, não implicando em privação ou redução da porção legitimária, inexiste vedação para que a parcela legítima destinada aos herdeiros obrigatórios seja entregue via *trust*.

Recentemente, o STJ reafirmou o entendimento de que a porção legítima dos bens do testador pode ser objeto das disposições de última vontade. A única exigência para essa disposição seria preservar essa parcela, ou seja, não haver "privação ou redução".[485] Segundo Francisco José Cahali, "pode o testador mencionar, em seu testamento, quais bens comporão a legítima (prevista no art. 1.846 do CC/2002) e quais farão parte de sua metade disponível. O que não poderá ocorrer é a privação do herdeiro necessário da parcela legítima".[486]

No mesmo sentido, Francisco de Paula Lacerda de Almeida observa que a forma de entrega da porção legítima está "ao prudente arbítrio do testador, que pode determinar qual espécie de bens deva tocar a cada um dos herdeiros".[487] Ademais, ainda que se trate da hipótese de partilha entre ascendente e descendentes, o art. 2.018 do CC/2002 confirma esse entendimento: "É válida a partilha feita por ascendente,

---

[485] CIVIL. PROCESSUAL CIVIL. DIREITO SUCESSÓRIO. INVENTÁRIO E TESTAMENTO. OMISSÕES. AUSÊNCIA DE DEMONSTRAÇÃO ADEQUADA NAS RAZÕES RECURSAIS. SÚMULA 284/STF. IMPOSSIBILIDADE ABSOLUTA DE DISPOSIÇÃO SOBRE A LEGÍTIMA EM TESTAMENTO. INOCORRÊNCIA. PARTE INDISPONÍVEL QUE PODERÁ CONSTAR DA ESCRITURA PÚBLICA DE TESTAMENTO, DESDE QUE NÃO HAJA PRIVAÇÃO OU REDUÇÃO DA LEGÍTIMA DOS HERDEIROS NECESSÁRIOS. POSSIBILIDADE DE O TESTADOR DISPOR SOBRE A ESTRUTURA DA SUCESSÃO EM VIDA, DESDE QUE RESGUARDADA A LEGÍTIMA PREVISTA EM LEI. DISPOSIÇÃO TESTAMENTÁRIA CERTA QUANTO AO DESEJO DO TESTADOR DE DISPOR DE TODO O SEU PATRIMÔNIO. HERDEIROS NECESSÁRIOS QUE FORAM CONTEMPLADOS COM TRÊS QUARTOS DO PATRIMÔNIO INTEGRAL. LEGÍTIMA RESPEITADA. TESTAMENTO VÁLIDO. INTERPRETAÇÃO QUE DESTINA AOS HERDEIROS TESTAMENTÁRIOS UM QUARTO DO PATRIMÔNIO INTEGRAL. POSSIBILIDADE. (BRASIL. Superior Tribunal de Justiça. REsp nº 2.039.541/SP, Rel. Min. Nancy Andrighi, Terceira Turma, j. 20.6.2023, DJe 23.6.2023).

[486] CAHALI, Francisco José. Comentários aos artigos 1.784 a 2.027. *In*: NANNI, Giovanni Ettore (Coord.). *Comentários ao Código Civil*: direito privado contemporâneo. 2. ed. São Paulo: Saraiva, 2021.

[487] ALMEIDA, Francisco de Paula Lacerda. *Sucessões*: exposição doutrinária desta parte do direito civil. Rio de Janeiro: Livraria Cruz, 1915. p. 265.

por ato entre vivos ou de última vontade, contanto que não prejudique a legítima dos herdeiros necessários".

Igualmente, na hipótese de sucessão já aberta, não é vedado o direcionamento em partilha do quinhão hereditário a um *trust* no exterior. Assim, determinado herdeiro pode optar por receber seu quinhão hereditário por meio de um *trust* já constituído (inclusive de um *trust* já constituído pelo *de cujus* em vida, cabendo ao inventariante representar o espólio na conferência dos bens que irão compor o quinhão do herdeiro a essa estrutura externa em que era *settlor* o falecido, sendo o beneficiário o herdeiro) ou ainda mediante a constituição de um *trust* para esse fim.

Nesse sentido, é válido, após a abertura de determinada sucessão, o direcionamento dos bens que irão compor o quinhão hereditário (seja proveniente da legítima, seja da disponível) a veículos e estruturas no exterior, por exemplo, sociedades *offshore* e *trusts*. Essa providência não viola normas sucessórias (cogentes) que integram o direito civil brasileiro, mas trata-se tão somente de adoção de providência para a entrega ordenada de bens mediante estrutura interposta.

Vale consignar que, para além do *trust inter vivos*, em que a conferência de bens é realizada no momento de sua constituição, tem-se também o *trust* testamentário (*testamentary trust*), cuja instituição se dá por meio de uma disposição em testamento. Essa modalidade não implica a conferência de bens em vida pelo seu instituidor, mas apenas por ocasião da abertura da sucessão (falecimento), de forma que os herdeiros serão os beneficiários do *trust* somente no advento da morte do instituidor.[488]

Assim, o testador, por ocasião da elaboração do testamento, institui o *trust* pelo qual os herdeiros receberão determinados bens ou até mesmo a integralidade do seu quinhão (*trust* testamentário), trata-se de um ato jurídico perfeito e acabado, mas cujos efeitos aguardam advento do falecimento. Nesse contexto, havendo o falecimento, exsurge na esfera jurídica do herdeiro o direito ao recebimento de dito patrimônio já por meio do *trust*.

Nessa hipótese, é recomendável a nomeação de um *trustee*, evitando, assim, disputas entre os herdeiros/beneficiários, especialmente

---

[488] "In his lifetime, a settlor may set up an inter vivos trust and he may by will provide on his death for the creation of a testamentary trust". (HAYTON, David. J. *The law of trusts*. 4. ed. London: Sweet & Maxwell, 2003). "An express trust is one which has been intentionally created by the settlor himself. It may be created by deed or will". (KEETON, George Williams. *The law of trusts*. 7. ed. London: Pitman, 1957).

porque a gestão dos bens em prol desses herdeiros dar-se-á sob determinadas condições e termos. Essas condições e termos também podem ser predefinidos pelo testador em testamento.

Trata-se, portanto, de uma importante ferramenta para determinados indivíduos que almejam estabelecer disposições patrimoniais sofisticadas ou que tenham (ou possam eventualmente ter) herdeiros domiciliados no exterior sujeitos à tributação em diversa jurisdição (visando eficiência fiscal).

4.2.6 Autonomia privada e utilização do *trust* como instrumento do planejamento patrimonial

O homem desenvolve sua atividade por meio da exteriorização de sua vontade[489] que, por sua vez,[490] é um dos elementos fundantes do ato jurídico. Uma vez manifestada, e estando em consonância com o ordenamento jurídico, ela tem o condão de produzir efeitos, de criar, modificar ou extinguir relações jurídicas.[491]

Segundo Francisco Amaral, essa possibilidade/faculdade conferida ao sujeito para atuar conforme sua vontade é denominada "liberdade", a qual o direito atribui relevância salutar.[492] Para o autor, no direito privado, o campo de liberdade atribuído ao sujeito para autodeterminação denomina-se autonomia. A "autonomia da vontade" é um princípio que possibilita a prática de atos jurídicos, facultando ao sujeito atribuir-lhes a forma, moldar o seu conteúdo e determinar os seus efeitos. Pela autonomia, se não houver norma cogente em contrário, o sujeito pode dispor da forma como melhor lhe aprouver.[493]

---

[489] AMARAL, Francisco dos Santos. A autonomia privada como princípio fundamental da ordem jurídica – perspectivas estrutural e funcional. *Doutrinas Essenciais de Direito Civil*, v. 2, p. 579-606, out. 2010.

[490] "O vocábulo 'vontade' vem do latim *voluntas*, significa desejo, ato de querer. Vontade é a faculdade que tem o ser humano de querer, de escolher, de livremente praticar ou deixar de praticar determinados atos. Trata-se da força interior que impulsiona o indivíduo àquilo a que se propôs para atingir os fins desejados". (CABRAL, Érico de Pina. A "autonomia" no direito privado. *Revista de Direito Privado*, São Paulo, v. 19, jul. 2004).

[491] AMARAL, Francisco dos Santos. A autonomia privada como princípio fundamental da ordem jurídica – perspectivas estrutural e funcional. *Doutrinas Essenciais de Direito Civil*, v. 2, p. 579-606, out. 2010.

[492] AMARAL, Francisco dos Santos. A autonomia privada como princípio fundamental da ordem jurídica – perspectivas estrutural e funcional. *Doutrinas Essenciais de Direito Civil*, v. 2, p. 579-606, out. 2010.

[493] AMARAL, Francisco dos Santos. A autonomia privada como princípio fundamental da ordem jurídica – perspectivas estrutural e funcional. *Doutrinas Essenciais de Direito Civil*, v. 2, p. 579-606, out. 2010.

Segundo Gustavo Tepedino,

> a autonomia tem particular inserção tanto no plano das relações patrimoniais, na teoria contratual, por legitimar a regulamentação da iniciativa econômica pelos próprios interessados, quanto no campo das relações existenciais, por coroar a livre afirmação dos valores da personalidade inerentes à pessoa humana.[494]

Por vezes tolhida, seja por razões históricas, em decorrência de valores políticos e/ou religiosos, ou até mesmo por ignorância, a injustificada limitação da autonomia tende a estagnar ou até mesmo retroceder sob os aspectos social e econômico, eis que constitui elemento fundamental pelo qual se realiza a propriedade privada e a livre circulação de bens.[495]

A esse propósito, há um crescente "intervencionismo estatal no conteúdo jurígeno da vontade de contratar, limitando pretensões e adequando de forma compulsória, e até por determinação judicial, aspectos da vida privada".[496] Autonomia da vontade e autonomia privada são conceitos distintos, embora tenham um ponto de toque similar, conforme explica Francisco Amaral:

> Autonomia privada não se confunde com autonomia da vontade. Esta tem uma conotação subjetiva, psicológica, enquanto aquela exprime o poder da vontade no direito, de modo objetivo, concreto e real. Por isso mesmo, a autonomia da vontade é causa do ato jurídico (CC, art. 185), enquanto a autonomia privada é a causa do negócio jurídico (CC, art. 104), fonte principal de obrigações.[497]

Importante mencionar que essa diferenciação não é pacífica na doutrina. Muitas vezes, não há uma distinção entre os conceitos; em outros momentos, são utilizados como sinônimos.[498]

---

[494] TEPEDINO, Gustavo. Esboço de uma classificação funcional dos atos jurídicos. *In*: SIMÃO, José, F.; BELTRÃO, Silvio Romero. *Direito civil – estudos em homenagem a José de Oliveira Ascensão*: direito privado. São Paulo: Grupo GEN, 2015. v. 2, p. 88.

[495] AMARAL, Francisco dos Santos. A autonomia privada como princípio fundamental da ordem jurídica – perspectivas estrutural e funcional. *Doutrinas Essenciais de Direito Civil*, v. 2, p. 579-606, out. 2010.

[496] NERY, Rosa Maria Barreto Borriello de Andrade. *Vínculo obrigacional*: relação jurídica de razão (técnica e ciência de proporção) – uma análise histórica e cultural. Tese (Livre-Docência em Direito Civil). Pontifícia Universidade Católica de São Paulo (PUC-SP), São Paulo, 2004. p. 293-295.

[497] AMARAL, Francisco. *Direito civil – introdução*. 9. ed. São Paulo: Saraiva, 2018. p. 131.

[498] "Não se confunde a autonomia da vontade (princípio geral de direito), que respeita a correlação existente entre o querer do sujeito e a sua manifestação exterior (declaração,

A autonomia privada é fruto do campo de atuação do sujeito no âmbito do direito privado, da liberdade a ele atribuída para exercer a própria atividade jurídica. Dela decorre a liberdade negocial e contratual.[499]

Nesse sentido, Judith Martins-Costa acrescenta:

> Modernamente, descartada a ligação com a vontade como gênese de relações jurídicas, designa-se, como 'autonomia privada' (dita, no campo dos negócios, autonomia negocial), seria um fato objetivo, vale dizer, o poder, reconhecido pelo ordenamento jurídico aos particulares, e nos limites traçados pela ordem jurídica, de autorregular os seus interesses, estabelecendo certos efeitos aos negócios que pactuam.[500]

O negócio jurídico, incluindo as formas unilaterais de declaração de vontade, as formas gratuitas de disposição patrimonial, as manifestações acerca da destinação do patrimônio *post mortem*, é instrumento próprio dessa autonomia.

Essa faculdade do sujeito de dispor para contratar da forma que lhe aprouver encontra limite tão apenas nos preceitos de ordem pública, nas normas cogentes. Assim, não é necessária autorização normativa para se utilizar o *trust* estrangeiro como instrumento do planejamento patrimonial sucessório no Brasil.

Como já abordado, a autonomia privada configura um espaço cedido pelo Estado aos particulares para atuação com eficácia jurídica, reconhecendo a esses particulares o poder de autodeterminação, eis que têm o pleno conhecimento dos seus melhores interesses e da forma pelo qual irão regular esses interesses.

---

ato), com a autonomia privada, princípio de direito privado que corresponde, como visto, ao poder do sujeito de criar e submeter-se a regras particulares". (NERY JÚNIOR, Nelson; NERY, Rosa Maria de Andrade. *Código Civil comentado*. 10. ed. São Paulo: RT, 2013. p. 631).

[499] "Da autonomia negocial para a autonomia contratual, move-se de uma para a outra, como de uma relação de gênero para a espécie que vincula, respectivamente, do negócio (*genus*) para o contrato (*species*). Através da primeira locução, designa-se a hipótese na qual a autonomia se exterioriza para a conclusão de um negócio (qualquer que seja a sua conformação estrutural e o seu conteúdo); através da segunda, indica-se a hipótese pela qual o referido poder se exprime na conclusão do tipo negocial mais comum: o contrato; caracterizado pela pluralidade de partes e pela patrimonialidade do conteúdo". (CABRAL, Érico de Pina. A "autonomia" no direito privado. *Revista de Direito Privado*, São Paulo, v. 19, jul. 2004. p. 83-129).

[500] MARTINS-COSTA, Judith. Mercado e solidariedade social. *In*: MARTINS-COSTA, Judith (Org.). *A reconstrução do direito privado*. São Paulo: RT, 2002. p. 615.

Os efeitos dessa manifestação de vontade, uma vez declarada e exercida validamente, são vinculativos e tutelados, ainda que nas transmissões patrimoniais gratuitas (como é o caso do *trust*).

Assim, o exercício do direito de autodeterminação patrimonial, inclusive com efeitos vinculados ao falecimento, decorre do direito de livre disposição atribuído ao proprietário.

Dessa forma, o sujeito, ao manifestar a vontade de contratação do *trust* (disposição patrimonial), e efetivamente contratá-lo, deve ter sua atuação reconhecida e tutelada pelo direito.

CAPÍTULO 5

CONCLUSÃO

A utilização do *trust* estrangeiro como instrumento do planejamento patrimonial sucessório é prática que vem ganhando cada vez mais adeptos no cenário nacional. Há uma crescente contratação do *trust* estrangeiro por brasileiros.

Por meio da instituição de um *trust* é possível segregar um núcleo patrimonial específico – pré-estabelecendo a atribuição desse patrimônio a determinados beneficiários – que será destinado a uma gestão própria, podendo também ser definidos parâmetros e formas dessa gestão (inclusive por um terceiro), condições e termos para a fruição e/ou atribuição do próprio patrimônio segregado (ou parte dele), seus frutos e rendimentos, a beneficiários específicos ou não.

Nesse escopo, o *trust* é frequentemente utilizado por determinados indivíduos como alternativa para acomodar os atuais anseios de disposição patrimonial sucessória.

Em razão da crescente utilização desse instituto surgiu uma forte corrente político-legislativa para criar um arcabouço fiscal para a sua tributação (tendo como fato gerador a conferência de bens ao *trust*, ato de natureza gratuita, Lei nº 14.754/23).

Conquanto exista norma que regulamente a incidência tributária nessa relação, inexiste, até o momento, na legislação civil nacional, qualquer previsão acerca do próprio *trust* ou de sua utilização.

Assim, em que pese o surgimento desse instrumento jurídico ter ocorrido há mais de seis séculos, estando ele amplamente difundido e sendo largamente utilizado ao redor do mundo (inclusive por brasileiros), não há no Código Civil brasileiro qualquer previsão legal acerca deste instituto.

Considerando o processo legislativo nacional, que é complexo e muitas vezes moroso, há um descompasso entre as relações sociais – que são modificadas em ritmo dinâmico – e o ordenamento jurídico – destinado a regular essas relações e seus desdobramentos. Dessa forma, ao mesmo tempo em que há um uso crescente do *trust* como instrumento de planejamento patrimonial sucessório por brasileiros e cujos efeitos podem incidir diretamente nas relações aqui existentes, há uma lacuna legislativa no Brasil sobre esse instituto jurídico e suas consequências, especialmente no que toca ao âmbito do direito das sucessões.

Há uma infinidade de motivos e formas pelas quais o *trust* estrangeiro pode ser utilizado, dentre elas, para (i) preservação de um determinado acervo patrimonial; (ii) manutenção de negócios; (iii) otimização da gestão de ativos financeiros; (iv) transmissão patrimonial; (v) redução de custos de transmissão; (vi) constituição de renda; (vii) proteção de familiares e terceiros. Assim, a sua instituição pode proporcionar uma sucessão patrimonial ordenada (objetivo do planejamento patrimonial sucessório).

Embora exista na legislação brasileira a previsão de diversos instrumentos jurídicos que, em conjunto, têm o condão de proporcionar um planejamento patrimonial sucessório adequado, a instituição de um *trust*, por si, pode encampar praticamente todas essas providências, ou seja, é um instrumento jurídico dinâmico que pode trazer maior praticidade e presteza, ao mesmo tempo que proporcionará um elevado grau de segurança.

Em que pese a instituição de um *trust* estrangeiro possa proporcionar inúmeras vantagens e benefícios, por ocasião da sua instituição – quando existirem elementos de conexão que atraiam a observância da lei civil nacional (seja a nacionalidade ou o domicílio das partes envolvidas, seja a localização dos bens) – é preciso observar se as estipulações havidas no *trust* serão válidas conforme a norma civil brasileira, eis que há na legislação nacional uma inequívoca limitação – formal e material – quanto à possibilidade de disposição patrimonial.

Nos termos do art. 1.846 do CC/2002, o proprietário com herdeiros necessários não pode dispor gratuitamente de mais da metade dos seus bens. Por sua vez, o art. 548 do CC/2002 veda a doação da totalidade dos bens sem a reserva de bens ou renda suficientes para a subsistência do doador. Já o art. 549 do CC/2002 estabelece que é nula a doação quanto à parte que exceder à que o doador, no momento da liberalidade, poderia dispor em testamento. Igualmente, o testador não pode estabelecer cláusula de inalienabilidade, impenhorabilidade e incomunicabilidade sobre os bens da legítima, salvo se houver justa causa declarada no testamento. Igualmente, o proprietário casado, salvo no regime da separação total de bens, não pode, sem autorização do outro, alienar ou gravar de ônus real os bens imóveis, prestar fiança ou aval, fazer doação, não sendo remuneratória, de bens comuns, ou dos que possam integrar futura meação. Outrossim, na sucessão testamentária, o testador não pode beneficiar pessoa incerta, deixando a determinação de sua identidade a cargo de terceiro.

Essas normas, como visto, muitas vezes, não condizem com as expectativas atuais envolvendo a sucessão patrimonial. O modelo sucessório brasileiro destoa das transformações sociais, familiares e econômicas havidas, pois reflete um modelo normativo arquitetado no século anterior. Os modelos familiares que hoje subsistem não eram imagináveis no século passado. É diante desse descompasso que urge maior flexibilização normativa acerca do âmbito de atuação pessoal quanto à destinação patrimonial.

Por todas essas razões, acentua-se o uso do *trust*, uma vez que ele tem o condão de abarcar sozinho as principais apreensões sucessórias existentes.

No âmbito da liberdade contratual, está o direito de os indivíduos estabelecerem a forma, os efeitos e o conteúdo do negócio jurídico. É essencialmente no campo das relações patrimoniais que atua a autonomia privada, cujo instrumento é justamente o negócio jurídico, incluindo as formas unilaterais de declaração de vontade, as formas gratuitas de disposição patrimonial e as manifestações acerca da destinação do patrimônio *post mortem*.

A faculdade do sujeito para contratar da forma que lhe aprouver encontra limite apenas nos preceitos de ordem pública, nas normas cogentes. Assim, não é prescindível a autorização normativa para utilizar o *trust* estrangeiro como instrumento do planejamento patrimonial sucessório.

Inclusive, mostra-se positiva a inexistência de norma civil acerca do *trust* no país, eis que o intervencionismo estatal nas formas privadas de contratação muitas vezes tem caráter restritivo, limitador, cerceando de modo compulsório aspectos da vida privada e do cenário econômico, diante de ultrapassados valores morais que não se amoldam à sociedade contemporânea.

É nesse contexto que jaz a intocável proteção à legítima, que não encontra guarida na sociedade contemporânea, mas que vigora plenamente.

No entanto, embora a sucessão legítima demande uma revisão normativa, atualmente, ela é norma cogente e deve ser observada, inclusive quando da instituição e execução do *trust* estrangeiro, isso na hipótese de estarem presentes elementos de conexão que atraiam a observância da lei civil nacional: a nacionalidade e/ou o domicílio das partes envolvidas e/ou a localização do patrimônio. Portanto, a análise da validade das disposições contidas no *trust* estrangeiro (inclusive eventual violação da porção legítima) embora pactuada em outro país, ocorrerá sob a ótica do CC/2002, quando existirem esses elementos.

Uma vez presentes, atesta-se a validade do *trust*, ou seja, a conformidade desse negócio jurídico com determinadas normas internas. Isso porque, se é dado às partes criar direitos, obrigações e outros efeitos jurídicos por meio dos inúmeros negócios jurídicos – formando, assim, o conteúdo da declaração de vontade – essa manifestação deve se conformar a todo ordenamento jurídico e às normas ali postas. É certo que o ato será considerado eivado de nulidade quando atingir interesse público superior e anulável quando contrário a interesses particulares, legalmente tutelados.

Assim, por exemplo, será válido o *trust* instituído como instrumento do planejamento sucessório quando forem capazes os indivíduos envolvidos na contratação (*settlor* e *trustee*), segundo a respectiva lei pessoal e, caso se trate da lei brasileira, devem ser observadas tanto as disposições acerca da aptidão para o exercício de direitos, quanto as limitações para esse exercício ou, se presente uma parte incapaz, a regular representação nos termos da lei (inclusive, quando necessária, autorização judicial).

Outrossim, será válido o *trust* quando o seu instituidor observar a parcela legalmente reservada aos seus herdeiros obrigatórios (porção legítima), a sua intangibilidade, ainda que em um contexto maior, conforme todo o patrimônio por ele ostentado.

A instituição do *trust* não viola qualquer norma acerca da proteção legitimária, seja de ordem quantitativa ou restritiva. Não obstante, em algumas espécies de *trust*, é possível que seu instituidor, com eventuais disposições patrimoniais (que devem ser analisadas em um contexto global), possa encampar bens que deveriam compor a porção legítima de herdeiros necessários. Nessa hipótese, devem ser averiguadas eventuais e indevidas restrições, eis que esse fato (abarcar bens da legítima), por si só, não retira a validade do *trust*. Nesse sentido, imperioso avaliar quais e em que medida as disposições contidas em um *trust* poderiam privar os herdeiros necessários da porção que lhe é reservada pela lei civil.

Nesse contexto, considerando que o patrimônio é uma universalidade composta por todos os direitos (incluindo de propriedade sobre bens) e obrigações do seu titular, tanto no país em que é domiciliado quanto no exterior, a porção legítima deve ser averiguada tendo em vista toda essa universalidade.

Conclui-se, portanto, que para atestar a validade do *trust* como instrumento de planejamento patrimonial sucessório, é necessário aferir as disposições nele contidas, observados os requisitos de validade existentes no ordenamento civil nacional, como em qualquer outro negócio jurídico aqui previsto, a despeito da inexistência de previsão legal específica para o *trust* no Código Civil nacional.

REFERÊNCIAS

AGUIAR, Antônio Chrysippo de. *Direito civil*: Coelho Rodrigues e a ordem do silêncio. Teresina: Halley Gráfica S.A., 2006.

ALMEIDA COSTA, Mário Júlio de. *Cláusulas de inalienabilidade*. Coimbra: Coimbra Ed., 1992.

ALMEIDA, Francisco de Paula Lacerda. *Successões*: exposição doutrinária desta parte do direito civil. Rio de Janeiro: Livraria Cruz, 1915.

ALMEIDA, Verônica Scriptore Freire e. *A implementação do instituto dos trusts no direito brasileiro*. Tese (Doutorado em Direito). Universidade de Coimbra, Portugal, Coimbra, 2016.

ALMEIDA, Veronica Scriptore Freire e. *O direito dos trusts na perspectiva internacional*. São Paulo: Almedina Brasil, 2020.

ALVES, José Carlos Moreira. *Direito romano*. 4. ed. Rio de Janeiro: Forense, 2005. v. I.

ALVES, José Carlos Moreira. *Direito romano*. 4. ed. Rio de Janeiro: Forense, 2005. v. II.

ALVES, José Carlos Moreira. *Direito romano*. 18. ed. Rio de Janeiro: Forense, 2018.

AMORIM, Sebastião; OLIVEIRA, Euclides de. *Inventários e partilhas, direito das sucessões*. Teoria e prática antes e depois do novo Código Civil. 15. ed. São Paulo: Universitária de Direito, 2003.

AMARAL, Francisco. *Direito civil – introdução*. 9. ed. São Paulo: Saraiva, 2018.

AMARAL, Francisco dos Santos. A autonomia privada como princípio fundamental da ordem jurídica – perspectivas estrutural e funcional. *Doutrinas Essenciais de Direito Civil*, v. 2, p. 579-606, out. 2010.

ANDRADE, José Alfredo Ferreira. *Da alienação fiduciária em garantia*. São Paulo: Ed. Universitária de Direito, 1970.

ANSELMO, Márcio Adriano. *A OCDE e os novos paradigmas no combate aos paraísos fiscais*. Doutrinas Essenciais de Direito Tributário. São Paulo: RT, 2011. v. 6.

ARAÚJO, Nádia de. Direito internacional privado, direitos fundamentais e direito de família. *In*: PEREIRA, Rodrigo da Cunha (Coord.). *Afeto, ética, família e o Novo Código Civil brasileiro*. Belo Horizonte: Del Rey, 2004.

ASCARELLI, Tullio. Contrato misto, negócio indireto, *negotium mixtum cum donatione*. *Doutrinas Essenciais Obrigações e Contratos*, v. 3, p. 437-453, jun. 2011.

ASCENÇÃO, José de Oliveira. *Direito civil das sucessões*. 5. ed. Coimbra: Coimbra, 2000.

ASCENSÃO, José de Oliveira. *Direito civil*: teoria geral. 2. ed. Coimbra: Coimbra, 2000. v. I.

AUBRY, Charles; RAU, Charles. *Cours de droit civil français*. 5. ed. revista por Étienne Bartin. Paris: Marchal et Billard, 1917.

AZEVEDO, Antônio Junqueira de. O espírito de compromisso do direito das sucessões perante as exigências individualistas de autonomia da vontade e as supra-individualistas da família, herdeiro e legatário. In: AZEVEDO, Antônio Junqueira de. *Estudos e pareceres de direito privado*. São Paulo: Saraiva, 2004.

AZEVEDO, Álvaro Villaça de. *Bem de família*. 4. ed. São Paulo: RT, 1999.

AZEVEDO, Álvaro Villaça de. Cláusula de inalienabilidade, impenhorabilidade e incomunicabilidade. *Enciclopédia Saraiva de Direito*, São Paulo: Saraiva, 1977. v. 15.

AZEVEDO, Antônio Junqueira. *Negócio jurídico*: existência, validade e eficácia. 4. ed. São Paulo: Saraiva, 2002.

BAKER, John. *An introduction to english legal history*. Toronto, Canada: Butterworth & Co. Ltd., 1971.

BASSO, Maristela. *Curso de direito internacional privado*. 6. ed. São Paulo: Grupo GEN, 2019.

BASTOS, Alessandra Rugai. O planejamento sucessório e os vínculos contratuais. In: TEIXEIRA, Daniele Chaves (Coord.). *Arquitetura do planejamento sucessório*. Belo Horizonte: Fórum, 2021. t. II.

BERNHOEFT, Renato. *Empresa familiar*: sucessão profissionalizada ou sobrevivência comprometida. 2. ed. São Paulo: Nobel, 1989.

BERNHOEFT, Renato; GALLO, Miguel. *Governança corporativa na empresa familiar*: gestão, poder e sucessão. 3. ed. São Paulo: Campus, 2003.

BETTI, Emilio. *Teoria geral do negócio jurídico*. Coimbra: Coimbra, 1979.

BEVILÁQUA, Clóvis. *Teoria geral do direito civil*. 3. ed. São Paulo: Red Livros, 2001.

BEVILÁQUA, Clóvis. *Direito das sucessões*. 2. ed. Rio de Janeiro: Red Livros, 2000.

BEVILÁQUA, Clóvis. *Direito das sucessões*. 4. ed. São Paulo: Freitas Bastos, 1945.

BIANCA, Massimo. *Diritto civile*: la famiglia – Le successioni. 4. ed. Milano: Giuffrè, 2005. v. II.

BOVE, Alexander A. *The complete book of Wills, Estates & Trusts*. 4. ed. New York: St. Martin's Griffin, 2021.

BRASIL. Decreto nº 1.839, de 31 de dezembro de 1907. Regula o deferimento da herança no caso da successão ab intestate. *Diário Oficial da União*, Rio de Janeiro, 03 jan. 1908. Disponível em: https://www2.camara.leg.br/legin/fed/decret/1900-1909/decreto-1839-31-dezembro-1907-580742-publicacaooriginal-103597-pl.html. Acesso em 14 mar. 2024.

BRASIL. Lei nº 10.406, de 10 de janeiro de 2002. Institui o Código Civil. *Diário Oficial da União*, Brasília, 11 jan. 2002. Disponível em: https://www.planalto.gov.br/ccivil_03/LEIS/2002/L10406compilada.htm. Acesso em 14 mar. 2024.

BRASIL. Superior Tribunal de Justiça. REsp nº 1186965 RS 2010/0052382-7, Rel. Min. Massami Uyeda, j. 7.12.2010, Terceira Turma, Public. 3.2.2011.

BRASIL. Superior Tribunal de Justiça. REsp nº 1.362.400/SP, Rel. Min. Marco Aurélio Bellizze, j. 28.04.2015, DJe 05.06.2015.

BRASIL. Superior Tribunal de Justiça. Recurso Especial nº 2.026.288-SP, Rel. Min. Nancy Andrighi, j. 18.03.2023.

BRASIL. Superior Tribunal de Justiça. REsp nº 1755379 RJ 2018/0189785-0, Rel. Min. Moura Ribeiro, j. 24.09.2019, Terceira Turma, Public. 10.10.2019.

BRASIL. Superior Tribunal de Justiça. AREsp nº 1127897 MG 2017/0157897-5, Rel. Min. Luis Felipe Salomão, Public. 06.09.2017.

BRASIL. Superior Tribunal de Justiça. REsp nº 1642059 RJ 2015/0017305-4, Rel. Min. Nancy Andrighi, Terceira Turma, j. 15.12.2016, DJe 10.02.2017.

BRASIL. Superior Tribunal de Justiça. REsp nº 1.183.133/RJ, Rel. Min. Luis Felipe Salomão, Quarta Turma, j. 17.11.2015, DJe 1º.2.2016.

BRASIL. Tribunal de Justiça do Estado do Paraná. APL nº 16317929 PR 1631792-9 (Acórdão), Rel. Des. Sigurd Roberto Bengtsson, j. 4.7.2018, 11ª Câmara Cível, Public. 25.07.2018.

BRASIL. Tribunal de Justiça do Estado de São Paulo. Agravo de Instrumento nº 2012466-60.2021.8.26.0000, Rel. Theodureto Camargo, 8ª Câmara de Direito Privado, Foro Central Cível, 5ª Vara da Família e Sucessões, j. 01.09.2021, Registro: 2.9.2021.

BRASIL. Tribunal de Justiça do Estado de São Paulo. Agravo de instrumento nº 0101089-86.2011.8.26.0000, 8ª Câmara de Direito Privado, Des. Rel. Ribeiro da Silva, j. 9.11.2011.

BRASIL. Tribunal de Justiça do Estado de São Paulo. Apelação Cível, processo nº 1055983-36.2015.8.26.0100. Rel. Paulo de Tarso Vieira Sanseverino, DJe 8.6.2016.

BRASIL. Tribunal de Justiça do Estado de São Paulo. AC nº 10044724920168260072 SP 1004472-49.2016.8.26.0072, Rel. Enéas Costa Garcia, 1ª Câmara de Direito Privado, j. 7.10.2019.

BRASIL. Tribunal de Justiça do Estado de São Paulo. Apelação Cível nº 1004401-73.2018.8.26.0073, Rel. José Eduardo Marcondes Machado, 1ª Câmara de Direito Privado, j. 27.05.2020.

BRASIL. Tribunal de Justiça do Estado de São Paulo. Apelação Cível nº 1006361-85.2020.8.26.0011, Rel. Cesar Ciampolini; 1ª Câmara Reservada de Direito Empresarial do TJSP, j. 16.12.2022.

BRASIL. Tribunal de Justiça do Estado de São Paulo. Apelação Cível nº 0056408-81.2012.8.26.0554. Rel. Des. Eduardo Sá Pinto Sandeville, 6ª Câmara de Direito Privado, j. 2.6.2016.

BRASIL. Tribunal de Justiça do Estado de São Paulo. AI nº 21996875520228260000 SP 2199687-55.2022.8.26.0000, Rel. Moreira Viegas, 5ª Câmara de Direito Privado, j. 30.9.2022, Public. 30.09.2022.

BRASIL. Tribunal de Justiça do Estado de São Paulo. Agravo de Instrumento nº 2012466-60.2021.8.26.0000; Rel. Theodureto Camargo; 8ª Câmara de Direito Privado, Foro Central Cível. 5ª Vara da Família e Sucessões, j. 1.9.2021; Registro 2.9.2021.

BRASIL. Projeto de Lei nº 4.758, de 2020. Dep. Enrico Misasi. Dispõe sobre a fidúcia e dá outras providências. *Câmara Legislativa*. Disponível em: https://www.camara.leg.br/proposicoesWeb/prop_mostrarintegra?codteor=1933172. Acesso em 13 abr. 2021.

BRASIL. Decreto-Lei nº 4.657, de 4 de setembro de 1942. Lei de Introdução às Normas do Direito Brasileiro (LINDB). Redação dada pela Lei nº 12.376, de 2010. *Diário Oficial da União*, Rio de Janeiro, 09 set. 1942, retificado em 08 out. 1942 e em 17 jun. 1943. Disponível em: https://www.planalto.gov.br/ccivil_03/Decreto-Lei/Del4657.htm. Acesso em 14 mar. 2023.

CABRAL, Érico de Pina. A "autonomia" no direito privado. *Revista de Direito Privado*, São Paulo, v. 19, jul. 2004.

CAHALI, Francisco José; HIRONAKA, Giselda Maria Fernandes Novaes. *In*: CAMBLER, Everaldo Augusto (Coord.). *Curso avançado de direito civil – direito das sucessões*. 2. ed. São Paulo: RT, 2003. v. 6.

CAHALI, Francisco José. *Coletânea Orientações Pioneiras – família e sucessões no Código Civil de 2002*. Acórdãos, sentenças, pareceres e normas administrativas. São Paulo: RT, 2004. v. 1.

CAHALI, Francisco José. *Coletânea Orientações Pioneiras – família e sucessões no Código Civil de 2002*. Acórdãos, sentenças, pareceres e normas administrativas. São Paulo: RT, 2006. v. 2.

CAHALI, Francisco José; HIRONAKA, Giselda Maria Fernandes Novaes. *Direito das sucessões*. 5. ed. São Paulo: RT, 2014.

CAHALI, Francisco José. *Curso de arbitragem*: mediação, conciliação, resolução CNJ 125/2010. São Paulo: RT, 2017.

CAHALI, Francisco José. Comentários aos artigos 1.784 a 2.027. *In*: NANNI, Giovanni Ettore (Coord.). *Comentários ao Código Civil*: direito privado contemporâneo. 2. ed. São Paulo: Saraiva, 2021.

CAHALI, Yussef Said. *Dos alimentos*. 6. ed. São Paulo: RT, 2009.

CAMPOS, Diogo Leite de; TOMÉ, Maria João Vaz. *A propriedade fiduciária (trust)*: estudo para a sua consagração no direito português. Coimbra: Almedina, 1999.

CARVALHO FILHO, Milton Paulo de. Comentários aos artigos 1.511 a 1.783. *In*: PELUSO, Cezar. *Código Civil comentado*: doutrina e jurisprudência. 16. ed. São Paulo: Manole, 2022.

CARVALHO NETO, Pythagoras Lopes de. Quem é o dono do *trust*? Uma análise do *trust* à luz do direito civil brasileiro. *Revista dos Tribunais*, São Paulo, v. 995, p. 351-381, set. 2018.

CASTRO, Amilcar de. *Direito internacional privado*. 5. ed. Rio de Janeiro: Forense, 1995.

CASTRO, Flavia Lages de. *História do direito geral e do Brasil*. 5. ed. Rio de Janeiro: Lumen Juris 2007.

CHALHUB, Melhim Namem. *Negócio fiduciário*. Rio de Janeiro: Renovar, 1998.

CHALHUB, Melhim Namem. *Negócio fiduciário*: alienação fiduciária. 4. ed. Rio de Janeiro: Renovar, 2009.

CHALHUB, Melhim Namem. *Trust*: perspectivas do direito contemporâneo na transmissão da propriedade para administração de investimentos e garantia. Instrumentos de proteção contratual e patrimonial: propriedade fiduciária, patrimônio de afetação. Rio de Janeiro: Renovar, 2001.

CHALHUB, Melhim Namem. *Trust*. Breves considerações sobre sua adaptação aos sistemas jurídicos de tradição romana. *Revista dos Tribunais*, São Paulo, v. 790, p. 79-113, ago. 2001.

COELHO, Fábio Ulhoa. *Curso de direito comercial*. 19. ed. São Paulo: Saraiva, 2015. v. 2.

COELHO, Fábio Ulhoa. *Empresa familiar – estudos jurídicos*. São Paulo: Saraiva, 2014.

COELHO, Fábio Ulhoa. *Curso de direito civil – família e sucessões*. 2. ed. São Paulo: Thomson Reuters Brasil, 2020. v. 5.

COLOMBET, Claude. *La famille*. Paris: Presses Universitaires de France, 1985.

CORTE-REAL, Pamplona. *Da imputação de liberalidades na sucessão legitimária.* Lisboa: Centro de Estudos Fiscais, 1989.

COSTA, Mário Júlio de Almeida. *História do direito português.* 3. ed. Coimbra: Almedina, 2000.

COULANGES, Fustel de. *A cidade antiga.* (Trad. Jean Melville). São Paulo: Martin Claret, 2007.

CRUZ, Guilherme Braga da. Pacto sucessório na história do direito português. *Revista da Faculdade de Direito da Universidade de São Paulo (USP),* v. 60, São Paulo, 1965.

DANELUZZI, Maria Helena Marques Braceiro. *Aspectos polêmicos na sucessão do cônjuge sobrevivente.* São Paulo: Letras Jurídicas, 2004.

DANTAS, San Tiago. *Direito de família e das sucessões.* Rio de Janeiro: Forense, 1991.

DELGADO, Mário Luiz; FIGUEIREDO, Jones. *Novo Código Civil*: questões controvertidas. Direito das coisas. São Paulo: Método, 2008.

DELGADO, Mário Luiz. *Codificação, descodificação, recodificação do direito civil brasileiro.* São Paulo: Saraiva, 2011.

DELGADO, Mário Luiz. Fraudes no planejamento sucessório. *In*: TEIXEIRA, Daniele Chaves (Coord.). *Arquitetura do planejamento sucessório.* Belo Horizonte: Fórum, 2020.

DINIZ, Maria Helena. *Curso de direito civil brasileiro. Teoria geral do direito civil.* 10. ed. São Paulo: Saraiva, 1994. v. 1.

DINIZ, Maria Helena. *Curso de direito civil brasileiro. Teoria geral do direito civil.* 40. ed. São Paulo: Saraiva, 2023. v. 1.

DINIZ, Maria Helena. *Curso de direito civil brasileiro.* 9. ed. São Paulo: Saraiva, 1995. v. 2.

DINIZ, Maria Helena. *Lei de Introdução ao Código Civil brasileiro interpretada.* 13. ed. São Paulo: Saraiva, 2012.

DINIZ, Maria Helena. *Código Civil anotado.* 14. ed. São Paulo: Saraiva, 2008.

DINIZ, Maria Helena. *Curso de direito civil brasileiro*: direito das sucessões. São Paulo: Saraiva, 2023. v. 6.

DINIZ, Maria Helena. *Lei de Introdução às Normas do Direito Brasileiro interpretada.* 19. ed. São Paulo: Saraivajur, 2017.

FABIAN, Cristoph. Fidúcia. *Negócios fiduciários e relações externas.* Porto Alegre: Sergio Antonio Fabris, 2007.

FACHIN, Luiz Edson. *Estatuto jurídico do patrimônio mínimo.* Rio de Janeiro: Renovar, 2001.

FARIAS, Cristiano Chaves de; ROSENVALD, Nelson. *Direitos reais.* 5. ed. Rio de Janeiro: Lumen Juris, 2008.

FINKELSTEIN, Cláudio. O *trust* e o direito brasileiro. *Revista de Direito Bancário e do Mercado de Capitais,* São Paulo: RT, v. 72, abr./jun. 2016.

FOERSTER, Gerd. *O trust do direito anglo-americano e os negócios fiduciários no Brasil*: perspectiva de direito comparado (considerações sobre o acolhimento do *trust* pelo direito brasileiro). Porto Alegre: Sergio Antonio Fabris, 2013.

FONSECA, Rodrigo Garcia. *Considerações sobre o trust (fidúcia) no direito comparado*. Rio de Janeiro: Forense, abr./mai./jun. 1996. v. 334.

FRANÇA, Bruno Araujo. A cláusula compromissória como encargo nos contratos de doação e testamentos. *Revista de Arbitragem e Mediação*, v. 75, ano 19, p. 85-111, São Paulo: RT, out./dez. 2022.

FRANÇA. *Código Civil*. Disponível em: https://www.legifrance.gouv.fr/codes/section_lc/LEGITEXT000006070721/LEGISCTA000006150545/#LEGISCTA000006150545. Acesso em 08 jul. 2023.

FRANÇA, Rubens Limongi. *Instituições de direito civil*. 5. ed. São Paulo: Saraiva, 1999.

GAGLIANO, Pablo Stolze; PAMPLONA FILHO, Rodolfo Mario Veiga. *Novo curso de direito civil*: parte geral. São Paulo: Saraiva, 2022. v. 1.

GAGLIANO, Pablo Stolze. *O contrato de doação*. 4. ed. São Paulo: Saraiva, 2014.

GAGLIANO, Pablo Stolze. *Contrato de doação*. 5. ed. São Paulo: Saraiva, 2021.

GARDNER, Simon. *An introduction to the law of trusts*. 3. ed. Oxford: OUP Oxford, 2011.

GATT, Lucilla. Onerosità e liberalità. *Rivista di Diritto Civile*, Padova, n. 49, p. 663, 2003.

GENNARO, Gino de. *I contratti misti*: delimitazione, classificazione e disciplina. Negotia mixta cum donatione. Padova: CEDAM, 1934.

GIORGIS, José Carlos Teixeira. A justa causa no novo testamento. *In*: RÉGIS, Mário Luiz Delgado; ALVES, Jones Figueirêdo (Org.). *Questões controvertidas no novo Código Civil*. São Paulo: Método, 2006. v. 2.

GOMES, Orlando. *Contrato de fidúcia (trust)*. Rio de Janeiro: Forense, 1965. v. 211.

GOMES, Orlando. *Direitos reais*. Rio de Janeiro: Forense, 2001.

GOMES, Orlando. *Direito de família*. 19. ed. Rio de Janeiro: Forense, 2019. t. I.

GOMES, Orlando. *Novas questões de direito civil*. São Paulo: Saraiva, 1979.

GOMES, Orlando. *Introdução ao direito civil*. Edvaldo Brito (Coord.); Reginalda Paranhos de Brito (atual.). 22. ed. Rio de Janeiro: Forense, 2019.

GOMES, Orlando. *Direitos reais*. 21. ed. São Paulo: Grupo GEN, 2012.

GOMES, Orlando. *Contratos*. 28 ed. São Paulo: Forense, 2022.

GOMES, Orlando. Raízes históricas e sociológicas do Código civil brasileiro. São Paulo: Martins Fontes, 2003.

GONÇALVES, Carlos Roberto. *Direito civil*: parte geral. 25. ed. São Paulo: Saraiva, 2018.

GOODMAN, Dawn. Trusts and settlors – can a settlor have too much power? In: 23rd issue of The International Family Offices Journal. Globe Law and Business. Disponível em: www.globelawandbusiness.com/journals/the-international-family-offices-journal. Acesso em 27 set. 2023.

GUERRA, Alexandre. Comentários aos artigos 2.028 a 2.046. In: NANNI, Giovanni Ettore. Comentários ao Código Civil: direito privado contemporâneo. 2. ed. São Paulo: Saraiva, 2021.

GUIMARÃES, Renata Mei Hsu. A vivência do planejamento sucessório. *In*: TEIXEIRA, Daniele Chaves. *Arquitetura do planejamento sucessório*. Belo Horizonte: Fórum, 2021. t. II.

HAYTON, David J. *The law of trusts*. 2. ed. London: Sweet & Maxwell, 1998.

HAYTON, David J. *The law of trusts*. 3. ed. London: Sweet & Maxwell, 1999.

HAYTON, David. J. *The law of trusts*. 4. ed. London: Sweet & Maxwell, 2003.

HAYTON, David J.; UNDERHILL, Arthur. *Law relating to trusts and trustees*. 16. ed. London: Butterworths LexisNexis, 2003.

HCCH. *Convention on the law applicable to trusts and on their recognition*. Disponível em: http://hcch.e-vision.nl/index_en.php?act=conventions.text&cid=59. Acesso em 14 jul. 2023.

HIRONAKA, Giselda Maria Fernandes Novaes. Planejar é preciso: planejamento sucessório para as novas famílias. Entrevista. *Revista IBDFAM*, Belo Horizonte, Instituto Brasileiro de Direito de Família. 10. ed. abr. 2014.

HIRONAKA, Giselda Maria Fernandes Novaes; TARTUCE, Flávio. Planejamento sucessório: conceito, mecanismos e limitações. *Revista Brasileira de Direito Civil – RBDCivil*, Belo Horizonte, v. 21, p. 87-109, jul./set. 2019.

HORBACH, Carlos Bastide. A propriedade no direito inglês. In: ZITSCHER, Harriet Christianne (Org.). *Introdução ao direito civil alemão e inglês*. Belo Horizonte: Del Rey, 1999.

HOLDSWORTH, William Searle. *A history of english law*. London: Methuen, 1944. v. I.

IAMICELI, Paola. *Unità e separazione dei patrimoni*. Padova: CEDAM, 2003.

ITÁLIA. *Código Civil*. Disponível em: https://www.altalex.com/documents/codici-altalex/2015/01/02/codice-civile. Acesso em 8 jul. 2023.

KEETON, George Williams. *The law of trusts*. 7. ed. London: ⊕Pitman, 1957.

KERLY, Duncan. *An historical sketch of the equitable jurisdiction of the Court of Chancery*. Cambridge: Cambridge University, 1890. v. I.

KERLY, Duncan. *An historical sketch of the equitable jurisdiction of the Court of Chancery*. Cambridge: Cambridge University, 1890. v. II.

KLABIN, Aracy Augusta Leme. *História geral do direito*. 2. ed. São Paulo: RT, 2005.

KOZUSKO, Donald; VETTER, Stephen. *United States*: trusts, topical analyses. Amsterdam: IBFD, 2011.

KÜMPEL, Vitor Frederico. *Teoria da aparência no Código Civil de 2002*. São Paulo: Método, 2007.

LARENZ, Karl. *Allgemeiner Teil des Bürgerlichen Rechts*. Manfred Wolf (atual.). München: C. H. Beck, 2004.

LEITE, Eduardo de Oliveira. *Comentários ao Novo Código Civil*. 3. ed. Rio de Janeiro: Forense, 2003.

LEPAULLE, Pierre. La naturaleza del trust. *Revista General de Derecho y Jurisprudencia*, Mexico, 1932 (*online*). t. 3.

LEWIN, Thomas. *Practical treatise on the law of trusts*. 13. ed. Reino Unido: W. Banks, 1928.

LOPES, Miguel Maria de Serpa. *Comentários à Lei de Introdução ao Código Civil*. 2. ed. Rio de Janeiro: Livraria Freitas Bastos, 1959.

LOPES, Miguel Maria de Serpa. *Curso de direito civil*: introdução, parte geral e teoria dos negócios jurídicos. Rio de Janeiro: Livraria Freitas Bastos, 1953.

LOPES, Miguel Maria de Serpa. *Curso de direito civil*. 6. ed. Rio de Janeiro: Livraria Freitas Bastos, 1996. v. III.

LUPOI, Maurizio. *Aspetti gestori e dominicali, segregazione: trust* e istituti civilistici, nota a Trib. Lucca, 23 settembre 1997. Periodico: Il Foro italiano, anno 1998, v. 121.

LUPOI, Maurizio. *Trusts*. Milano: Giuffrè, 2001.

LUPOI, Maurizio. Sentenza 23 Settembre 1997; Pres. Orsucci, Est. Terrusi; Casani (Avv. Biagiotti) c. Mattei (Avv. Cattani). *Il Foro Italiano*, v. 121, n. 11, p. 3.391/3.392-3.395/3.396, 1998.

MADALENO, Rolf. O fim da legítima. *Revista IBDFAM, Famílias e Sucessões*, Belo Horizonte, n. 16, 2016.

MADALENO, Rolf. *Sucessão legítima*. 2. ed. Rio de Janeiro: Forense, 2020.

MAIA JÚNIOR, Mairan Gonçalves. *Sucessão legítima*: as regras da sucessão legítima, as estruturas familiares contemporâneas e a vontade. São Paulo: RT, 2018.

MAITLAND, Frederic William. *Equity*: a course of lectures. Cambridge: Cambridge University Press, 2011.

MALUF, Carlos Alberto Dabus. *Das cláusulas de inalienabilidade, incomunicabilidade e impenhorabilidade*. São Paulo: Saraiva, 1986.

MALUF, Carlos Alberto Dabus. *Cláusulas de inalienabilidade, incomunicabilidade e impenhorabilidade*. 4. ed. São Paulo: RT, 2006.

MAMEDE, Gladston. *Empresas familiares*: o papel do advogado na administração, sucessão e prevenção de conflitos entre sócios. 2. ed. São Paulo: Grupo GEN, 2014.

MARCONDES, Sylvio. *Problemas de direito mercantil*. São Paulo: Max Limonad, 1970.

MARTINS, Fran. *Contratos e obrigações comerciais*. 12. ed. Rio de Janeiro: Forense, 1996.

MARTINS, Raphael Manhães. Análise da "aclimatação" do *trust* ao direito brasileiro: o caso da propriedade fiduciária. *Revista Quaestio Iuris*, Rio de Janeiro, v. 6, n. 2, 2013.

MARTINS-COSTA, Judith. Os negócios fiduciários: considerações sobre a possibilidade de acolhimento do *trust* no direito brasileiro. *Revista dos Tribunais*, São Paulo, n. 657, 1990.

MARTINS-COSTA, Judith. O direito sucessório na Constituição: a fundamentalidade do direito à herança. *Revista do Advogado AASP*, São Paulo, ano XXXI, n. 112, jul. 2011.

MARTINS-COSTA, Judith. O trust e o direito brasileiro. *Revista de Direito Civil Contemporâneo*, v. 2, p. 165-209, jul./set. 2017.

MARTINS-COSTA, Judith. Mercado e solidariedade social. *In*: MARTINS-COSTA, Judith (Org.). *A reconstrução do direito privado*. São Paulo: RT, 2002.

MATEUS, Ari. Em Sorocaba o testamento público de Santos Dumont. *Revista de História*, [S. l.], v. 28, n. 57, p. 201-207, 1964. Disponível em: https://www.revistas.usp.br/revhistoria/article/view/122670. Acesso em 19 jun. 2023.

MAXIMILIANO, Carlos. *Direito das sucessões*. 5. ed. Rio de Janeiro: Freitas Bastos, 1964. v. I.

MAXIMILIANO, Carlos. *Direito das sucessões*. 4. ed. São Paulo: Freitas Bastos, 1958. v. I.

MENEZES CORDEIRO, António. *Tratado de direito civil II*. Portugal, Coimbra: Almedina, 2021.

MENNEL, L. Robert. *Wills and Trusts in a Nutshell.* 2. ed. Minnesota: West Group, 2004.

MIRAGEM, Bruno. *Teoria geral do direito civil.* Rio de Janeiro: Forense, 2021.

MOFFAT, Graham. *Trusts law*: text and materials. 5. ed. Cambridge: Cambridge University Press, out. 2009.

MONTEIRO, Washington de Barros. *Curso de direto civil de acordo com o novo Código Civil*: Lei nº 10.406, de 10.01.2002. Direito das coisas. 37. ed. São Paulo: Saraiva, 2003. v. 3.

MONTEIRO, Washington de Barros. *Curso de direito civil*: parte geral. 38. ed. São Paulo: Saraiva, 2001.

MORAES FILHO, Evaristo de. *Sucessão nas obrigações e a teoria da empresa.* Rio de Janeiro: Forense, 1960.

MOTA PINTO, Carlos Alberto. *Teoria geral do direito civil.* 3. ed. Coimbra: Coimbra, 1999.

NANNI, Giovanni Ettore. *Comentários ao Código Civil*: direito privado contemporâneo. 2. ed. São Paulo: Saraiva, 2021.

NERY, Rosa Maria Barreto Borelle de Andrade. *O novo Código Civil*: estudo em homenagem ao prof. Miguel Reale. São Paulo: LTr., 2003.

NERY, Rosa Maria Barreto Borriello de Andrade. *Vínculo obrigacional*: relação jurídica de razão (técnica e ciência de proporção) – uma análise histórica e cultural. Tese (Livre-Docência em Direito Civil). Pontifícia Universidade Católica de São Paulo (PUC-SP), São Paulo, 2004.

NERY JUNIOR, Nelson; NERY, Rosa Maria de Andrade. *Código Civil anotado e legislação extravagante.* 2. ed. São Paulo: RT, 2003.

NERY JUNIOR, Nelson; NERY, Rosa Maria de Andrade. *Instituições de direito civil*: teoria geral do direito de sucessões – processo judicial e extrajudicial de inventário. São Paulo: RT, 2017.

NERY JUNIOR, Nelson. Doação pura, preliminar de doação e contratos de gestão. *Revista de Direito Privado*, v. 25, p. 7-58, jan./mar. 2006.

NERY JUNIOR, Nelson; NERY, Rosa Maria de Andrade. *Código Civil comentado.* 10. ed. São Paulo: RT, 2013.

NONATO, Orosimbo. Estudos sobre sucessão testamentária. Rio de Janeiro: Forense, 1957. v. 1.

NONATO, Orosimbo. *Estudos sobre sucessão testamentária.* Rio de Janeiro: Forense, 1957. v. 2.

NONATO, Orosimbo. *Estudos sobre sucessão testamentária.* Rio de Janeiro: Forense, 1957. v. 3.

OLIVEIRA, Arthur Vasco Itabaiana de. *Direito das sucessões.* 3. ed. Rio de Janeiro: Livraria Jacintho, 1936. v. I.

OLIVA, Milena Donato. O trust e o direito brasileiro patrimônio separado e titularidade fiduciária. *Revista Semestral de Direito Empresarial*, n. 6, jan./jun. 2010.

PANICO, Paolo. *International trust laws.* Oxford: Oxford University Press, 2017.

PARKINSON, Mark S. *Society of trust and estate practioners*: certificate on *trusts* for civil law practioners. Reino Unido: International Ltd, 2011.

PELUSO, Cezar. *Código Civil comentado*: doutrina e jurisprudência. 16. ed. São Paulo: Manole, 2022.

PENNER, James Ernest. *The law of trusts*. 7. ed. Londres: Oxford University Press, 2010.

PEREIRA, Caio Mário da Silva. *Instituições de direito civil*: parte geral. 22. ed. Rio de Janeiro: Forense, 2007. v. 1.

PEREIRA, Caio Mário da Silva. *Instituições de direito civil*: contratos. 19. ed. Rio de Janeiro: Forense, 2007. v. 3.

PEREIRA, Caio Mário da Silva. *Instituições de direito civil*: direitos reais. 19. ed. Rio de Janeiro: Forense, 2007. v. 4.

PEREIRA, Caio Mário da Silva. *Instituições de direito civil*: introdução ao direito civil – teoria geral do direito civil. 34. ed. São Paulo: Grupo GEN, 2022. v. I.

PETTIT, Philip Henry. *Equity and the law of trusts*. 20. ed. Reino Unido: Oxford, 2012.

PETTIT, Philip Henry. *Equity and the law of trusts*. 10. ed. New York: Oxford University Press, 2006.

PETTIT, Philip H. *Equity and the law of trusts*. 11. ed. Chichester: Barry Rose Publisher, 2012.

PINHEIRO, Jorge Duarte. *O direito das sucessões contemporâneo*. 5. ed. Coimbra: Gestlegal, 2022.

PINTO, Antonio Joaquim de Gouvea. *Tractado regular e practico de testamentos e sucessões*. Rio de Janeiro: Livraria Universal de Eduardo & Henrique Laemmert, 1877.

POLLOCK, Frederick; MAITLAND, Frederic William. *The history of english law before the time of Edward I*. 2. ed. Cambridge: Cambridge University, 1898-1899. v. II.

PONTES DE MIRANDA, Francisco Cavalcanti. *Tratado de direito privado – parte especial. Direito das coisas*: aquisição de propriedade imobiliária. Rio de Janeiro: Borsoi, 1955.

PONTES DE MIRANDA, Francisco Cavalcanti. *Tratado de direito privado – parte geral. Negócios jurídicos, representação, conteúdo, forma, prova*. Campinas: Bookseller, 2000. t. 3.

PONTES DE MIRANDA, Francisco Cavalcanti. *Tratado de direito privado*. 3. ed. São Paulo: RT, 1984. t. 4.

PONTES DE MIRANDA, Francisco Cavalcanti. *Tratado de direito privado*. 3. ed. São Paulo: RT, 1984. t. 5.

PONTES DE MIRANDA, Francisco Cavalcanti. *Tratado de direito privado*. 3. ed. São Paulo: RT, 1984. t. 8.

PONTES DE MIRANDA, Francisco Cavalcanti. *Tratado de direito privado*. 3. ed. São Paulo: RT, 1984. t. 39.

PONTES DE MIRANDA, Francisco Cavalcanti. *Tratado de direito privado*. 3. ed. São Paulo: RT, 1984. t. 55.

PONTES DE MIRANDA, Francisco Cavalcanti. *Tratado de direito privado*. 3. ed. São Paulo: RT, 1984. t. 46.

PONTES DE MIRANDA, Francisco Cavalcanti. *Tratado de direito privado*. Campinas: Bookseller, 2000. t. 5.

PONTES DE MIRANDA, Francisco Cavalcanti. *Tratado de Direito Privado. Parte Especial.* 3. ed. Direito das coisas. Usufruto. Uso. Habitação. Renda sobre imóvel. São Paulo: RT, 1952. t. 19.

PRADO, Roberta Nioac (Coord.). *Direito, gestão e prática – empresas familiares*: governança corporativa, governança familiar e governança jurídica. São Paulo: Saraiva, 2021.

RAMOS, André Luiz Arnt; CATALAN, Marcos Jorge. O eterno retorno: a quem serve o modelo brasileiro de direito sucessório? *Civilistica.com*, ano 8, n. 2, 2019.

REALE, Miguel. *Lições preliminares de direito.* 27. ed. São Paulo: Saraiva, 2003.

REIMANN, Wolfgang; BENGEL, Manfred; MAYER, Jörg. *Testment und Erbvertrag.* Luchterhand: Neuwied, 2006.

ROBLES, Gregório. *O direito como texto: quatro estudos de teoria comunicacional do direito.* São Paulo: Manole, 2005.

RODRIGUES, Silvio. *Direito civil – direito das sucessões.* 23. ed. São Paulo: Saraiva, 1999. v. 7.

RODRIGUES, Silvio. *Direito civil – parte geral.* 34. ed. São Paulo: Saraiva, 2007. v. 1.

RODRIGUES, Silvio. *Direito civil – direito das coisas.* 28. ed. São Paulo: Saraiva, 2003. v. 5.

ROPPO, Enzo. *O contrato.* (Trad. Ana Coimbra e M. Januário C. Gomes). Coimbra: Almedina, 1986.

ROSENVALD, Nelson. *A responsabilidade civil da pessoa com deficiência qualificada pelo apoio e de seus apoiadores.* Disponível em: https://www.nelsonrosenvald.info/single-post/2018/03/06/A-ResponsabilidadeCivil-da-Pessoa-com-Defici%C3%AAncia-qualificada-pelo-Apoio-E-de-seusApoiadores. Acesso em 25 mai. 2023.

ROSENVALD, Nelson. Comentários aos artigos 421 a 652. *In:* PELUSO, Cezar. *Código Civil comentado*: doutrina e jurisprudência. 16. ed. São Paulo: Manole, 2022.

RUGGIERO, Roberto de. *Instituições de direito civil – direito de família*: direitos reais e posse. (Trad. Paolo Capitano). Campinas: Bookseller, 1999. v. 2.

RUGGIERO, Roberto de. *Instituciones de derecho civil.* Direito de obligaciones. Derecho de Familia e Derecho hereditario. Traducicion de la 4ª edicion italiana. Madrid: Instituto Editorial Reus, 1931. t. 2.

SALOMÃO NETO, Eduardo. *O trust e o direito brasileiro.* São Paulo: LTr, 1996.

SANTOS, João Manoel de Carvalho. *Código Civil brasileiro interpretado*: Direito das obrigações. 2. ed. Rio de Janeiro: Freitas Bastos, 1938. v. XVI.

SANTOS, Raquel do Amaral de Oliveira. *Trust*: das origens à aceitação pelos países de direito romano-germânico. Dissertação (Mestrado em Direito). Pontifícia Universidade Católica de São Paulo (PUC-SP), São Paulo, 2009.

SCOTT, Austin W. The *trust* as an instrument of law reform. *The Yale Law Journal*, v. 31, n. 5, mar. 1922.

SCOTT, Austin W. *The law of trusts.* Boston: Little, Brown and Company, 1939. v. I.

SEBRAE. *Pais e filhos*: os desafios e valores entre gerações de empreendedores. 27 set. 2021. Disponível em: https://sebrae.com.br/sites/PortalSebrae/ufs/ms/artigos/pais-e-filhos-os-desafios-e-valores-entre-geracoes-de-empreendedores,f646cf80c782c710VgnVCM10000 0d701210aRCRD. Acesso em 17 jun. 2023.

SEGALLA, Juliana Izar Soares da Fonseca. *Inclusão não é favor nem bondade*. São Paulo: Matrioska, 2023.

SHERIDAN, Lionel Astor. *The law of trusts*. 10. ed. London: Professional Books Ltd., 1983.

SILVA Clóvis do Couto e. Testamento público. *In*: *Doutrinas Essenciais Família e Sucessões*, v. 6, p. 769-790, ago. 2011.

SILVA, Rafael Cândido da. *Pactos sucessórios e contratos de herança*. Estudo sobre a autonomia privada na sucessão causa mortis. Salvador: JusPodivm, 2019.

SIMÃO, José Fernando. Do direito das sucessões. *In*: SCHREIBER, Anderson *et al*. *Código Civil comentado*: doutrina e jurisprudência. 4. ed. Rio de Janeiro: Forense, 2022.

SIMÃO, José Fernando. *Novo Código Civil*: questões controvertidas no direito das obrigações e dos contratos. São Paulo: Método, 2005. v. 4.

SIDOU, José Maria Othon. *Dicionário jurídico*. 11. ed. Rio de Janeiro: Forense, 2016.

SMITH, Lionel. *Re-imagining the trusts in civil law*. Cambridge: Cambridge University Press, 2012.

SOARES, Guido Fernando Silva. *Common law*: introdução ao direito dos EUA. São Paulo: RT, 1999.

SPENCE, George. *The equitable jurisdiction of the Court of Chancery*. London: Stevens & Norton, 1846. v. I-II.

STANICIA, Sergio Tuthill. *Liberalidade e gratuidade no* âmbito *da doação*. Tese (Doutorado em Direito Civil). Universidade de São Paulo (USP), São Paulo, 2016.

STENTON, Frank Merry. *Oxford History of England, Anglo-Saxon England*. 3. ed. Oxford: Oxford University Press, 2004. v. 2.

STUBER, Walter Douglas. A legitimidade do *trust* no Brasil. *Revista de Direito Mercantil, Industrial, Econômico e Financeiro*, Rio de Janeiro: Malheiros, v. 28, n. 76, 1989.

TERRA, Marcelo. *Alienação fiduciária de imóveis em garantia*. Porto Alegre: Sergio Antonio Fabris, 1998.

TEIXEIRA, Daniele Chaves. *Planejamento sucessório*: pressupostos e limites. Belo Horizonte: Fórum, 2017.

TEIXEIRA, Daniele Chaves. Noções prévias do direito das sucessões: sociedade, funcionalização e planejamento sucessório. *In*: TEIXEIRA, Daniele Chaves (Coord.). *Arquitetura do planejamento sucessório*. Belo Horizonte: Fórum, 2019.

TELLES, Inocêncio Galvão. *Direito das sucessões*: noções fundamentais. Lisboa, Coimbra: Ed. Imprenta, 1973.

TEPEDINO, Gustavo. O *trust* no direito brasileiro. *Soluções Práticas*, São Paulo: RT, 2011. v. 2.

TEPEDINO, Gustavo; OLIVA, Milena D. *Fundamentos de direito civil*: teoria geral do direito civil. São Paulo: Grupo GEN, 2023. v. 1.

TEPEDINO, Gustavo. Esboço de uma classificação funcional dos atos jurídicos. *In*: SIMÃO, José, F.; BELTRÃO, Silvio Romero. *Direito civil – estudos em homenagem a José de Oliveira Ascensão*: direito privado. São Paulo: Grupo GEN, 2015. v. 2.

TERPINS, Nicole Mattar Haddad. Algumas considerações sobre o *trust* e as perspectivas de sua assimilação no direito brasileiro. *Revista de Direito Mercantil, Industrial, Econômico e Financeiro*, Rio de Janeiro: Malheiros, n. 153-154, jan. 2010.

THOMAS, Geraint; HUDSON, Alastair. *The law of trusts*. 2. ed. New York: Oxford University Press, 2010.

TORRES, Heleno Taveira. Trust não pode ser usado para sonegação fiscal. *Conjur*, 11 nov. 2015. Disponível em: www.conjur.com.br/2015-nov-11/consultor-tributario-*trust*-nao-usado-sonegacao-fiscal#author. Acesso em 12 abr. 2023.

UNDERHILL, Arthur. *A practical and concise manual of the law relating to private trusts and trustees*. Reino Unido: Buttersworths, 1889.

VALLADÃO, Haroldo. *Direito internacional privado*: direito intertemporal, introdução e história do direito. Rio de Janeiro: Freitas Bastos, 1973.

VALLADÃO, Haroldo. Capacidade de direito. In: FRANÇA, Rubens Limongi (Org.) *Enciclopédia Saraiva do Direito*. São Paulo: Saraiva, 1977. v. 13.

VELOSO, Zeno. *Condição, termo e encargo*. São Paulo: Malheiros, 1997.

VELOSO, Zeno. Nulidade do negócio jurídico. In: ARRUDA ALVIM; CÉSAR, Joaquim Portes de Cerqueira; ROSAS, Roberto (Coord.). *Aspectos controvertidos do novo Código Civil*: escritos em homenagem ao Ministro José Carlos Moreira Alves. São Paulo: RT, 2003.

VELOSO, Zeno. Comentários ao Código Civil – parte especial. Do direito das sucessões; da sucessão testamentária; do inventário e da partilha (artigos 1.857 a 2.027). In: AZEVEDO, Antônio Junqueira de. *Comentários ao Código Civil*. São Paulo: Saraiva, 2003. v. 21.

VELOSO, Zeno. *Novo Código Civil comentado*. São Paulo: Saraiva, 2006.

VENOSA, Sílvio de Salvo. Direito civil – contratos em espécie e responsabilidade civil. São Paulo: Atlas, 2001.

VIEIRA, Andréia Costa. *Civil law e common law*: os dois grandes sistemas legais comparados. Porto Alegre: Sergio Antonio Fabris, 2007.

VON TUHR, Andreas. *Derecho civil*. Madrid: Ediciones Olejnik, 2018. v. 1.

WALD, Arnoldo. Algumas considerações a respeito da utilização do *trust* no direito brasileiro. *Revista de Direito Mercantil, Industrial, Econômico e Financeiro*, Rio de Janeiro: Malheiros, n. 99, 1995.

WATERS, Donovan. Settlor control – what kind of a problem is it? *Trusts & Trustees*, United Kingdom, v. 15, n. 1, p. 12-17, mar. 2009.

WEIR, Tony. *Introduction to comparative law*. 3. ed. Oxford: Clarendon Press, 1998.

WINOKUR, Samuel. What powers can a settlor retain in a trust without rendering it subject to inheritance taxation? *The Yale Law Journal*, v. 38, n. 5, p. 657-662, mar. 1929.

YAO, Arthur. *Want of trustee as affecting the creation of trusts*. 2. ed. San Antonio: Marys's L. J., 1970.

ZANETTI, Cristiano de Souza. Comentários aos artigos 421 a 480. In: NANI, Giovanni Ettore. *Comentários ao Código Civil*: direito privado contemporâneo. 2. ed. São Paulo: Saraiva, 2021.

ZWEIGERT, Konrad; KÖTZ, Hein. *Einführung in die Rechtsvergleichung auf dem Gebiete des Privatrechts*, 1971.

Referências normativas

Associação Brasileira de Normas Técnicas – ABNT

ABNT NBR 10520: 2023 – Informação e documentação – Citações em documentos – Apresentação

ABNT NBR 6028: 2021 – Informação e documentação – Resumo, resenha e recensão –Apresentação

ABNT NBR 6023: 2018 – Informação e documentação – Referências – elaboração

ABNT NBR 6022:2018 – Informação e documentação – Artigo em publicação periódica técnica e/ou científica – Apresentação

ABNT NBR 6027: 2012 – Informação e documentação – Informação e documentação – Sumário – Apresentação

ABNT NBR 14724: 2011 – Informação e documentação – Trabalhos acadêmicos – Apresentação

ABNT NBR 15287: 2011 – Informação e documentação – Projetos de pesquisa – Apresentação

ABNT NBR 6034: 2005 – Informação e documentação – Índice – Apresentação

ABNT NBR 12225: 2004 – Informação e documentação – Lombada – Apresentação

ABNT NBR 6024: 2003 – Informação e documentação – Numeração progressiva das seções de um documento escrito – Apresentação

Esta obra foi composta em fonte Palatino Linotype, corpo 10
e impressa em papel Pólen Bold 70g (miolo) e Supremo 250g (capa)
pela Gráfica Star7.